Vergessene Pfade
Schwarzwald

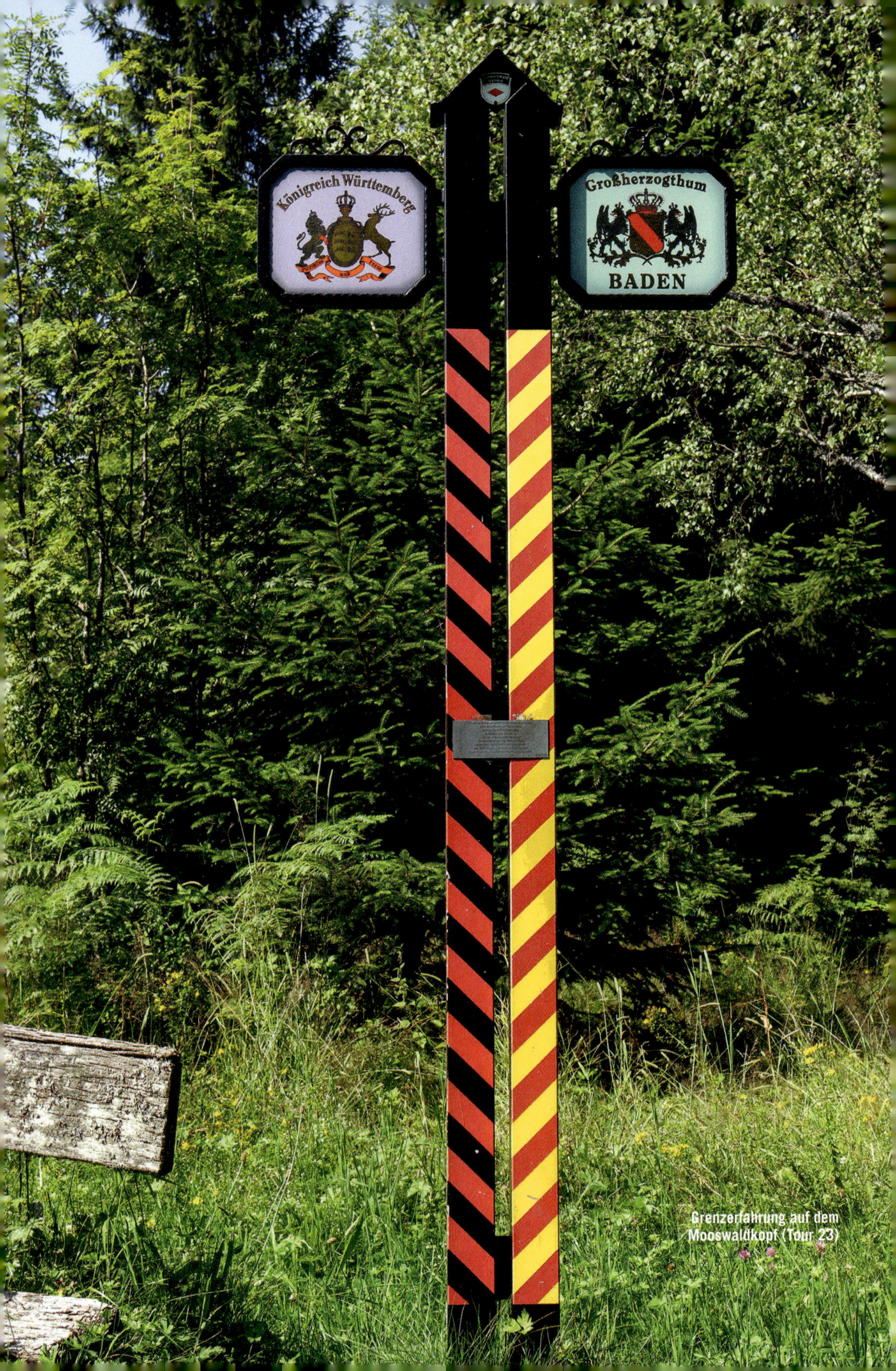

Grenzerfahrung auf dem Mooswaldkopf (Tour 23)

Annette und Lars Freudenthal

Vergessene Pfade
SCHWARZWALD

35 außergewöhnliche Touren
abseits des Trubels

BRUCKMANN

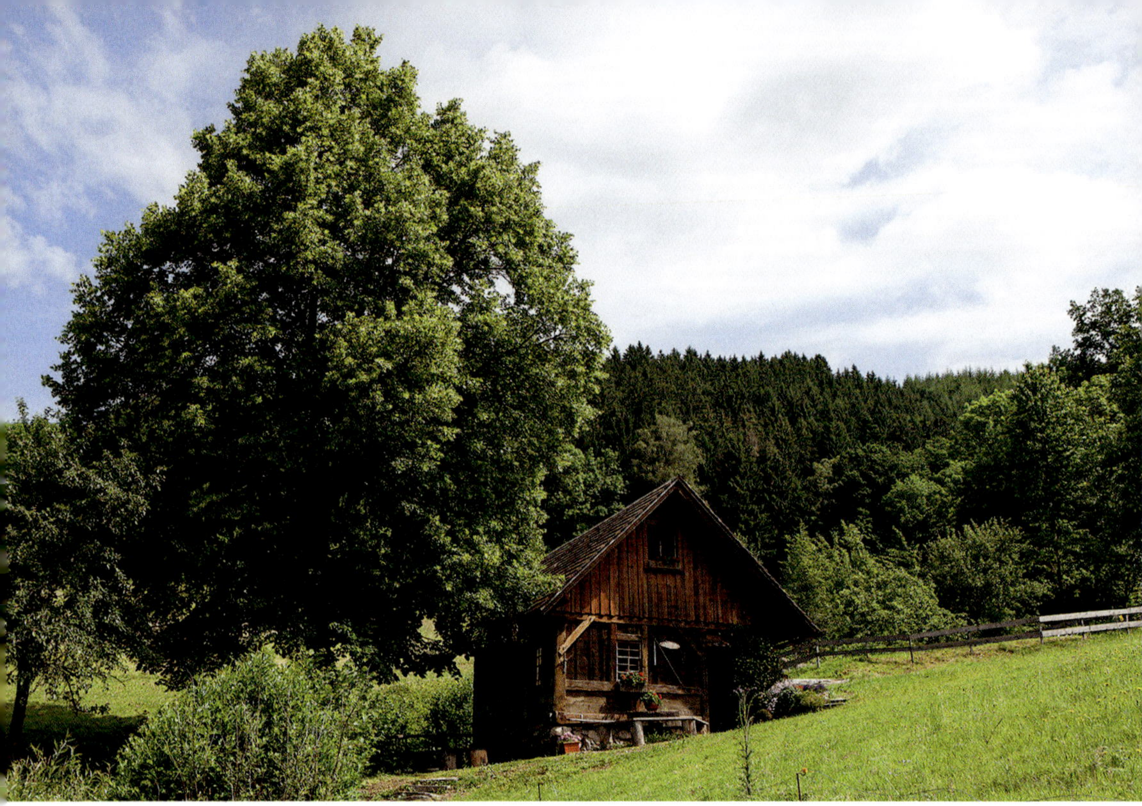

Bei Simonswald wird Historisches lebendig gehalten. TOUR 16

Inhalt

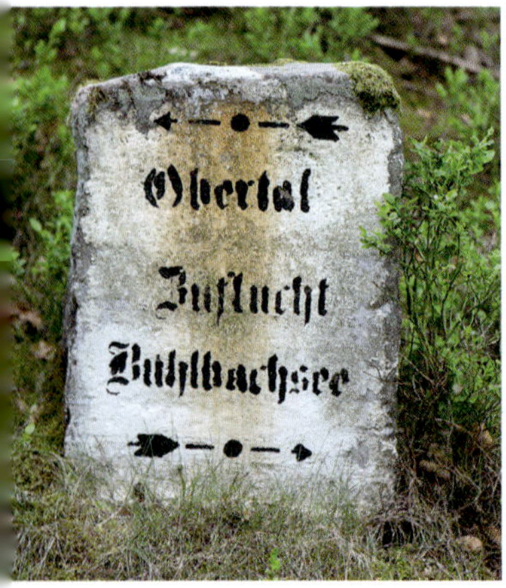

Auf alten Wegen erleben Wanderer den jungen Nationalpark. TOUR 27

DIE WANDERUNGEN

Hinterwälder beleben die Landschaft im Hotzenwald. TOUR 5

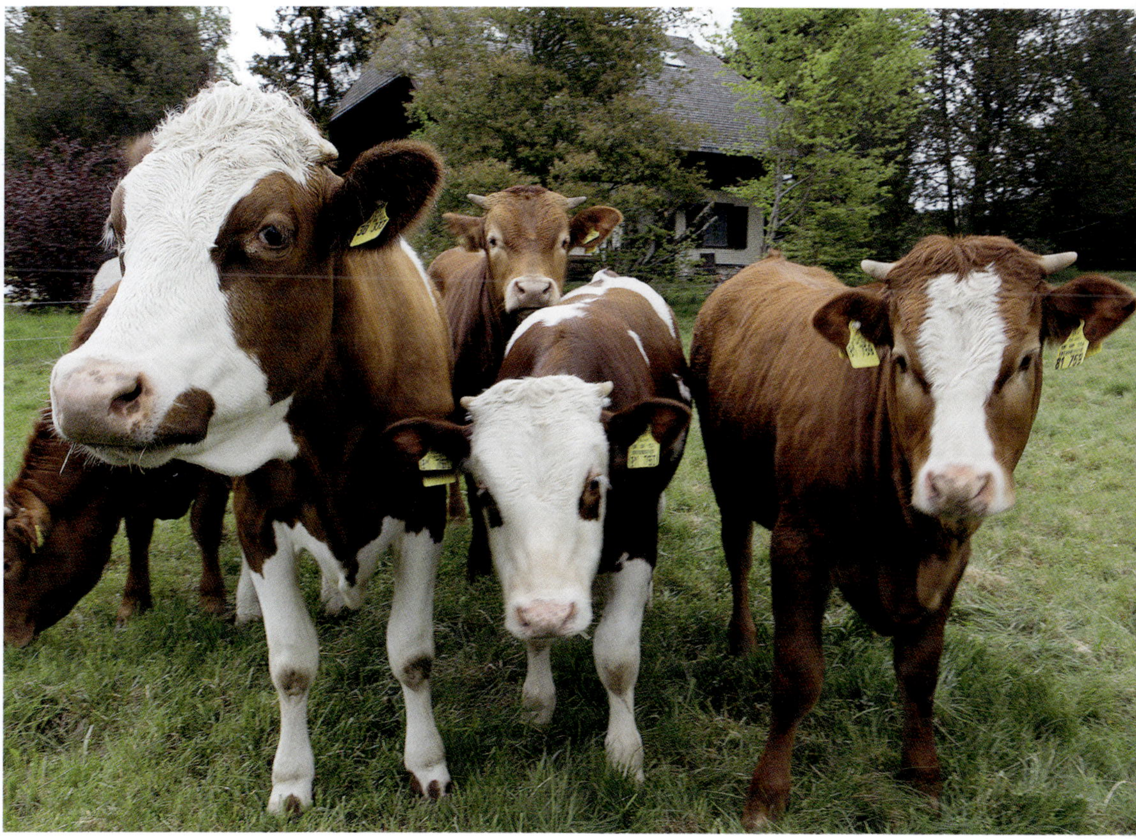

Religiöse Zeichen helfen bei der Orientierung im tiefen Wald. TOUR 5

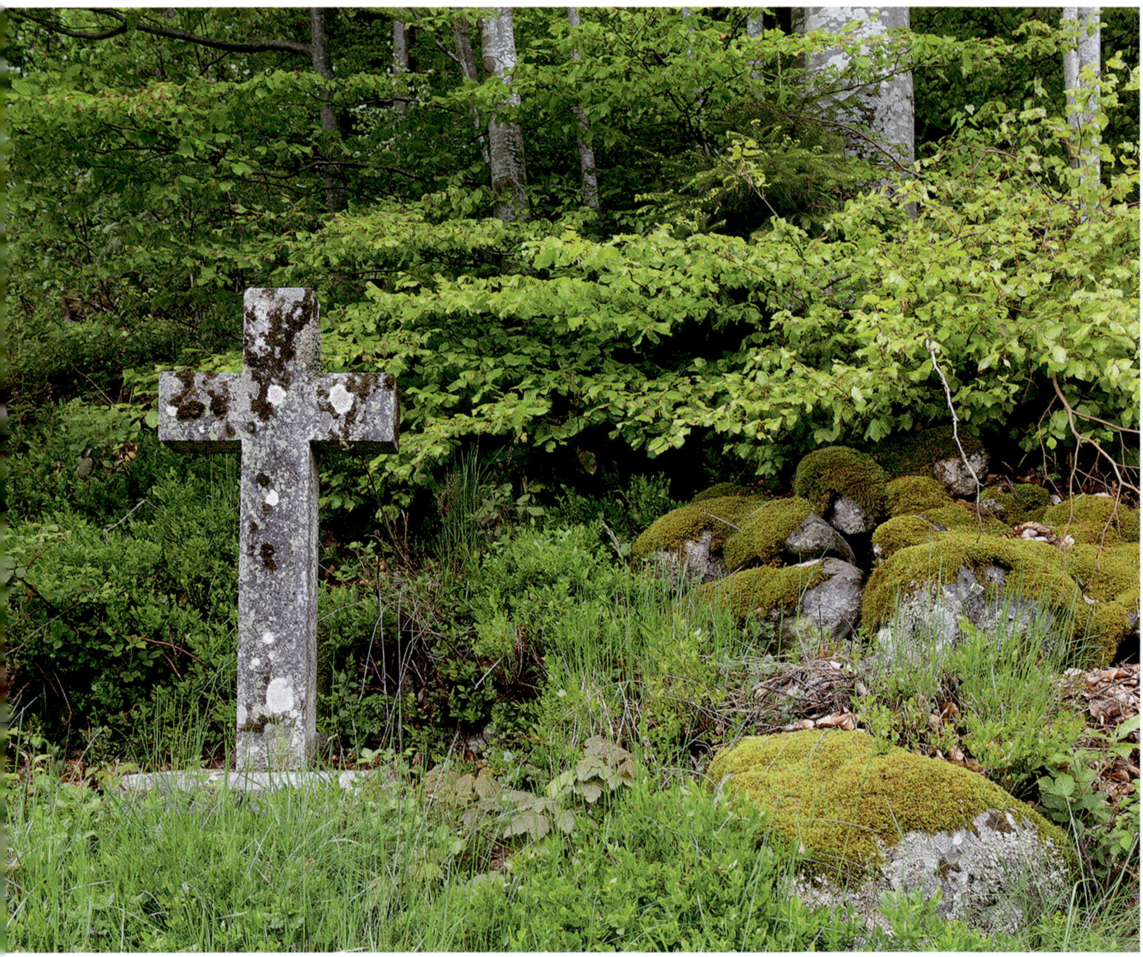

Mittlerer Schwarzwald 72

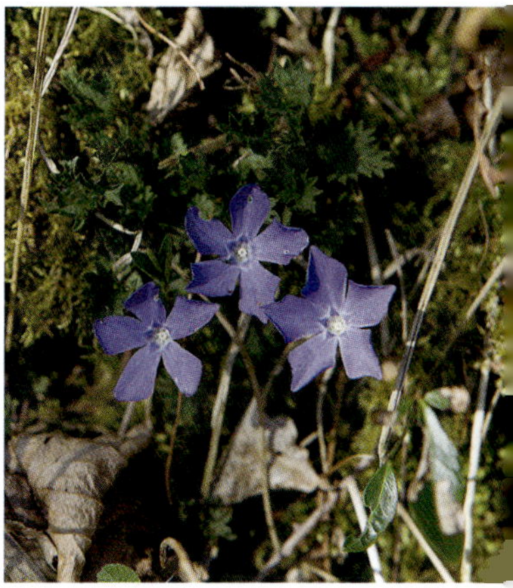

Das Kleine Immergrün läutet bei Bad Teinach den Frühling ein. TOUR 32

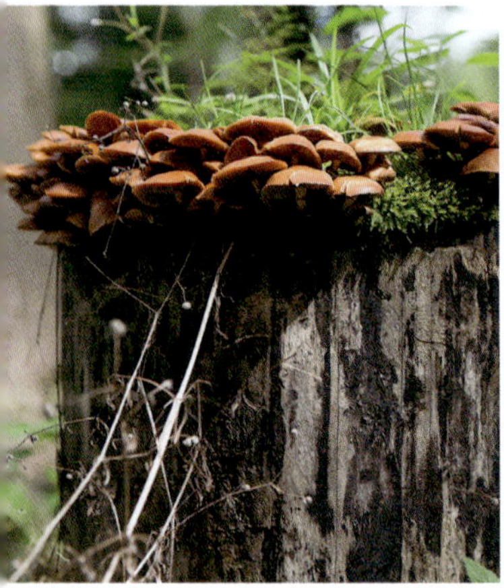

Alte Baumstümpfe bieten Pilzen neuen Lebensraum. TOUR 33

Mit Moos bewachsene Steine machen Lust auf den Nordschwarzwald. TOUR 27

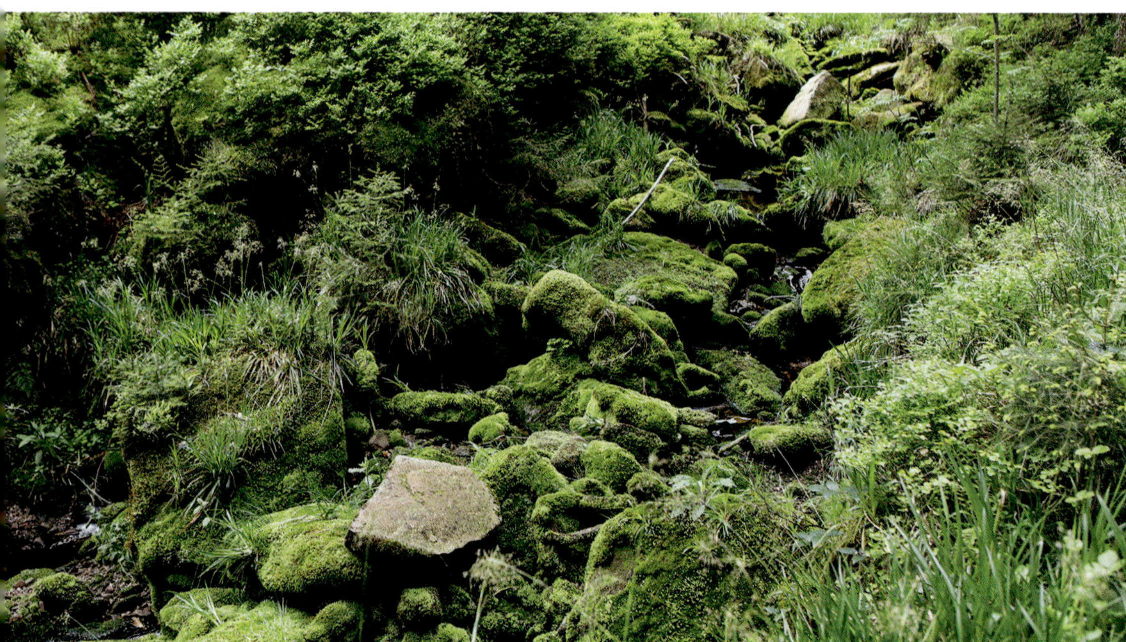

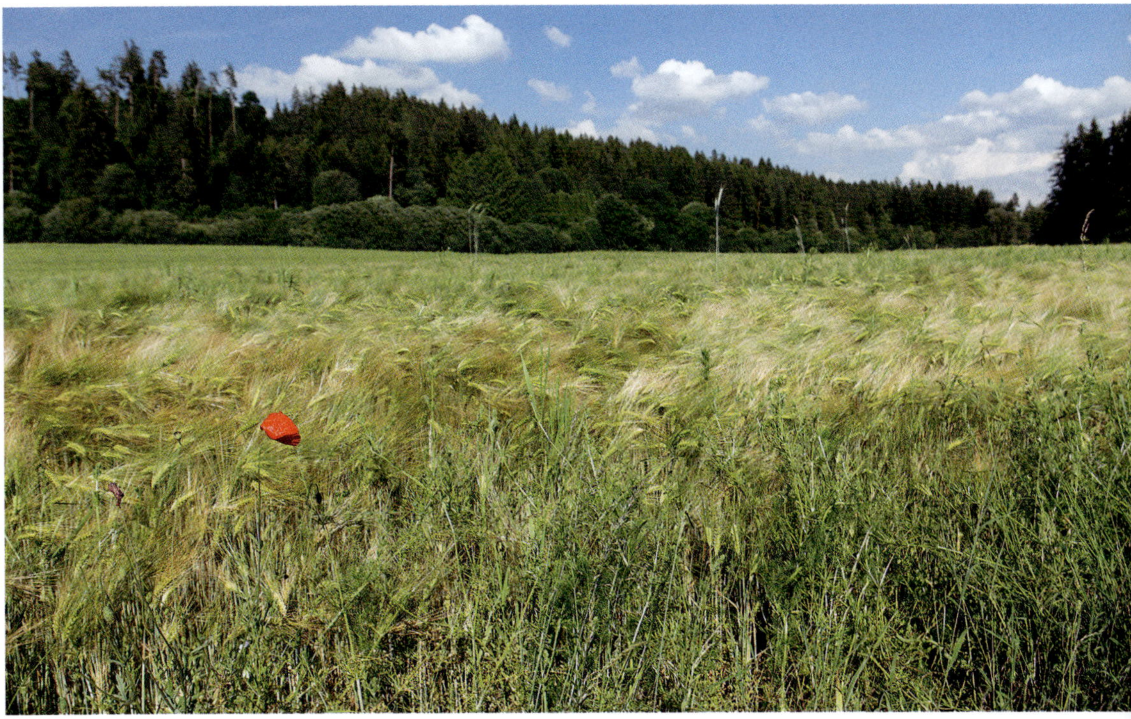

Klatschmohn setzt Farbtupfer auf den Feldern oberhalb der Wutachschlucht. TOUR 12

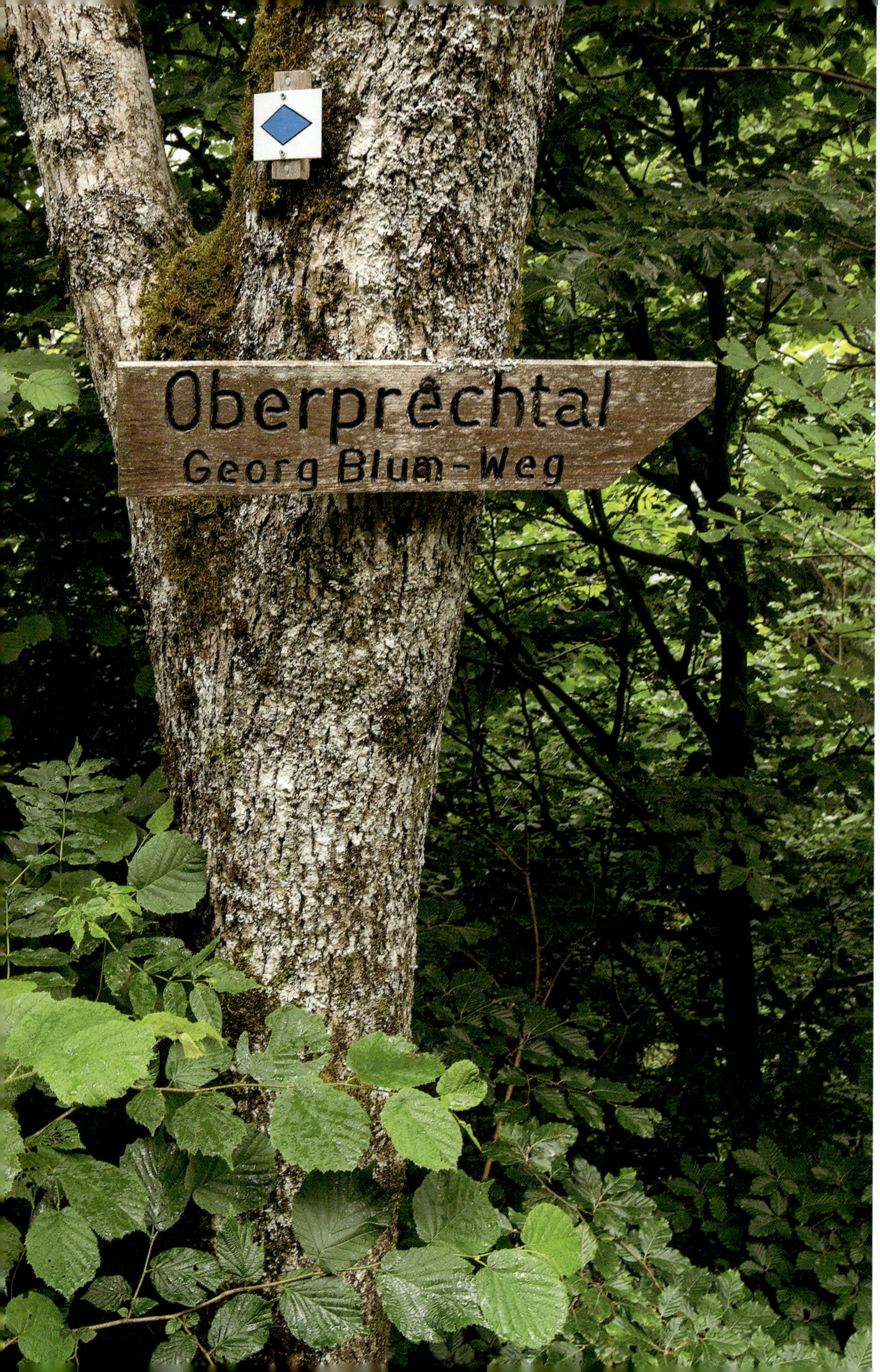
Oberprechtal
Georg Blum-Weg

Vorwort

Der Schwarzwald besitzt ein Wegekonzept mit fast 24 000 Kilometern ausgeschilderter Wanderwege. Sie bilden das Gerüst für das größte deutsche Wandergebiet. Durch die einheitliche Beschilderung mit 15 000 Wegweisern und 250 000 Markierungszeichen sollen Wanderer sicher von A nach B kommen. Dabei ist es gut möglich, dass der eine oder andere Pfad bei der Planung tatsächlich vergessen wurde. Generell aber gilt: Wege und Pfade sind entweder Teil des Konzepts oder aber nicht. So sind wir bei unseren Recherchen immer wieder auf Pfade gestoßen, die schon vor Jahren aus der Pflege genommen wurden und mittlerweile zugewachsen sind. Andere, durchaus reizvolle Wege blieben außen vor, um dem Wild wichtige Rückzugsgebiete zu geben. Als verantwortungsbewusster Wanderer respektieren wir das, auch wenn die »Vergessenen Pfade« dadurch ab und an über Hofzufahrten und breitere Waldwege führen.

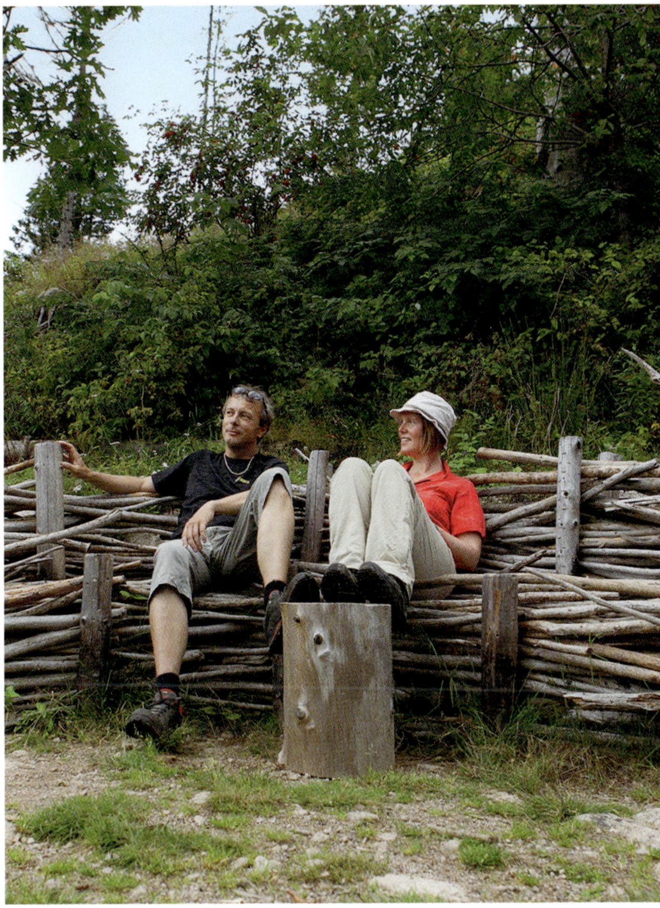

Rast auf der Schesslong dü Boah am Menzenschwander Geißenpfad

Stattdessen haben wir uns auf Gegenden abseits der bekannteren Täler und Berge konzentriert, so z. B. auf das Ittenschwander Horn bei Schönau, die Hohe Schaar über dem Murgtal und den Hünersedel bei Freiamt – dieser hat zwar im Mittleren Schwarzwald durchaus seine Liebhaber, ist im Süden und Norden aber weitgehend unbekannt. Auch stellen wir Ihnen idyllische und doch nur wenig begangene Abschnitte der Fernwanderwege vor und zeigen, wie sich aus einer klassischen Streckenwanderung, z. B. durch die Wutachschlucht, eine Runde abseits der »Volkswanderung« zaubern lässt.

Als weiteren Schwerpunkt haben wir unser Augenmerk auf die Geschichte des Schwarzwalds gelegt. Neben den belegten historischen Ereignissen und alten Handwerkszweigen – siehe z. B. den Mühlenweg von Simonswald – gehören für uns auch die Entstehung dieser einzigartigen Kulturlandschaft und die überlieferten Sagen und Geschichten dazu. Allein dadurch erhalten Sie unterwegs auf den Touren Einblicke in den Schwarzwald, die dem ungeübten Auge allzu leicht entgehen. Zuletzt haben wir ein enges Raster über den Schwarzwald gelegt und gezielt nach natürlichen sowie durch Menschenhand entstandenen Landschaftselementen gesucht. Zu unserer Überraschung »entdeckten« wir so neben den erwarteten Burgruinen auch einen der höchsten Wasserfälle im Schwarzwald und einen fast verschwundenen Karsee.

Viel Freude beim Wandern wünschen Ihnen
Annette und Lars Freudenthal

Links: Alte Pfade verbinden die Kapfhütte über Generationen mit Oberprechtal.

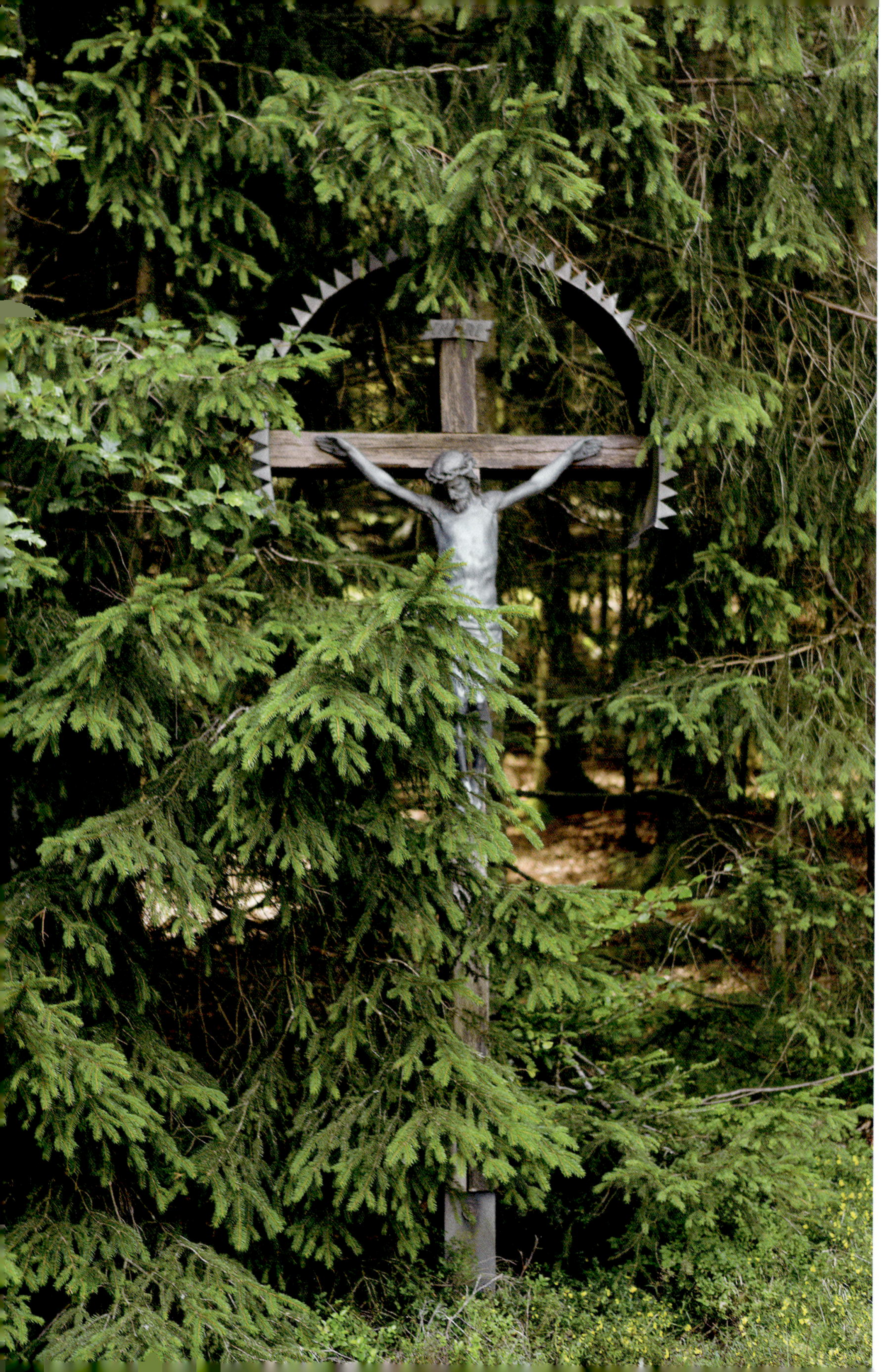

Einleitung

Wann genau die ersten Menschen in den Schwarzwald kamen, liegt im Dunkeln. Die ältesten Spuren bäuerlicher Siedlungen lassen sich zwar ab 4000 Jahre vor unserer Zeitrechnung nachweisen, und auch die Kelten zogen spätestens ab dem 6. Jahrhundert vor Christus in den Schwarzwald. Insgesamt aber sind die Daten rar gesät. Da sich auch die Römer überwiegend in den Randbereichen und im Kinzigtal aufgehalten hatten, erfolgte eine dauerhafte Besiedlung erst ab dem frühen Mittelalter. Vorangetrieben wurde dies vor allem durch die Holz verarbeitenden Gewerbe und durch die Klöster. Während die einen Rodungsinseln und Flächen für den Ackerbau schufen, vergrößerten die Klöster ihren Einflussbereich durch die planmäßige Besiedlung und Verwaltung der freien Flächen.

Was in manch einem Tourismusbüro gern verschwiegen wird: Der Schwarzwald ist keine unberührte Natur. Vielmehr ist er das Produkt jahrhundertelanger Ausbeutung natürlicher Ressourcen und der Wiederherstellung naturnaher Räume. Maßgeblich beteiligt an der Umgestaltung waren die Flößer und Glashütten. Ihr enormer Holzbedarf führte dazu, dass das größte deutsche Mittelgebirge im 19. Jahrhundert nahezu waldlos war. Um die kahlen Berghänge vor Erosion zu schützen, wurden riesige Flächen mit der bis dahin im Schwarzwald seltenen Rotfichte aufgeforstet. Vielerorts bestimmt sie auch heute noch das Landschaftsbild. Mit dem Klimawandel und auch mit dem wachsenden Umweltbewusstsein wird sie aber zunehmend durch andere Baumarten ersetzt, sodass weite Landstriche erneut ihr Gepräge ändern.

Dies sind nur ein paar Punkte, die den ständigen Wandel des Schwarzwalds zeigen. Daneben gibt es zahlreiche weitere Ereignisse – etwa den Schanzenbau zum Schutz vor französischen Truppen, den Bau und auch den Niedergang vieler Burgen, die Veränderungen in der Landwirtschaft und, allen voran, die Spuren der letzten Eiszeit –, die sich im Landschaftsbild niedergeschlagen. So gesehen sind die hier vorgeschlagenen 35 Touren auch ein Streifzug durch die Geschichte und durch die Besonderheiten einer Landschaft, die wir als aufmerksame Wanderer immer besser zu verstehen wissen. Damit eignen sich die »Vergessenen Pfade« bestens, um (fast) Vergessenes oder weitgehend Unbekanntes in lebendiger Erinnerung zu halten.

Wichtige Internetadressen

www.nationalpark-schwarzwald.de: Infos und Wissenswertes rund um den 2014 gegründeten Nationalpark Schwarzwald
www.naturparkschwarzwald.de: Informationsportal des Naturparks Schwarzwald Mitte/Nord
www.naturpark-suedschwarzwald.de: Umfassende Informationen zu den Aufgaben und Besonderheiten des seit 2014 größten Naturparks in Deutschland
www.schwarzwaldverein.de: Gemeinsamer Auftritt der Ortsgruppen des Schwarzwaldvereins
www.schwarzwald-tourismus.info: Marketingorganisation und Dachverband für die Ferienregion Schwarzwald
www.erlebe-elsass.de: Für alle, die mit den Vogesen auch das Schwestergebirge vom Schwarzwald kennenlernen möchten
www.suedschwarzwald.biz: Unsere eigene Seite mit weiteren Wandervorschlägen für den Schwarzwald

Gut gerüstet geht's besser zum Ziel

Als Mittelgebirge wird der Schwarzwald oft unterschätzt. Doch auch hier gilt: Feste Wander- oder Trekkingschuhe sind ein Muss für sicheres Wandern! Halbschuhe, Turnschuhe oder ähnliche Treter bieten zu wenig Halt, wirken sich negativ auf die Fußgesundheit aus und sind oft der Auslöser

Links: Von Fichten umgarntes Wegkreuz zwischen Gremmelsbach und Hornberg

Unsere Favoriten

- Auf dem »7-Moore-Weg« zum Krai-Woog-Gumpen – durch die Hotzenwälder Moore (Tour 4)
- Der Dornröschen-Panoramaberg – von Bernau auf den Blößling (Tour 8)
- Menzenschwander Geißenpfad – auf dem Weg der Ziegen zum Wasserfall (Tour 11)
- Kurze Runde zu einem Bilderbuchsee (Tour 27)
- Über den Latschigfelsen zur Hohen Schaar – von Forbach nach Langenbrand (Tour 33)

von vermeidbaren Unfällen. Wanderstöcke hingegen begünstigen eine aufrechte Körperhaltung und schonen die Gelenke.

Ebenfalls von Vorteil ist bequeme Wanderkleidung aus Funktionsmaterial, das schnell trocknet und sich leicht trägt. Auf Abstand sollte man hingegen beim Rucksack gehen – und zwar auf Abstand zum Rücken. Dies ermöglichen spezielle Bauweisen, die das Gewicht optimal verteilen und eine bessere Luftzirkulation erlauben. Dadurch bleiben Wanderhemden auch an warmen Sommertagen länger trocken, und man hat ein deutlich besseres Gefühl auf der Haut.

Verantwortung und Selbsteinschätzung

Alle in diesem Wanderführer beschriebenen Touren orientieren sich am Wegekonzept des Schwarzwaldvereins. Aufgelassene Wege und Trampelpfade mögen dem Buchtitel zwar näher kommen als die häufig asphaltierten Zufahrten zu den Aussiedlerhöfen im Schwarzwald, doch diese abseits der offiziellen Wanderwege gelegenen Pfade durchqueren oft wertvolle Rückzugsgebiete für das Wild, das wir schonen möchten.

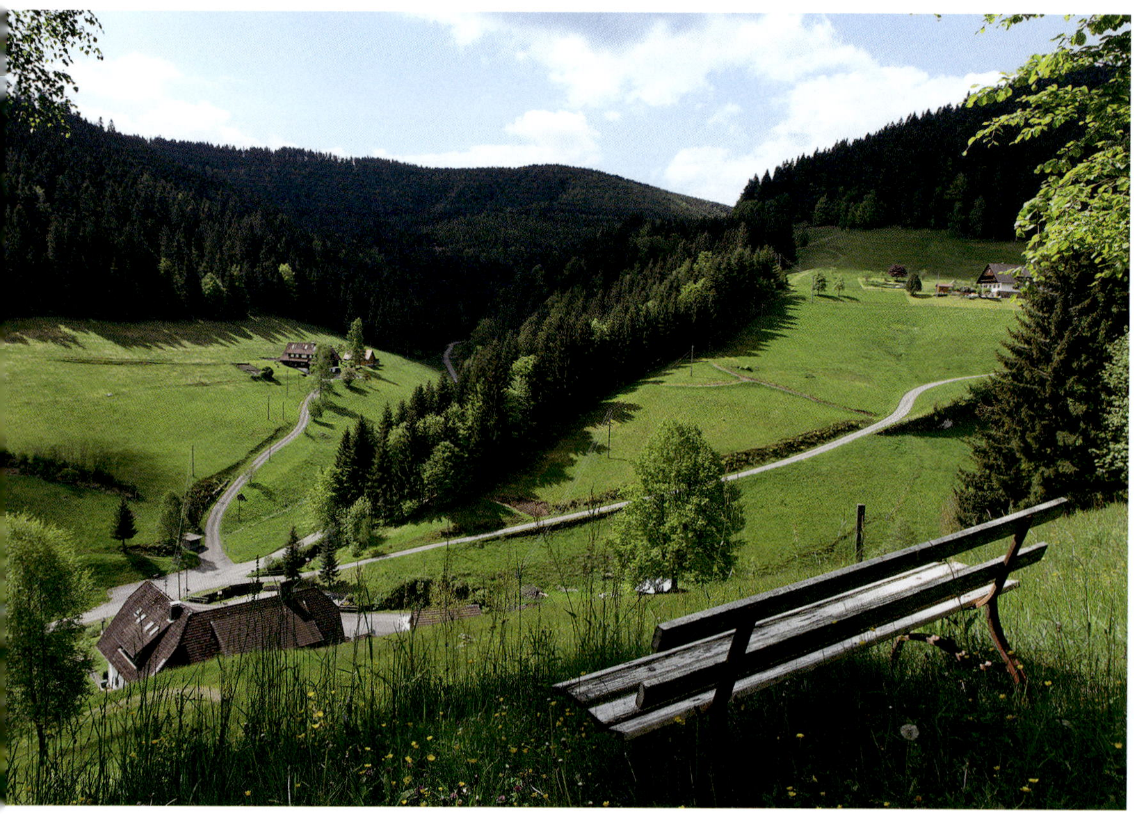

Auf dem Weg zum Glaswaldsee laden etliche Bänke zur Rast ein.

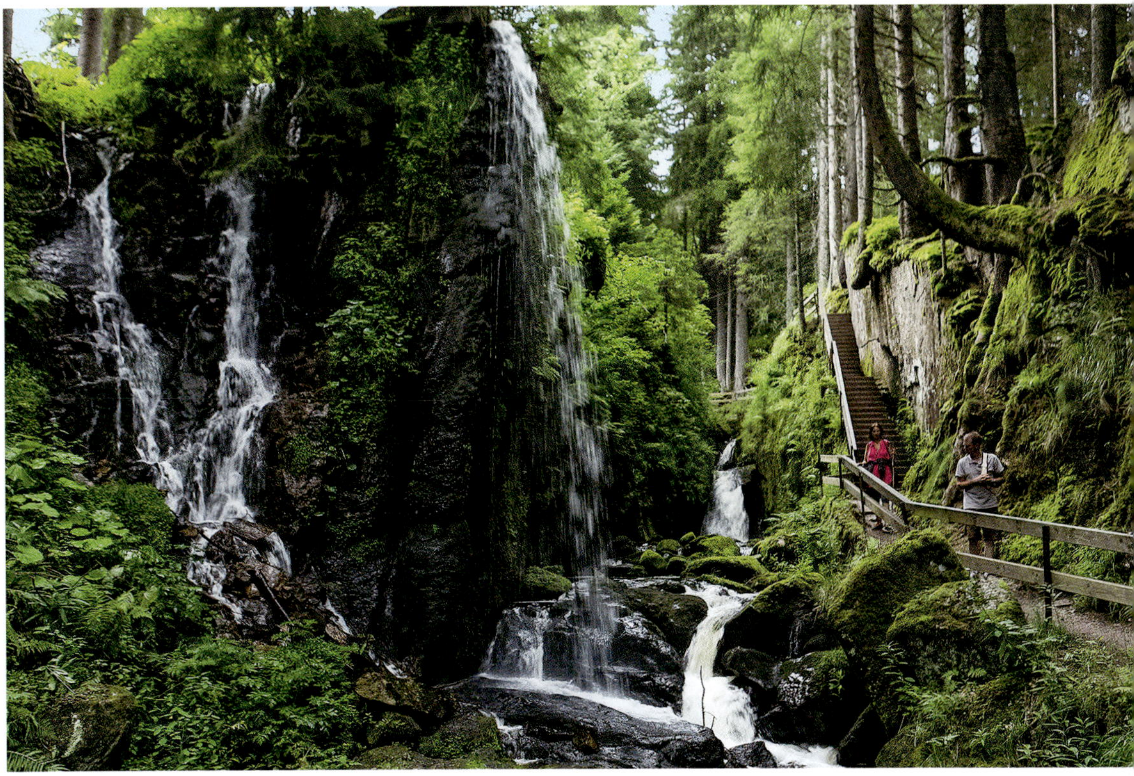

Die Menzenschwander Alb hat diese wunderschöne Schlucht geschaffen.

Ein Ziel dieses Buchs ist es, dass man am Ende der einzelnen Touren zufrieden auf die vergangenen Stunden und auf das Geleistete zurückblicken kann. Dies gelingt am besten, wenn man sich – und seine Mitstreiter – richtig einschätzt. Die längeren Touren sollten daher erst in Angriff genommen werden, wenn neben der ausreichenden Erfahrung im Gelände auch eine gewisse Grundkondition vorhanden ist. Hierzu zählt auch, das Wetter richtig einschätzen zu können, denn gerade an heißen Sommertagen bilden sich über den Hochlagen des Schwarzwalds gern Gewitterwolken, die oft schon nachmittags mit Platzregen und Hagel sowie mit Blitz und Donner niedergehen. Ein Regenschutz sollte deshalb immer mit dabei sein. Ebenfalls hilfreich ist es, die Entwicklung von Regenwolken im Internet – etwa auf www.meteovista.de oder www.niederschlagsradar.de – zu beobachten. Im Zweifelsfall sollte man sich auch nicht davor scheuen, eine Tour abzubrechen bzw. erst nach dem Unwetter fortzusetzen.

Wandern im Winter

In manchen Wintern ist es im Schwarzwald durchaus möglich, Ski zu fahren. Die Tage, an denen eine ausreichend starke Schneedecke zum winterlichen Vergnügen einlädt, werden aber seltener. Bei manch einem traditionellen Wintersportort fällt gar eine komplette Saison wortwörtlich ins Wasser. Da wir davon ausgehen, dass es dies in den nächsten Jahren immer öfter geben wird, haben wir mehrere Wanderungen in der kalten Jahreszeit getestet. Als Ergebnis haben wir mit der Runde durch die Hotzenwälder Moore, dem Simonswälder Mühlenweg oder dem Vier-Burgen-

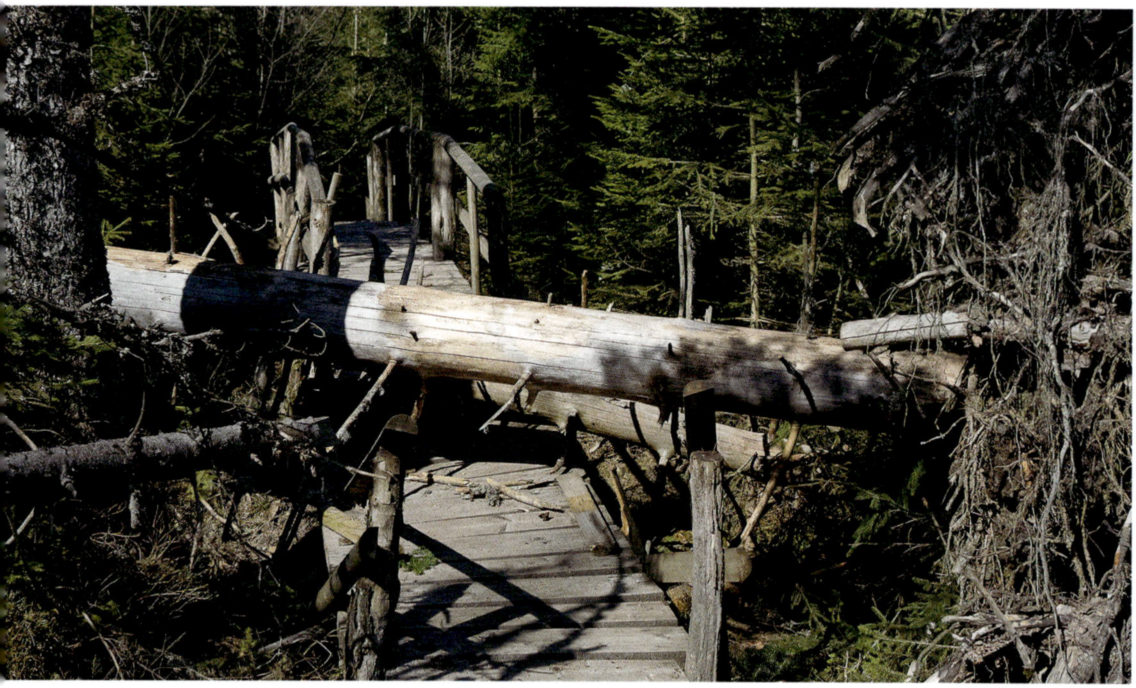

In den Bannwäldern müssen Wanderer auch mit umgestürzten Tannen rechnen.

Weg bei Pfalzgrafenweiler ein tolles Ersatzprogramm für ausgefallenen Wintersport gefunden. Da es bei wenig Schnee auf den Wanderwegen deutlich ruhiger zugeht, können wir dann selbst die etwas bekannteren Ziele wie den Glaswaldsee oder den Blindensee bei Schonach in angenehmer Ruhe genießen.

Pause mit Genuss

Zu einer schönen Wanderung gehört natürlich auch eine Einkehr oder längere Rast. Auch wenn wir uns meist abseits der viel begangenen Strecken bewegen, führen die Wanderungen doch zu zahlreichen traumhaft gelegenen Plätzen, von denen man Jahre später noch schwärmen wird. Zudem kommen die meisten der Touren an zumindest einer Wirtschaft vorbei, sodass man sich mit Gleichgesinnten austauschen und nebenbei die »Vergessenen Pfade im Schwarzwald« weiterempfehlen kann. Bevor Sie darauf verzichten, eigenen Proviant mitzunehmen, vergewissern Sie sich aber, dass die gewählte Wirtschaft auch geöffnet hat.

Anfahrt

Viele Wanderziele sind im Schwarzwald mit öffentlichen Verkehrsmitteln zu erreichen. Mit der KONUS-Gästekarte (Kostenlose Nutzung des ÖPNV im Schwarzwald) haben Sie freie Fahrt in allen neun Verkehrsverbünden der Ferienregion.

Schwierigkeitsgrade

- 🔵 Leicht: Eher kurze Runden, die keine oder kaum Trittsicherheit erfordern und nur wenige Steigungen beinhalten
- 🔴 Mittel: Touren mit längeren Auf- und Abstiegen und/oder längere Runden, die eine gewisse Kondition und Trittsicherheit erfordern
- ⚫ Schwer: Diese Runden setzen Kondition und Trittsicherheit, z. T. auch Schwindelfreiheit voraus – hier geht es ganz gut bergauf und bergab. Doch auch diese Touren stellen geübte Wanderer vor keine allzu großen Aufgaben.

Wer mit dem Auto anreist und ein Navi nutzt, kann die im Infokasten der einzelnen Touren angegebenen GPS-Koordinaten eingeben. Diese führen ihn punktgenau zum Ausgangspunkt der Wanderung bzw. zur nächstgelegenen Parkmöglichkeit.

Gehzeiten und Höhenangaben

Die genannten Zeiten sind die reinen Gehzeiten. Weil es bei vielen der Touren einiges zu entdecken gibt, sind in den angegebenen Zeiten auch die Augenblicke beinhaltet, in denen man sich umsieht und die Landschaft auf sich wirken lässt. Pausen oder gar eine längere Einkehr sind darin jedoch nicht enthalten. Rechnen Sie bitte zudem noch etwas Zeit für unvorhergesehene Änderungen ein, sodass Sie auch bei zusätzlichen Abstechern und kürzeren Umwegen durch eventuelles Verlaufen oder durch einen gesperrten Weg (z. B. wegen Holzfällarbeiten) noch rechtzeitig zurück am Ausgangspunkt sind.
Unsere Höhenangaben beinhalten die tatsächlich zu leistenden Höhenmeter. Lediglich kleine Kuppen und Senken mit nur geringem Höhenunterschied haben wir ausgelassen. So stehen Sie nicht plötzlich vor einem großen Zwischenanstieg, der nirgends erwähnt wird.

Farne und Moose haben diese Hütte bei Gernsbach als Lebensraum erobert.

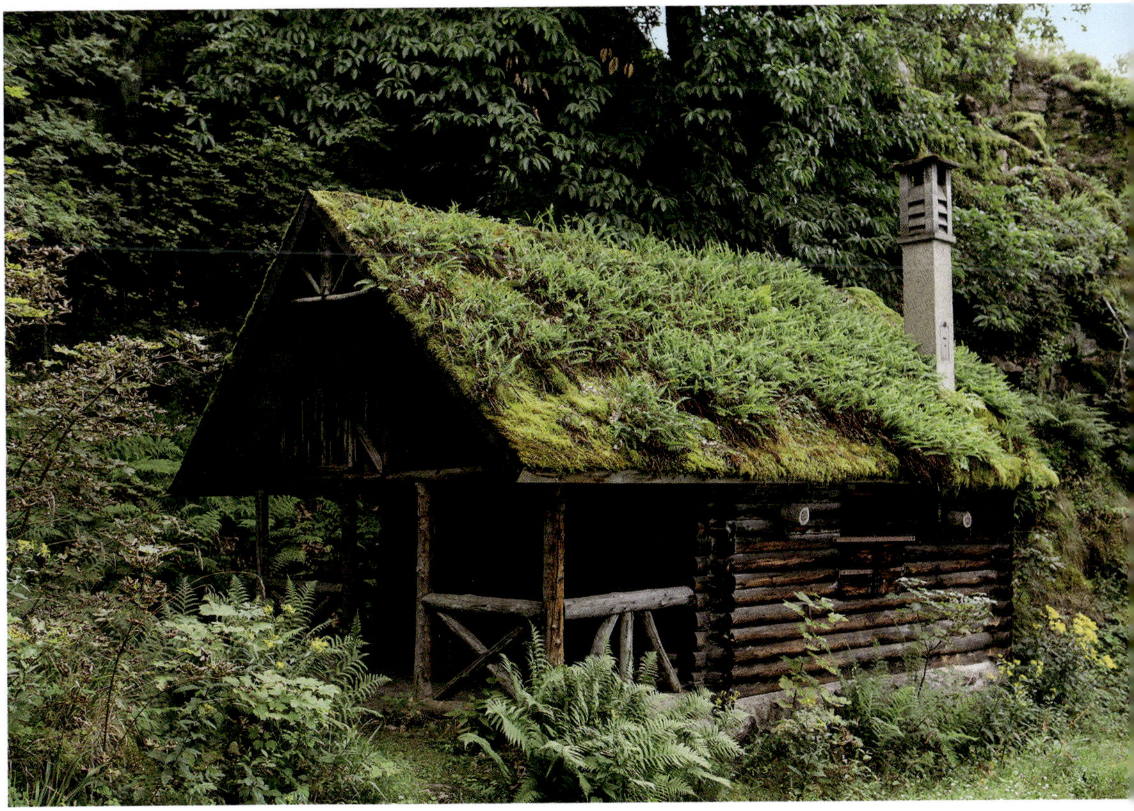

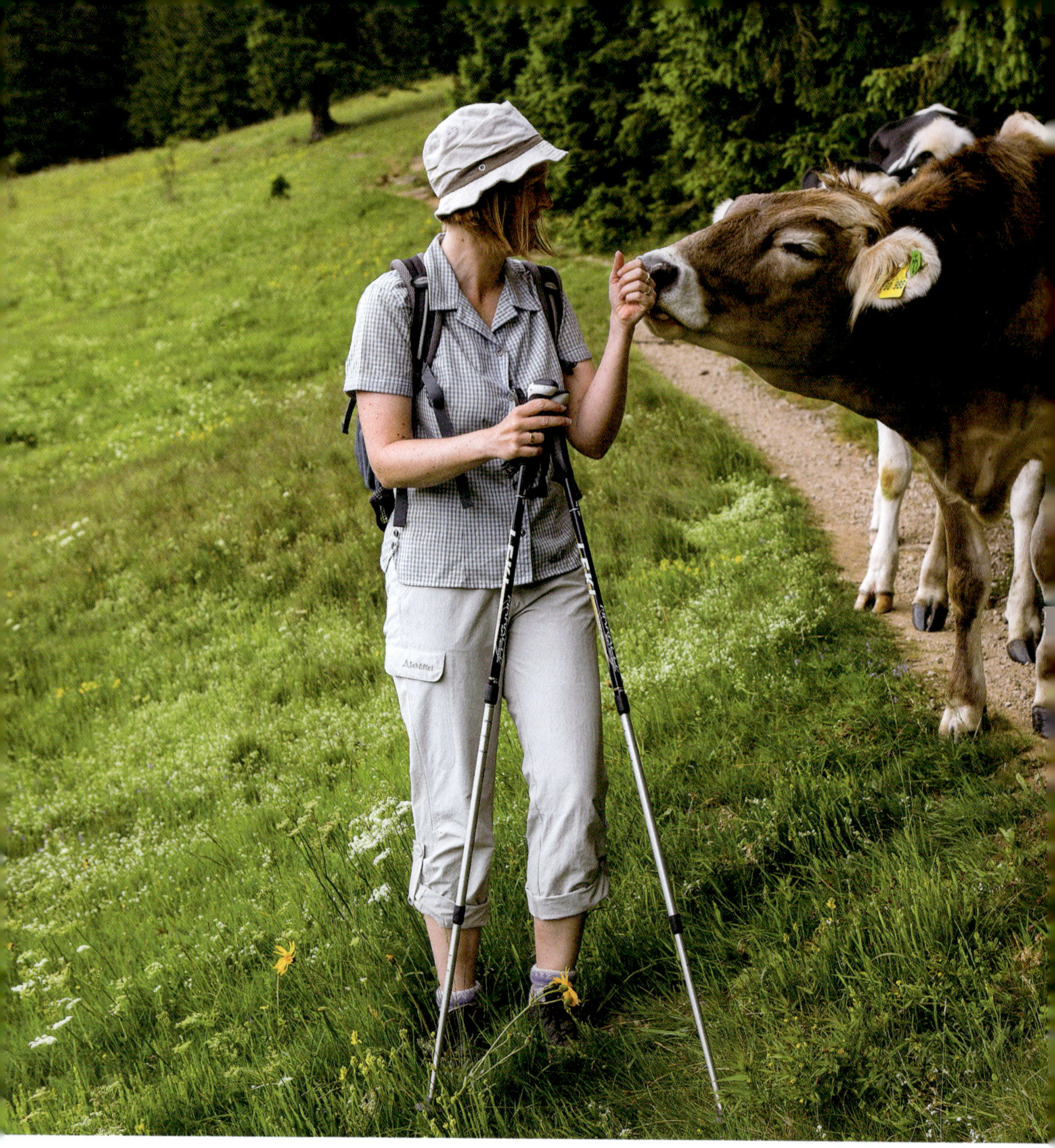

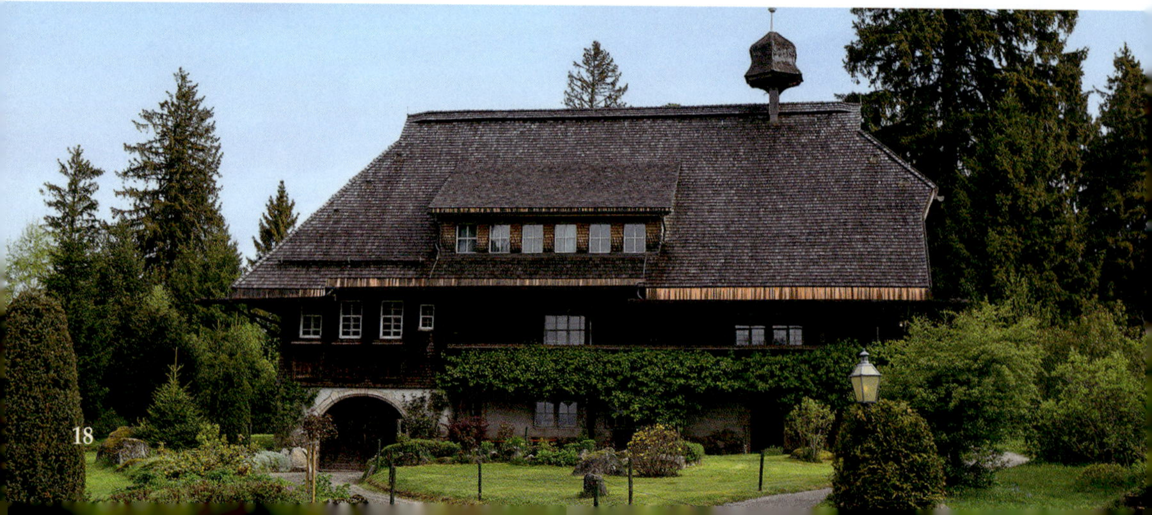

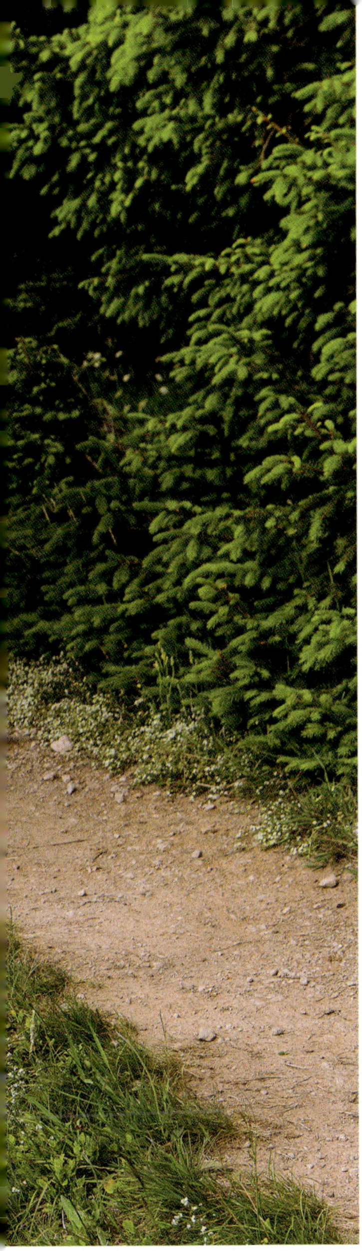

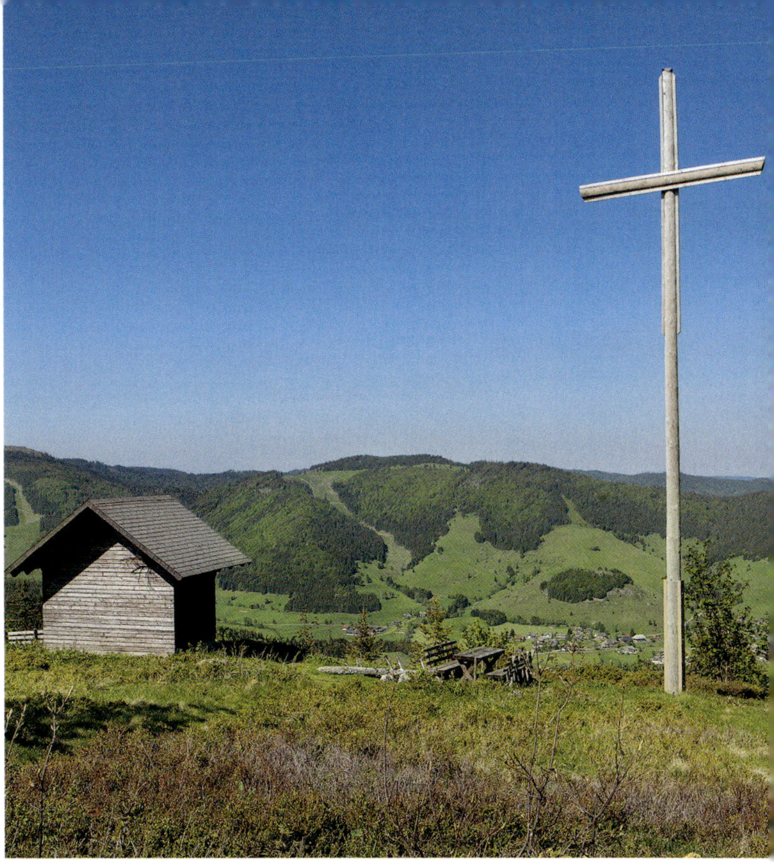

Südschwarzwald

Im Südschwarzwald ist es normal, dass sich Wanderer und Hinterwälder Rinder die Wege teilen (l.o.). Das Hüsli bei Rothaus hat durch die Serie *Schwarzwaldklinik* Weltruhm erlangt (l.u.). Der Blößling bietet eine traumhafte Aussicht zum Feldberg (r.o.). Als Spezialist ist die Kiefer häufig an nassen Standorten auf den Höhenlagen des Schwarzwalds zu finden (r.u.).

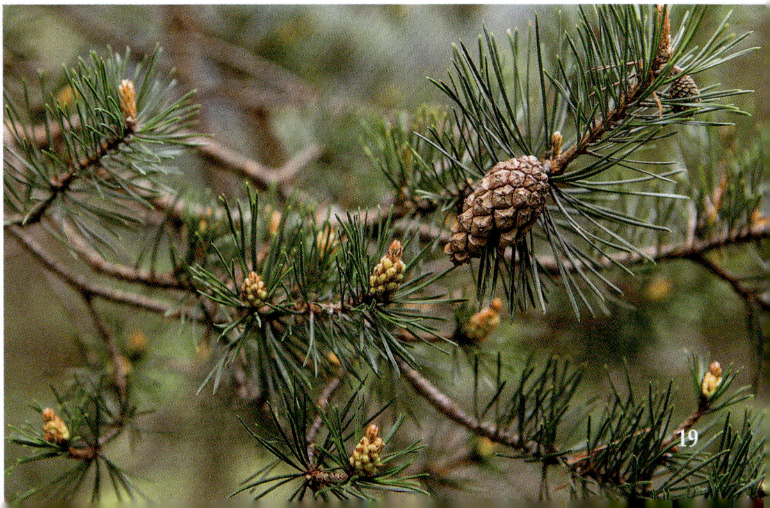

1 Schloss Bürgeln und die Sausenburg

Zwei Highlights bei Kandern

Leicht | 15,5 km | 4–4.30 Std. | 590 Hm

Tourencharakter
Technisch leichte Wanderung auf zu Beginn asphaltierten Wegen, dann auf Forstwegen und Pfaden; zwei fordernde Anstiege zum Schloss und zur Burg

Ausgangs-/Endpunkt
Parkplatz (350 m) bei der Endstation der Kandertalbahn

Höchster Punkt
Burgruine Sausenburg (685 m)

Anfahrt
Auto: Von der A 98 Weil am Rhein–Tiengen bei Ausfahrt 4 nach Kandern abfahren und in Kandern in die Bahnhofstraße abbiegen; der Parkplatz befindet sich direkt nach dem Bahnhof auf der linken Seite. GPS-Daten: 47.714050, 7.65680
Bus & Bahn: Von den Bahnhöfen Haltingen-Weil am Rhein und Lörrach fahren Busse zum Busbahnhof Kandern.

Gehzeiten
Kandern – Schloss Bürgeln 1.30 Std. – Sausenburg 1.15–1.30 Std. – Kandern 1.15–1.30 Std.; insgesamt 4–4.30 Std.

Einkehr
Schlossrestaurant Bürgeln (Di–So ab 11:30 Uhr; www.schloss-stuebli.de)

Karte
Karte des Schwarzwaldvereins 1:25 000, W256 Müllheim

Beste Jahreszeit
Ganzjahrestour, die auch im Winter gut zu machen ist

Informationen
Touristinformation Kandern, Tel. 07626/97 23 56, www.kandern.de

Die ersten »vergessenen Pfade« haben wir im äußersten Südwesten des Schwarzwalds entdeckt. Begegnen wir beim Aufstieg zum aussichtsreich an einer Geländekante gelegenen Schloss Bürgeln noch einigen anderen Wanderern, so wird es auf dem weiteren Weg zur Ruine der Sausenburg zunehmend ruhiger.

Ausgangspunkt dieser Wanderung ist der alte Bahnhof der Kandertalbahn bzw. der Busbahnhof in Ⓐ **Kandern**. Von hier folgen wir zunächst der gelben Raute zur nahen Stadtmitte. Das Schloss Bürgeln ist hier bereits angeschrieben. Wir aber nehmen den kurzen Umweg über den Palmgarten zur

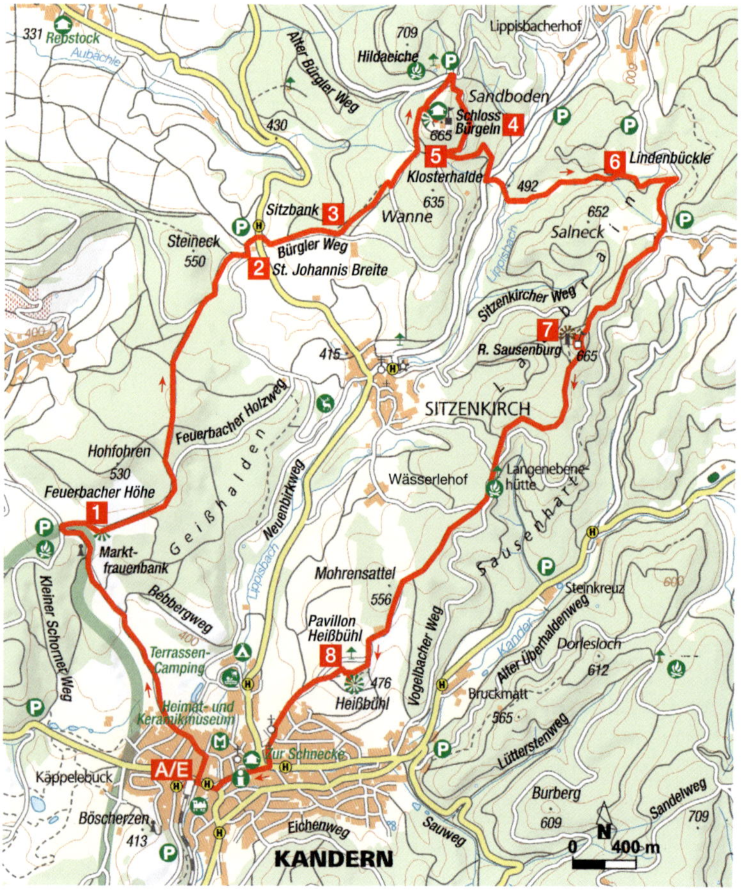

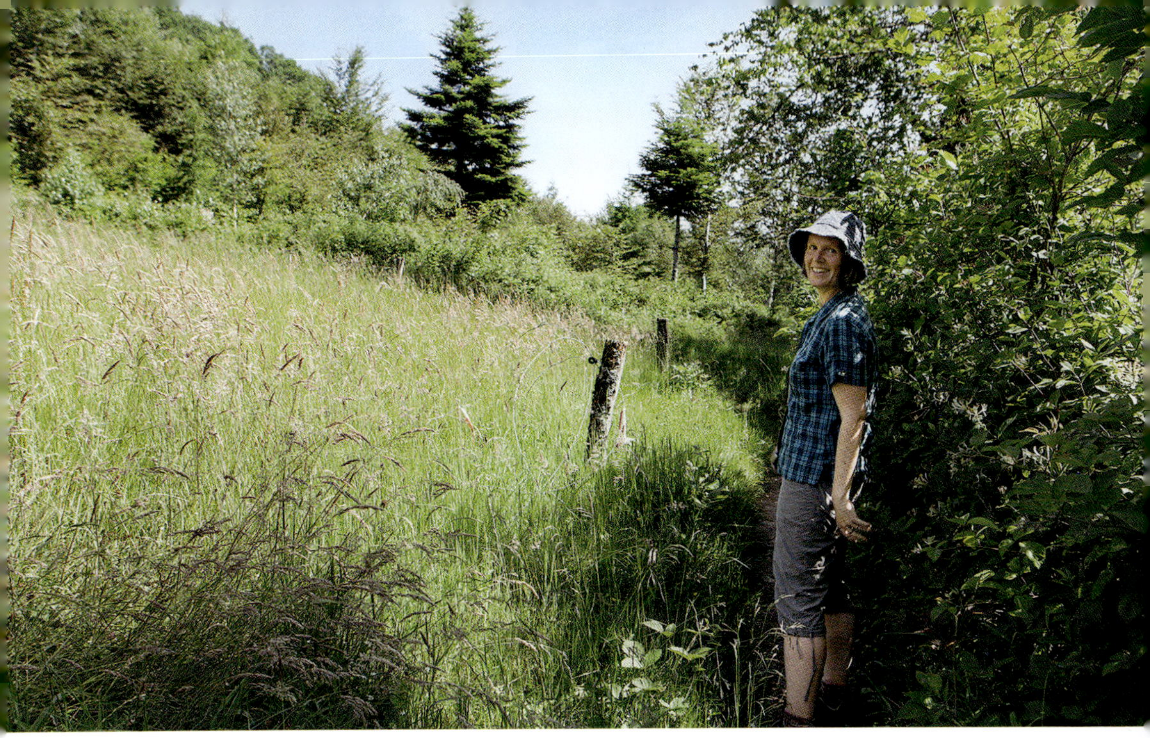

Der Wechsel zwischen Wiesen und Wald prägt den Aufstieg zum Schloss Bürgeln.

Feuerbacher Höhe, verlassen somit auf der schwach befahrenen Feuerbacher Straße Kandern und passieren eine Kirschbaumplantage. Vor allem im Frühjahr zur Kirschblüte, aber auch im Sommer, wenn die reifen Früchte an den Zweigen leuchten, ist dieser Abschnitt besonders schön.

Bei der 1 **Feuerbacher Höhe** sind die ersten 100 Höhenmeter geschafft. Bei dem Aussichtspunkt biegen wir rechts ab und folgen der gelben Raute auf nun wassergebundenen Wegen über die Gaishalde und durch einen Rotbuchenwald zur 2 **St.-Johannis-Breite**. Auf der Anhöhe zwischen Obereggenen und Sitzenkirch bietet ein Wanderparkplatz einen alternativen Startpunkt für diese Wanderung.

Weiter geht es auf der anderen Seite der L 132 an den Waldrand. Nochmals 500 Meter weiter (ab der Landstraße) wechseln wir bei einer 3 **Sitzbank** links auf einen Waldpfad.

Königlich rasten Wo der Pfad endet, halten wir uns erneut links und wandern knapp 300 Meter auf einem landwirtschaftlichen Weg weiter. Wo dieser in einen Forstweg mündet, wechseln wir auf den nächsten Pfad und folgen der gelben Raute durch den Wald bergan zum 4 **Schloss Bürgeln**. Nach rund 6,5 Kilometern ist damit das erste Ziel des Tages erreicht. Zugleich ist ein Großteil der Höhenmeter dieser Tour geschafft, womit die Schlosswirtschaft für eine längere Pause wie gerufen kommt. Die Gartenterrasse bietet einen tollen Blick über das Markgräflerland bis zu den südlichen Vogesen. Und das Schönste: Auch wenn hier oben alles sehr edel wirkt – im Schloss Bürgeln und in den aufwendig

Schloss Bürgeln

Die älteste urkundliche Erwähnung von Schloss Bürgeln stammt aus dem Jahr 1125. In der »Chronica de Burglen Chonradi monachi« wird das Gebäude als »in monte burglon« erwähnt, was auf eine befestigte Anlage hindeutet. Es wird angenommen, dass die Reste einer römischen Landvilla gemeint sind, mit deren Steinen im späten 11. Jh. eine Johanniskapelle errichtet wurde. 1762 wurde mit dem Neubau der Propstei Bürgeln begonnen. Es entstand ein frühklassizistischer Schlossbau mit Rokokodekor. Die letzten großen Erweiterungen stammen aus dem frühen 20. Jh., so auch die hübsche Terrasse vor dem Schloss.

gestalteten Gartenanlagen werden regelmäßig Hochzeiten gefeiert –, sind auch Wanderer willkommen.
Gut gestärkt geht es anschließend zurück zum Wegweiser vor dem Schloss und von dort weiter zum »Bürgler Waldwegli«. Hier halten wir uns rechts, folgen dem Klosterhaldenweg zur 5 **Klosterhalde**, biegen dort scharf links ab und wandern auf dem steil abfallenden Pfad durch den Wald hinunter bis zur K 6313.

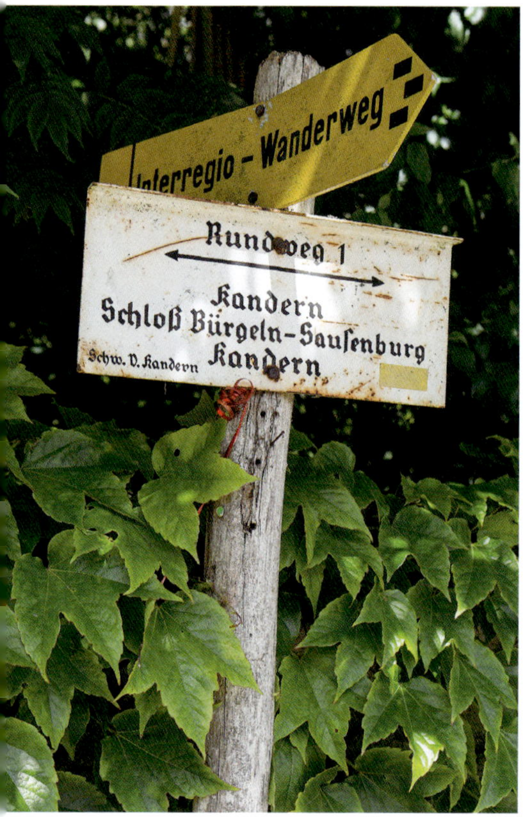

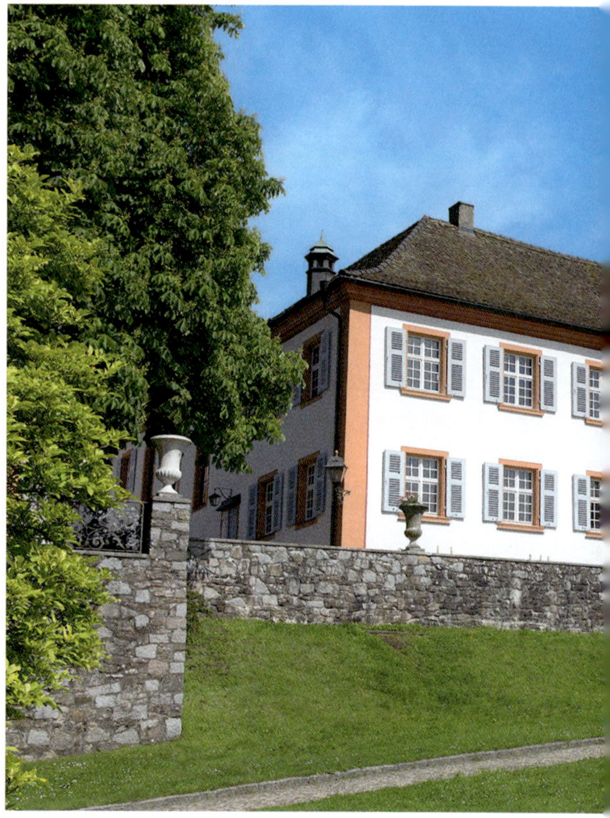

Auch angerostete Wegweiser helfen, auf dem rechten Weg zu bleiben.

Mitte: Prächtige Kulisse für Hochzeiten – das Schloss Bürgeln bei Kandern

Hinweis: Als wir die Wanderung abgelaufen sind, fehlte eine Markierung – im Zweifelsfall geht es nach 300 Metern ab dem Wegweiser »Klosterhalde« steil rechts ab zur Kreisstraße. Verpasst man diesen, kommt man auf eine Wiese. In diesem Fall muss man dann ein Stück weit entlang der Straße laufen, um wieder auf den offiziellen Wanderweg zu treffen.

Zur Ruine Sausenburg Jenseits der Kreisstraße geht es noch ein paar Schritte bergab bis zum Lippisbach. Gleich darauf gewinnen wir auf dem breiten Schnegelbachweg wieder rasch an Höhe. Wo der Waldweg in eine Straße mündet, sind Wegmarkierungen erneut Mangelware – hier hilft das Zeichen vom Interregioweg (drei liegende Rechtecke auf Gelb), das uns rechts hoch auf das 6 **Lindenbückle** führt. Dort angekommen, fällt die Orientierung nun umso leichter, denn von der Anhöhe oberhalb von Vogelbach folgen wir einfach der roten Rauten-Markierung des Westwegs bis zur 7 **Ruine Sausenburg**.
Die Sausenburg entstand zwischen 1232 und 1246 nach dem Grundriss der Burg Zähringen in Freiburg. Nachdem die Burgherren 1311 die Burg Rötteln

erbten, verlegten sie ihren Herrschaftssitz und ließen auf der Sausenburg nur einen Burgvogt zurück, sodass die Burg an Bedeutung verlor. In den nächsten Jahrhunderten überstand die Sausenburg dennoch zuerst die Übernahme durch Freischärler während des Bauernkriegs (1525) und dann den Dreißigjährigen Krieg, in welchem sie erst durch kaiserliche, später durch schwedische Truppen eingenommen wurde. Im Jahr 1678 wurde die Sausenburg – wie auch die Burg Rötteln – schließlich durch Franzosen zerstört.

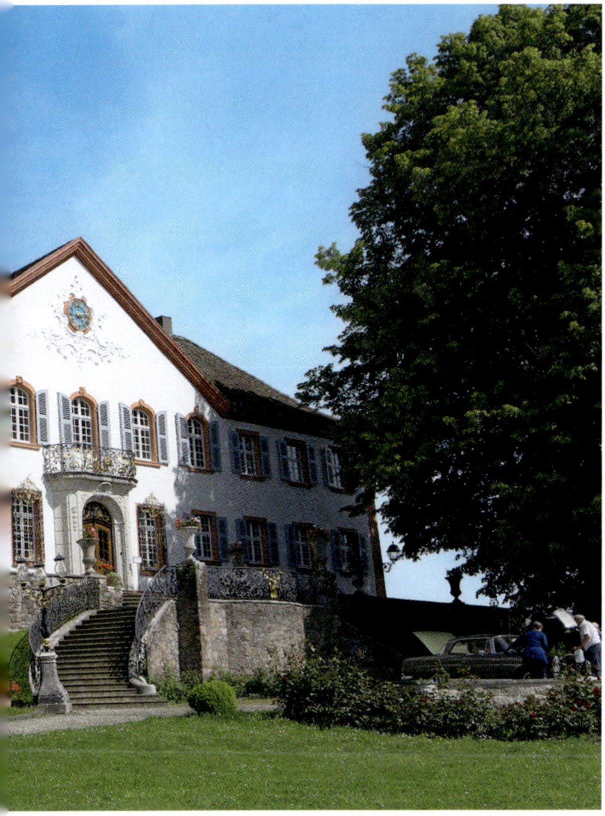

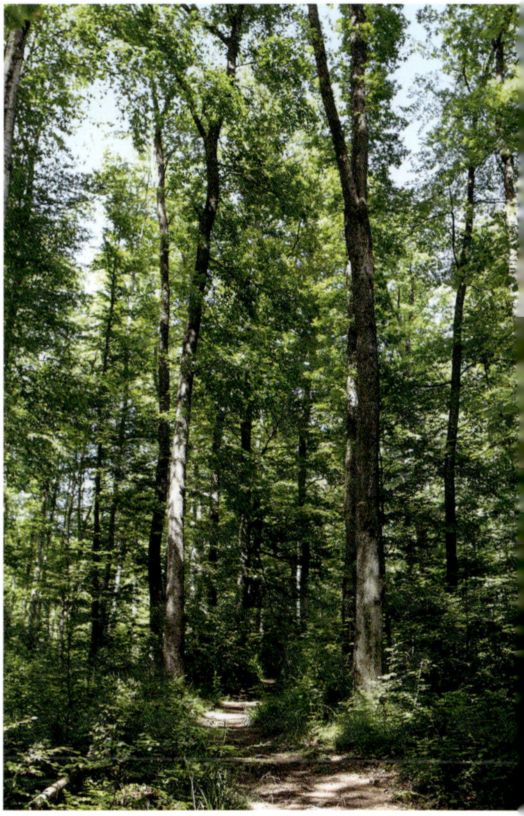

Unterhalb vom Schloss führt der Weg durch artenreiche Mischwälder.

Auch wenn die Burg seit 1960 gesichert wird, erfolgt das Betreten auf eigene Gefahr, und abgesperrte Bereiche dürfen wegen Steinschlaggefahr nicht begangen werden. Ein Besuch der Ruine lohnt sich dennoch – so scheint der Rundturm einem Märchen zu entstammen, während im Burghof mehrere Bänke zu einer gemütlichen Rast einladen.

Zurück nach Kandern Nach dem Abstecher geht es weiter auf dem Westweg zum Rastplatz bei der Lange-Ebene-Hütte und über »Wässerliwald« und »Im Loh« zurück nach Kandern. Dieser letzte Abschnitt der Wanderung führt über den Moorensattel. Wir überqueren hier die Hauptrandverwerfung zwischen dem kristallinen Grundgebirge mit dem Blauen und dem aus Schichtgestein gebildeten Markgräfler Hügelland. Ein Stück oberhalb vom Ortsrand von Kandern empfehlen wir einen Abstecher zum 8 **Aussichtspavillon auf dem Heißbühl**; von dort bietet sich ein recht schöner Blick über die Landschaft zwischen Schwarzwald und dem Oberrheingraben, ehe wir die Wanderung dann in E **Kandern** bei der Kandertalbahn wieder beenden.

2

Am Ittenschwander Horn

Aussichtsreiche Wanderung bei Schönau

Mittel | 12,5 km | 3.45 Std. | 400 Hm

Tourencharakter
Leichte Wanderung auf Forstwegen und Pfaden, zu Beginn und am Ende über die schwach befahrene Ortsstraße

Ausgangs-/Endpunkt
Wanderparkplatz Tannenboden (690 m)

Höchster Punkt
Honeck (1022 m)

Anfahrt
Auto: Von der B 317 Todtnau–Schönau im Schwarzwald bei Wembach abfahren und der Beschilderung Richtung Hof und Fröhnd folgen; der Parkplatz befindet sich zwischen den beiden Dörfern.
GPS-Daten: 47.76280, 7.87060
Keine Anfahrt mit Bus & Bahn möglich

Gehzeiten
Tannenboden – Hörnlibrunnen 1.15 Std. – Zeiger 45 Min. – Kammfichte 30 Min. – Tannenboden 1.15 Std.; insgesamt 3.45 Std.

Einkehr
Pension-Café Hirtenbrunnen (Do/Fr ab 14 Uhr, Sa/So ab 12 Uhr; www.hirtenbrunnen.de)

Karte
Karte des Schwarzwaldvereins 1:25 000, W257 Schönau

Beste Jahreszeit
März bis Oktober

Informationen
Schwarzwaldregion Belchen 07673/91 81 30, www.schwarzwaldregion-belchen.de

Verglichen mit dem nahen Belchen führt das Ittenschwander Horn ein ruhiges Dasein – entsprechend winzig ist auch der Wanderparkplatz beim Tannenboden. Dafür bietet der knapp 1000 Meter hohe Berg eine grandiose Sicht über das Trogtal der Wiese hinüber auf den Belchen.

Mit dem Höhenzug von Rohrenkopf, Wannenkopf und Herrenschwander Kopf im Rücken wandern wir vom **A Wanderparkplatz Tannenboden** dem Wegweiser »Schiffboden« geradeaus folgend bergauf Richtung Wolfsacker. Auf diesem ersten Stück lohnt es sich, ab und zu innezuhalten und sich umzuschauen: Wie an einer Schnur reihen sich die Hügel jenseits der Wiese aneinander, und selbst der Feldberggipfel, der Seebuck und mit etwas Glück sogar das Herzogenhorn sind im Hintergrund bzw. im Norden zu erkennen. Zugleich erfreuen die saftig grünen Bergwiesen und Kuhweiden am Wegrand so manchen Wanderer.

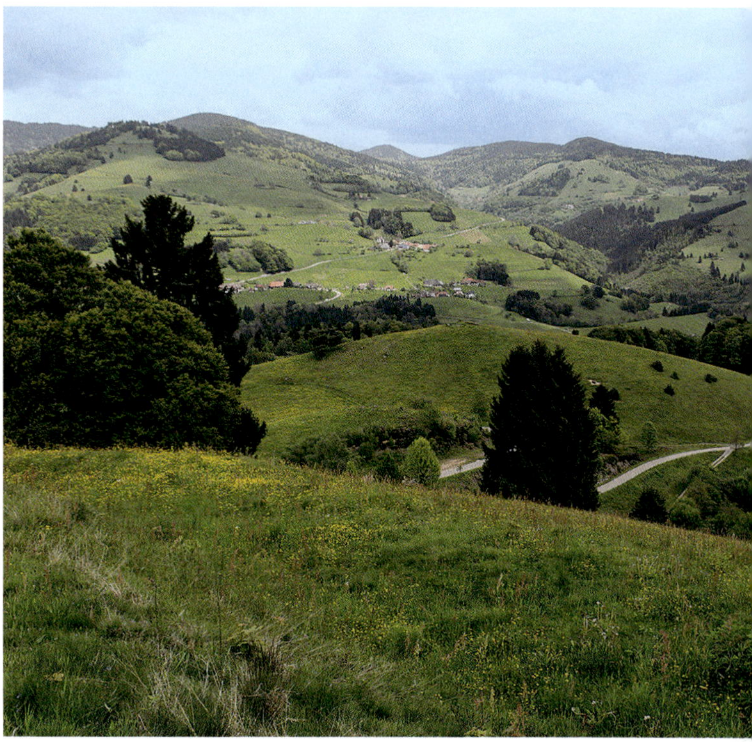

Oberhalb von Hof öffnet sich die Sicht zu den Aussichtsbergen im Südwesten.

Übrigens: Wer nur eine kurze Runde laufen will, der kann beim Wegweiser »Schiffboden« auch nach rechts abbiegen und über den Dachseckwald sowie dem Wegweiser »Unter dem Dachseckwald« folgend direkt zur Kammfichte wandern. Bei dieser Variante spart man sich rund 3,2 Kilometer Wegstrecke.

Hörnle und Hörnlebrunnen Nachdem wir den Quellbereich des Schwammbrunnenbachs passiert haben, folgen wir der gelben Raute an den Waldrand und steigen auf dem Schnapstannenweg hoch zum ❶ **Wolfsacker** (950 m). Hier können wir uns zufrieden auf die Schulter klopfen: Drei Kilometer der Strecke und ein Großteil der Höhenmeter dieser Runde sind geschafft!
Bei dem Wegkreuz wechseln wir rechts auf den mit einer blauen Raute markierten Weg in Richtung Zeiger. Die nächsten Schritte geht es noch kurz bergauf über das Hörnle (994 m), dann leicht bergab zum ❷ **Hörnlebrunnen**. Neben dem mit Moos bewachsenen Brünnlein bietet die rustikale Hörnlehütte Schutz vor einem

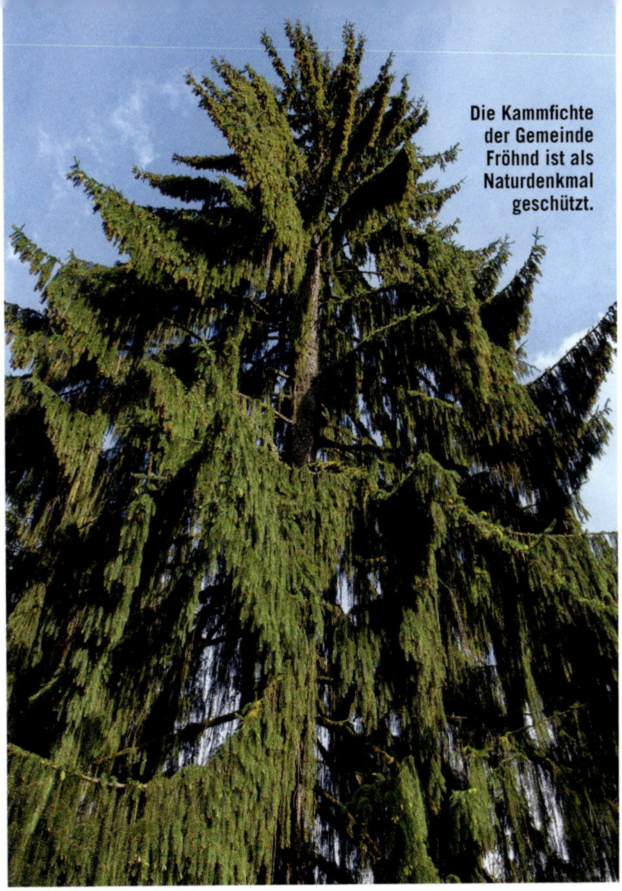
Die Kammfichte der Gemeinde Fröhnd ist als Naturdenkmal geschützt.

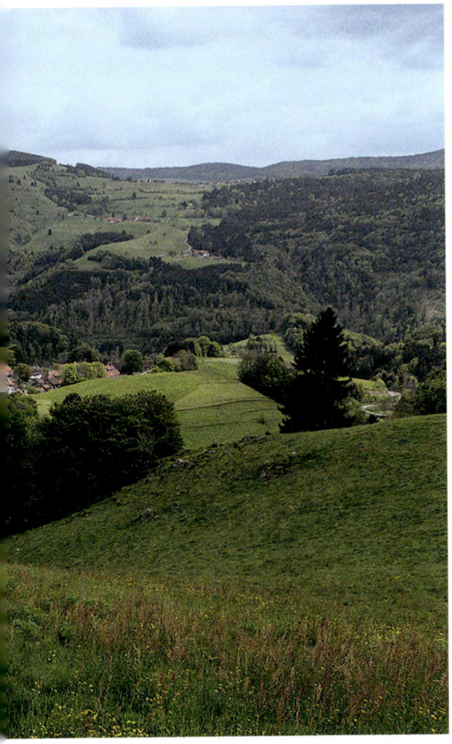

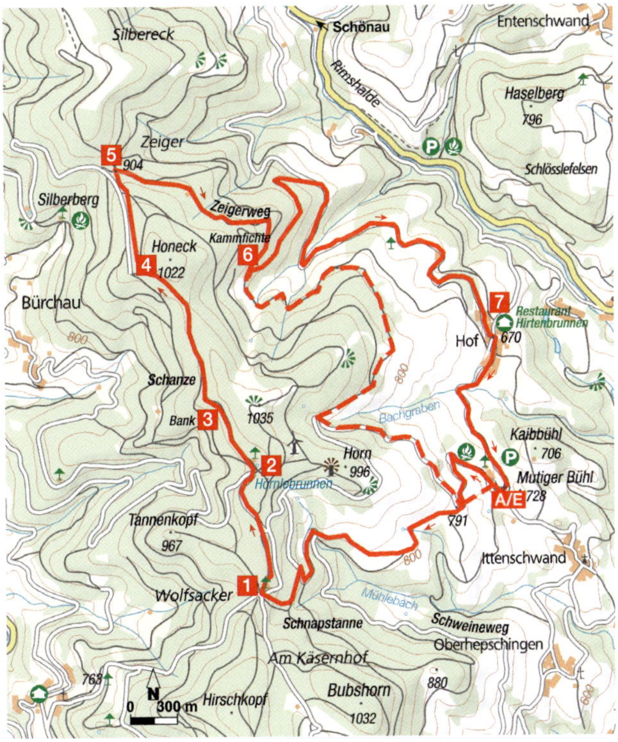

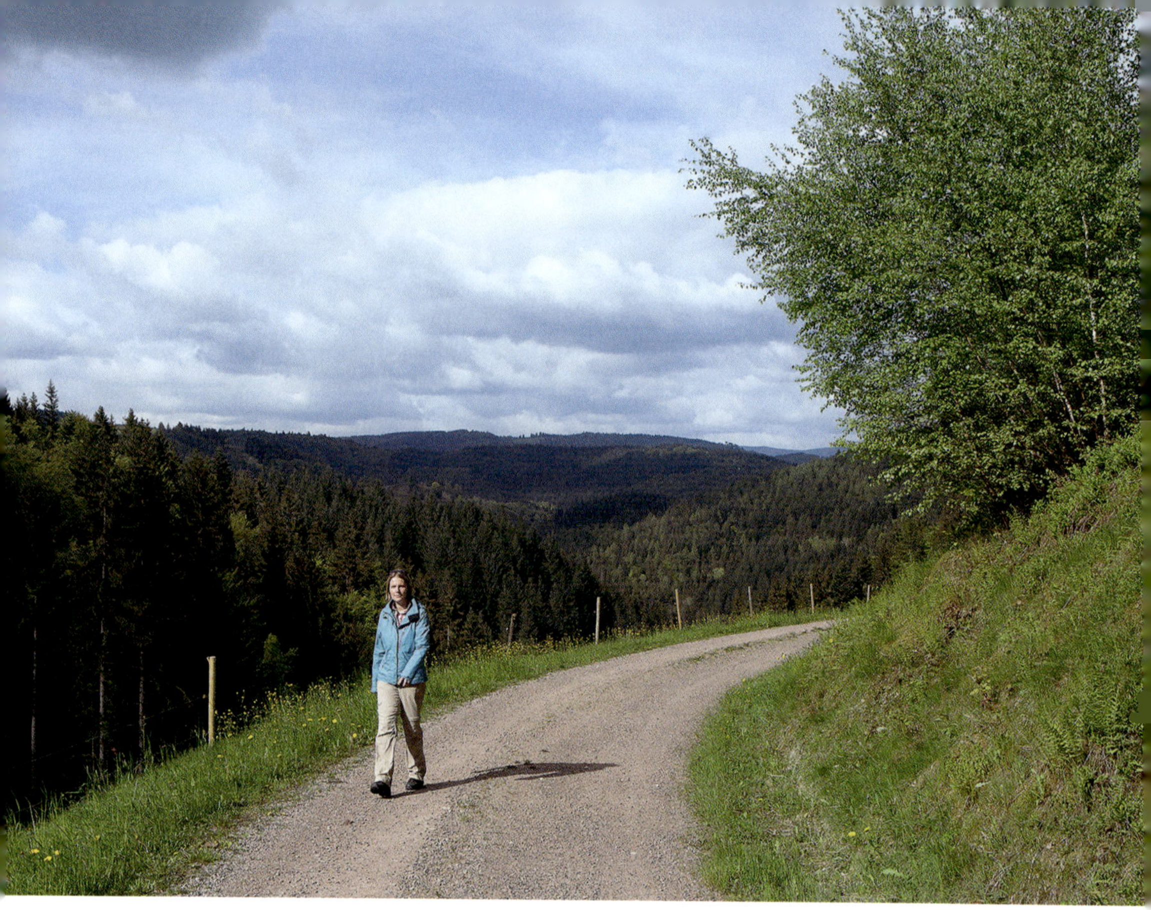

Bequeme, breite Wege verbinden die Passhöhe Zeiger mit Hof.

unerwarteten Regenschauer. Für eine erste Rast ist es jedoch schöner, noch rund 400 Meter weiter bis zu einer 3 **Bank mit Blick** über das Tal der Kleinen Wiese zu spazieren. Leider wird die Sicht durch mehrere Gehölze verdeckt. Da es noch einige schöne Aussichten auf der Runde gibt, schauen wir darüber hinweg und lassen stattdessen die angenehme Ruhe auf uns wirken.

Direkt nach der Bank zweigt der Wanderweg links ab. Wir folgen der blauen Raute bis zum Bereich unterhalb vom 4 **Honeck** (1022 m). Wo sich der Weg in Sichtweite von einem Jägerhochsitz gabelt, halten wir uns erst links und folgen einem breiten Forstweg wenige Schritte bergab, um dann nach rechts auf einen schmalen Waldpfad zu wechseln. Neben der blauen Markierung hilft hier die lokale Beschilderung des Höhenwegs »Belchen–Zellerblauen«. Wenn wir alles richtig gemacht haben, erreichen wir nach 10 Minuten die Passhöhe 5 **Zeiger**.

Seltene Krone Von der Passhöhe sind es nur zwei Kilometer bis zum Wanderparkplatz Hau, einem beliebten Ausgangspunkt für Touren auf den Belchen. Wir indes biegen hier scharf rechts ab und laufen zum Naturdenkmal 6 **Kammfichte**. Vor Ort erklärt eine Tafel, dass die Äste zweiter und höherer Ordnung bei einer Kammfichte wie Lametta nach unten hängen. Im Vergleich zu den Plattenfichten, bei denen die Äste zweiter Ordnung eher horizontal wachsen, können Kammfichten schräg einfallendes Licht besser nutzen. Zugleich bieten sie weniger Auflagefläche, was ihnen in schneereichen Regionen wie dem borealen Nadelwald sowie an den

Nordhängen des Schwarzwalds, wo sich der Schnee besser hält, einen Vorteil verschafft. Mit einem Alter von 110 Jahren und einem Stammumfang von mehr als 300 Zentimetern zählt die Kammfichte in der Gemeinde Fröhnd zu den mächtigsten und schönsten Exemplaren im Schwarzwald.
Direkt bei der Kammfichte biegen wir scharf links ab und wechseln auf den Nebenwanderweg mit der gelben Raute. Wo dieser im Bereich Sägenboden den Wald verlässt, öffnet sich nach Norden die Sicht zum Belchen. Mit dem schönen Eindruck vom dritthöchsten Schwarzwaldgipfel geht es schließlich auf einer landwirtschaftlichen Straße über die Farnbodenhütte hinunter in das beschauliche Fröhnd-Hof.

Auch ohne Einkehr schön Vor dem Rückweg von Hof zum E **Tannenboden** wollten wir selbst noch im 7 **Café-Restaurant Hirtenbrunnen** einkehren. Das Hofgebäude wurde 1594 zu Beginn der Zweitbesiedlung des Schwarzwalds errichtet und mit einem tief herabragenden Walmdach aus Stroh versehen. Nachdem der Hirtenbrunnen bis in die 1930er-Jahre landwirtschaftlich genutzt wurde, erfolgte ab den 1950er-Jahren der Umbau zu einer Pension mit Café. Bei unserem ersten Besuch hatten wir noch den alten Wirt kennengelernt. Er empfing uns derart unwirsch, dass wir das Restaurant augenblicklich wieder verlassen hatten. Mittlerweile hat der Eigentümer gewechselt und verlief unser zweiter Besuch besser. Die Rückmeldungen anderer Gäste indes fallen bis dato sehr gemischt aus.
Anschließend trennen uns nur 1,2 Kilometer vom Ausgangspunkt, womit wir zum Abschluss der Wanderung nochmals die schöne Aussicht zu den umliegenden Bergen genießen können oder bereits die nächste Tour planen.

Landschaftspfleger auf vier Beinen – Rinder halten die Weiden offen.

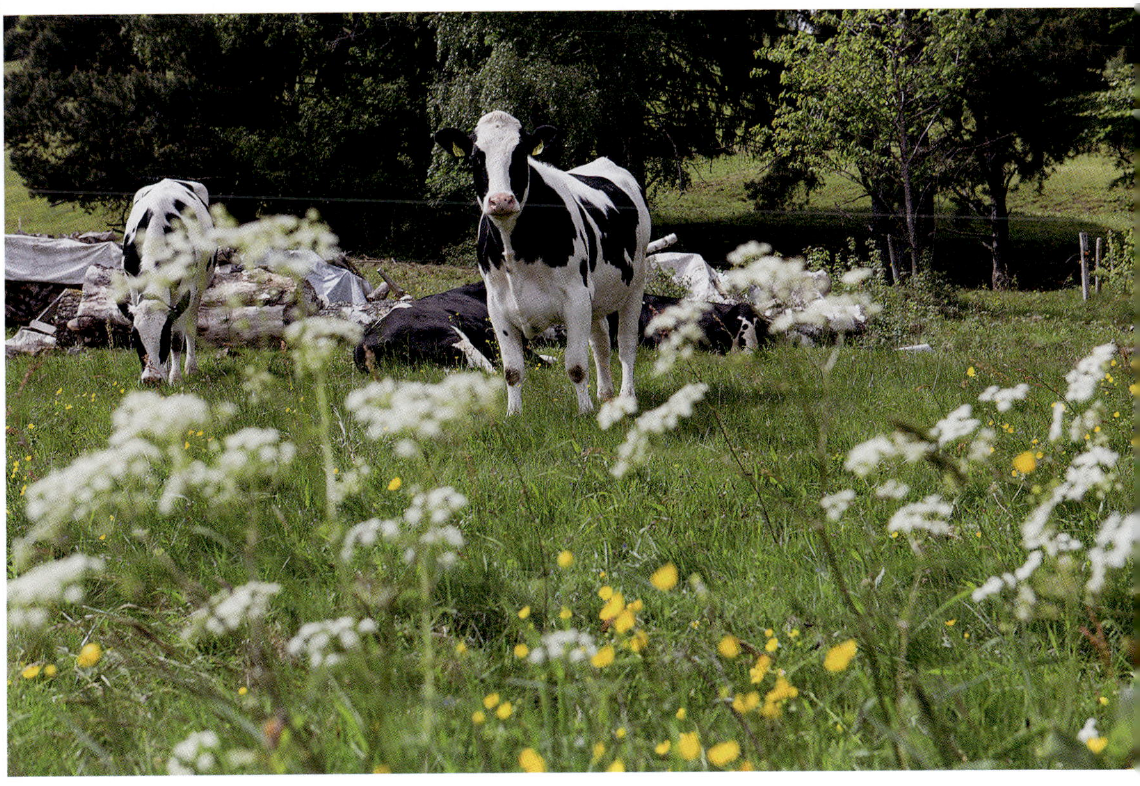

3

Sechs auf einen Streich

Zum Präger Gletscherkessel

Mittel | 14 km | 4.30–5 Std. | 650 Hm

Tourencharakter
Der Aufstieg zum Gletscherkessel und der Abstieg nach Präg erfolgen über teils ausgesetzte Wiesenpfade; sonst gut begehbare Wege und Pfade, die etwas Trittsicherheit erfordern

Ausgangs-/Endpunkt
Ortsmitte von Präg (700 m)

Höchster Punkt
Hochkopf (1263 m)

Anfahrt
Auto: Von der B 317 Todtnau–Schönau im Schwarzwald bei Geschwend auf die L 149 abfahren und der Beschilderung über die Wachtstraße und die L 151 nach Präg folgen. GPS-Daten: 47.778890, 7.96740
Bus & Bahn: Es fahren Busse ab Todtmoos-Busbahnhof und Todtnau-Busbahnhof bis zur Haltestelle »Präg/Rathaus«.

Gehzeiten
Präg – Präger Eck 1.30 Std. – Hochkopf 1.15–1.30 Std. – Herrenschwand 45 Min. – Präg 1 Std.; insgesamt 4.30–4.45 Std.

Einkehr
Hochkopfhaus Waldhotel Auerhahn (Di-So ab 12 Uhr; www.waldhotel-auerhahn.com)

Karte
Karte des Schwarzwaldvereins 1:25 000, W257 Schönau

Beste Jahreszeit
Mai bis Oktober

Informationen
Touristinfo Todtmoos, Tel. 07652/120 60, www.hochschwarzwald.de

Wo heute der beschauliche Ferienort Präg zu erholsamen Urlaubstagen einlädt, ereignete sich vor 10 000–20 000 Jahren etwas, was man lange Zeit für weltweit einmalig hielt: Sechs Gletscher mit einer Dicke von 200–250 Metern flossen gleichzeitig in den Talkessel. Die Spuren vom Eis sind heute immer noch gut zu erkennen.

Von der Ortsmitte in **A Präg** geht es über die Hochkopfstraße in die Grabenstraße. Beim nächsten Wegweiser zweigen wir links auf den Themenpfad zum Gletscherkessel Präg ab und folgen diesem über das Hinter-Wildbodenbächle. Wo der Pfad nach 250 Metern wieder auf die Straße trifft, biegen wir erneut links ab. Gleich darauf erreichen wir auch schon den **1 Ellenbogen**. Im Folgenden halten wir uns zweimal rechts, verlassen damit die Straße und erklimmen auf steilen und stellenweise ausgesetzten Pfaden den Schweinebuck.

Der Name leitet sich vom mitteldeutschen »sweini« oder »swenden« ab. Das »Swenden« bezeichnete damals das Roden von Waldflächen, um Weideland zu schaffen. Damit die artenreichen Magerweiden erhalten bleiben,

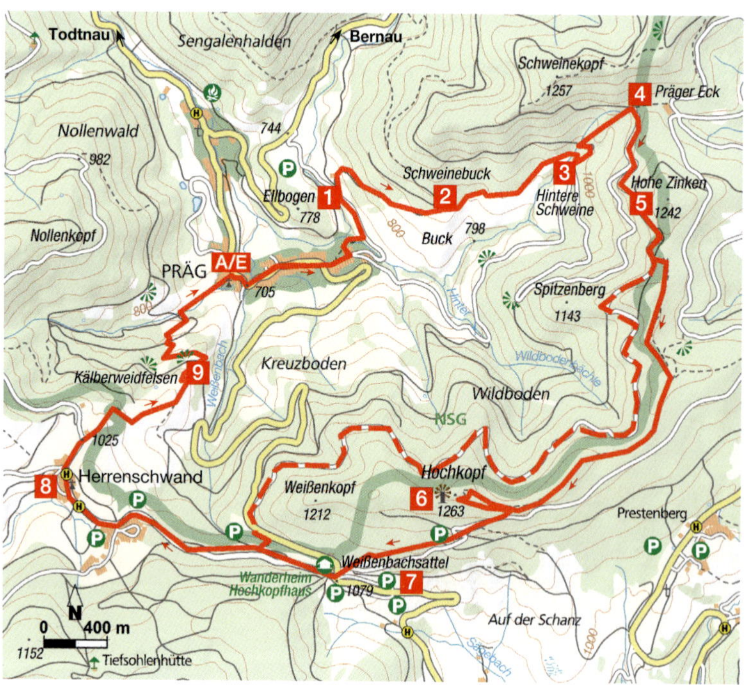

wird der Buckel wie früher extensiv mit einheimischen Hinterwälder Rindern bewirtschaftet. Ein Zeugnis dieser Bewirtschaftungsform ist eine mächtige Weidbuche, deren Alter auf weit über 100 Jahre geschätzt wird. Dabei handelt es sich um eine gewöhnliche Rotbuche, die allerdings immer wieder vom Vieh verbissen wurde. Als Reaktion darauf bildet die Buche immer mehr Seitentriebe, die vom Stamm weg wachsen. Dadurch entsteht zunächst ein Busch. Erst wenn die Tiere die mittleren Triebe nicht mehr erreichen, ist der Weg nach oben frei. Erst dann entstehen die für Weiden charakteristischen Baumriesen.

Neben den Weidbuchen gibt es auch Weidfichten. Da viele der am Hang gelegenen Weidfelder uninteressant für die Landwirtschaft geworden sind, werden sie vielerorts durch Naturschutz- und Fördermaßnahmen freigehalten, um die Magerrasen und Flügelginsterweiden zu erhalten und miteinander zu vernetzen.

Mein Tipp

Die Runde um Präg verläuft in mehreren Abschnitten auf dem Turmsteig. Dieser beginnt in Todtnau und endet nach zwei Etappen und gut 27 km in Herrenschwand. Neben dem Hochkopfturm erreicht die Wanderung auch den Hasenhornturm und führt auf den ebenfalls in diesem Buch beschriebenen Blößling (s. Tour 8) oberhalb von Bernau. Eine genaue Beschreibung des Turmsteigs finden Sie in unserem Wanderführer »Schwarzwald-Steige«, der ebenfalls im Bruckmann Verlag erschienen ist.

Aussicht oder Ruhe Nachdem wir einen alten Wegweiser auf dem **2 Schweinebuck** (900 m) passiert haben, steigt der Pfad etwas flacher bis in den Wald zur **3 Hinteren Schweine** an. Das nächste Stück folgen wir bergauf der Beschilderung bis zum **4 Präger Eck**, wo wir auf den Westweg treffen.

War der Wegverlauf bisher etwas knifflig, fällt die Orientierung nun umso leichter: Wir folgen jetzt immer der roten Raute Richtung Weißenbachsattel – oder auch nicht. Denn sobald der Westweg den **5 Hohen Zinken**

Bei Präg vereinten sich einst die Eismassen von sechs Gletschern.

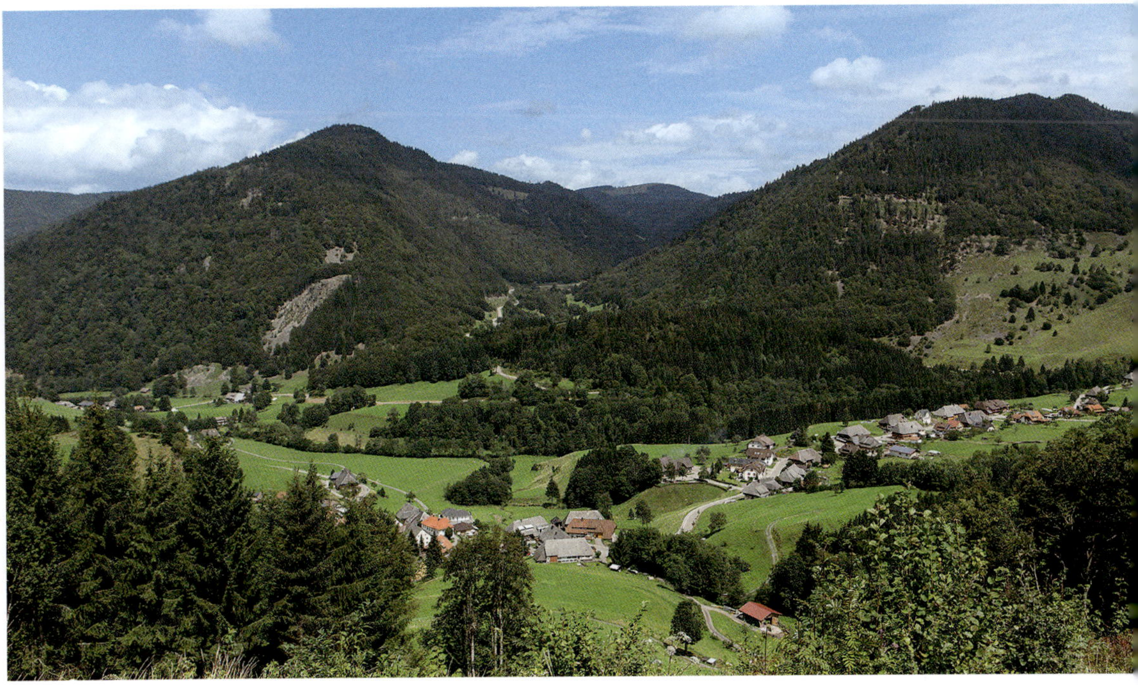

(1242 m) passiert hat, gibt es bei der nächsten Weggabelung zwei Wegmöglichkeiten: Die ruhige, also seltener begangene Variante zweigt rechts direkt nach Herrenschwand ab; wer sich dafür entscheidet, spart ein paar Höhenmeter. Da der breite Forstweg aber kaum Aussichten bietet, finden wir die Variante auf dem Westweg schöner.

Nach Herrenschwand Also folgen wir der roten Raute über den Ledertschobenstein zum Wegweiser »Am Hochkopf«. Hier lohnt sich ein Abstecher über den Stichweg hinauf zum 6 **Hochkopfturm**. Durch seine Lage ermöglicht der Aussichtsturm trotz seiner geringen Höhe eine tolle Sicht über die Gipfel des Hochschwarzwalds und – bei klarer Luft – bis zu den Schweizer Alpen. Eine aufklappbare Metallscheibe erleichtert die Bestimmung der einzelnen Berge.

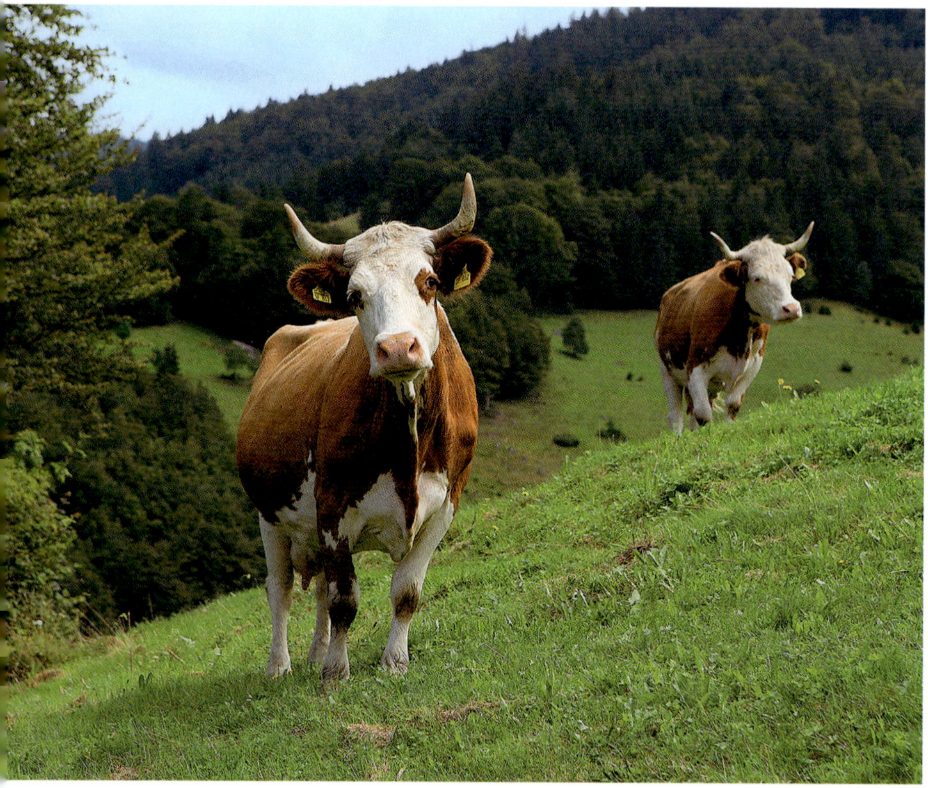

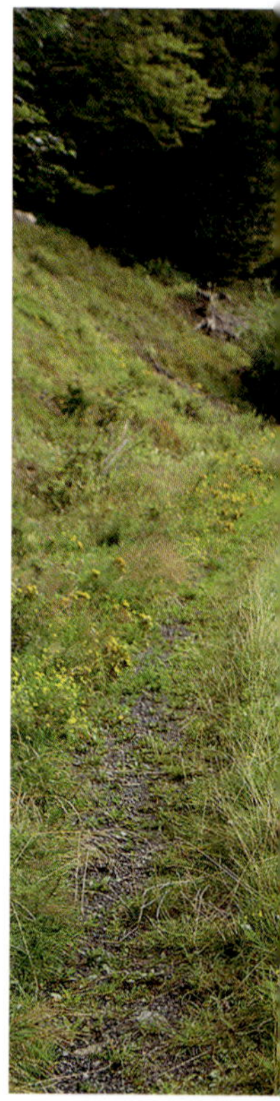

Oberhalb von Präg belebt eine Herde Hinterwälder die Landschaft.

Mitte: Aufstieg auf den Schweinebuck

Anschließend geht es weiter über das Hochkopfbrünnle und den Langewald zum 7 **Weißenbachsattel** (1079 m). Auf der Passhöhe zwischen Todtnau und Todtmoos eröffnen sich uns erneut zwei Möglichkeiten: Wer meint, bereits genug gewandert zu sein, kann vom Weißenbachsattel mit dem Bus zurück nach Präg fahren. Alle anderen verlassen hier den Westweg, überqueren die Landstraße und folgen der blauen Raute am Hochkopfhaus zum Auerhahn vorbei Richtung Herrenschwand. Ein paar Hundert Meter weiter treffen wir dann bei Unterm Weißenbachkopf auf diejenigen, die auf die schöne Aussicht beim Hochkopf verzichtet haben. Gemeinsam geht's nun über Waldwege und die wenig befahrene Fuchswaldstraße (K 6304) hinunter nach 8 **Herrenschwand**.

Ein Kessel voller Gletscher Direkt hinter dem Herrenschwander Skiliftparkplatz treffen wir auf den Weidelehrpfad. Diesem folgen wir talwärts über die Jungviehweide Wächtenen und über die Gemeinschaftskuhweide von Präg. Auf dem Lehrpfad informieren 15 Tafeln über die Geschichte der Gemeinschaftsweiden, die Besonderheiten in der Bewirtschaftung sowie über Pflanzenwelt und Geologie. Zugleich eröffnet sich uns am Lehrpfad eine imposante Sicht in den Präger Gletscherkessel. Besonders schön ist dieser Blick vom 9 Kälberweidfelsen. Direkt am Gegenhang, in nordöstlicher Richtung, ist hier zwischen dem Sengalenkopf (1209 m; links) und dem Blößling (1311 m) das Herzogenhorn gut zu erkennen. Von dort strömte der Prägbach-Gletscher in den Kessel. Im Bereich Ellenbogen bog dieser Gletscher auf einen vom Schweinebächle-Gletscher stärker ausgehobelten Talbereich ab, bevor er unterhalb vom Ellenbogen nach Westen in die Hauptabfluss-

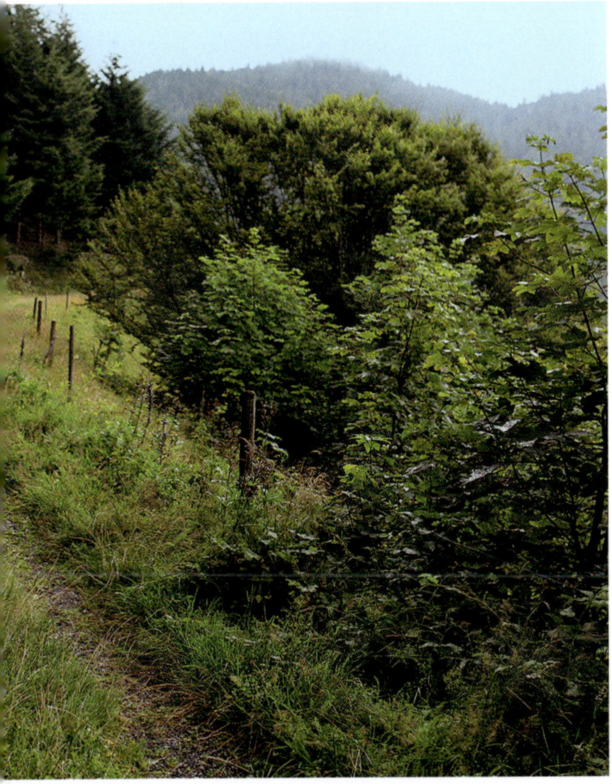

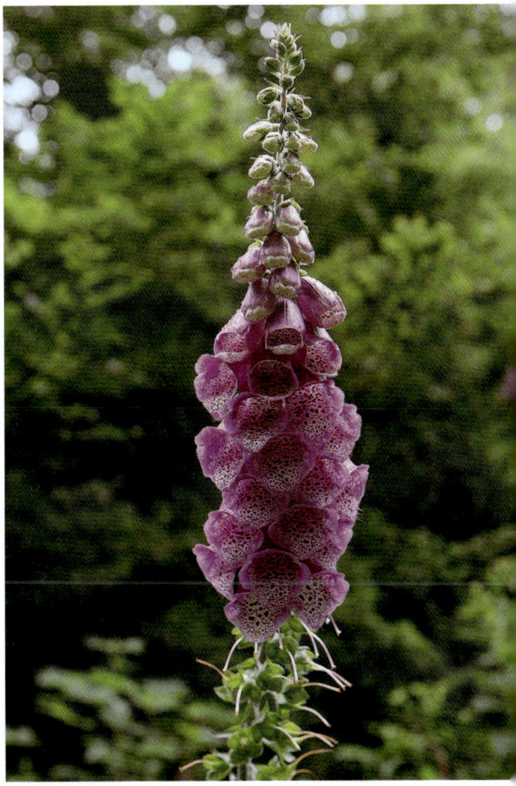

richtung schwenkte. Dort vereinigte sich der Eisstrom mit dem Hinteren und dem Vorderen Wildbodenbächle-Gletscher, dem Weißenbach-Gletscher und dem Eulenbach-Gletscher (im Uhrzeigersinn). Das Pendant zum Präger Gletscherkessel findet sich in den kanadischen Rockies, wo auf der »Plain of Six Glaciers« im Banff-Nationalpark sechs zum Teil noch bestehende Gletscher zusammentreffen.

Unterhalb der Schutzhütte auf dem Kälberweidfelsen folgen wir dem Lehrpfad über die Weide hinunter zum Wegweiser »Hintere Kälberweid«. Von dort sind es dann nur noch 600 Meter bis zum Ausgangspunkt in E Präg, wo wir zufrieden auf eine spannende und abwechslungsreiche Wanderung zurückblicken können.

Die Wirkstoffe des Fingerhuts werden zur Herzstärkung verordnet.

4

Auf dem »7-Moore-Weg« zum Krai-Woog-Gumpen

Durch die Hotzenwälder Moore

Leicht | 9,5 km | 3 Std. | 200 Hm

Tourencharakter
Ruhige Wanderung durch Wälder und über aussichtsreiche Hochmoorflächen. Vorsicht auf der glitschigen Treppe zur Gletschermühle!

Ausgangs-/Endpunkt
Wanderparkplatz am Steinernen Kreuz (998 m) westlich von Wehrhalden, Gemeinde Herrischried

Höchster Punkt
Kindskreuzle (1025 m)

Anfahrt
Auto: Von Süden über die B 34 bis Murg und weiter auf der L 151 über Oberhof, Hänner und Kleinherrischwand bis zum Wanderparkplatz am Steinernen Kreuz oberhalb von Lochhäuser. Oder von Norden über die B 317 bis Geschwend und auf der L 149 und der L 151 über Präg und Todtmoos bis zum Ausgangspunkt. GPS-Daten: 47.70000, 8.01710
Bus & Bahn: Es bestehen gute Busverbindungen ab dem Bahnhof in Murg.

Gehzeiten
Steinernes Kreuz – Sonnenmattmoos 1.15 Std. – Gletschermühle 30 Min. – Steinernes Kreuz 1.15 Std.; insgesamt 3 Std.

Einkehr
Keine; Rastbänke u. a. bei der Gletschermühle

Karte
Karte des Schwarzwaldvereins 1:25 000, W258 Titisee-Neustadt

Beste Jahreszeit
April bis November; auch bei wenig Schnee reizvoll

Informationen
Hotzenwald Tourismus GmbH
Tel. 07764/92 00 40,
www.hotzenwald-schwarzwald.de

Diese Tour führt durch den oberen Hotzenwald mit seinen zahlreichen Mooren. Zwei große Naturschutzprojekte, die Hotzenwaldkonzeption 2001 und das Hotzenwald LIFE von 2005 und 2011, sollen eine nachhaltige Entwicklung von Landwirtschaft, Naturschutz und Tourismus gewährleisten. Der »7-Moore-Weg« ist eine dieser Maßnahmen.

Der Erlebnispfad beginnt direkt an der L 151 beim Wanderparkplatz am Ⓐ **Steinernen Kreuz**. Wir bleiben auf der westlichen Seite der Landstraße und folgen der Beschilderung »7-Moore-Weg« über den ansteigenden Wehrhaldergrenzweg in den Wald.
Nach einem Kilometer geht es beim Kindskreuzle rechts ab Richtung Sonnenmatt. Damit kommen wir zurück zur Landstraße und auf der anderen Seite zum ❶ **Brunnmättlemoos**, das geprägt ist durch Moorkiefern, die sogenannten Spirken. Der Wanderweg führt um den Nordwesten des Moors herum, wo sich zwei Bereiche zu einem Hochmoor entwickeln konnten. Ansonsten ist das Moor überwiegend als Niedermoor ausgeprägt.

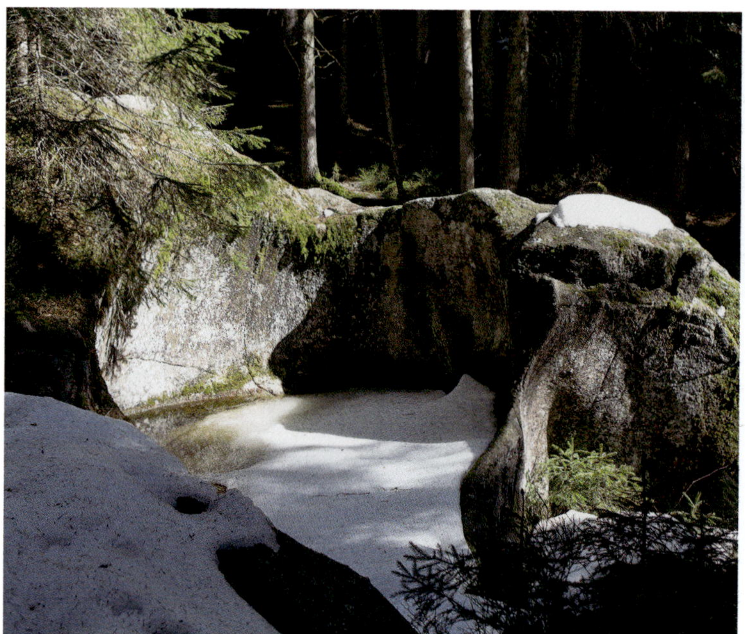

Nachdem wir östlich vom Moor einen ehemaligen Steinbruch passiert haben, biegen wir beim Wegweiser »Sonnenmatt« rechts ab und kommen damit zum ❷ **Sonnmättlemoos**. Es ist weitgehend mit Heidelbeeren bewachsen und mit Fichten und hochstämmigen Kiefern bestanden und wie das Brunnmättlemoos überwiegend als Niedermoor ausgeprägt. Allerdings ist die mittlere Torfmächtigkeit mit einem Meter ein Drittel geringer und das Moor mit Ausnahme der feuchteren Bereiche am Oberhang ziemlich trocken.

Silberbrunnenmoos und Schwarze-Säge-Moos

Beim Wegweiser »Sonnenmattmoos« trifft der »7-Moore-Weg« auf die schwach befahrene Kreisstraße. Auf dieser geht es rechts Richtung Gletschermühle. Der Weg dorthin führt (links ab) über einen Pfad durch das ❸ **Silberbrunnenmoos** und – wieder auf der Straße, am ❹ **Schwarze-Säge-Moos** vorbei.

Unter dem Namen Silberbrunnenmoos wird eine Hangmoorgruppe mit Nieder- und Übergangsmoorvegetation im Silberbrunnentälchen zusammengefasst. Das Torfvolumen der Gruppe wird auf ca. 110 000 Kubikmeter geschätzt. Dieses Torfvorkommen wurde in früheren Zeiten genutzt. Zu erkennen ist dies an einem alten Torfstich, der sich an den Rändern einer Rauschbeerenflur im mittleren Teil des Silberbrunnenmooses befindet.

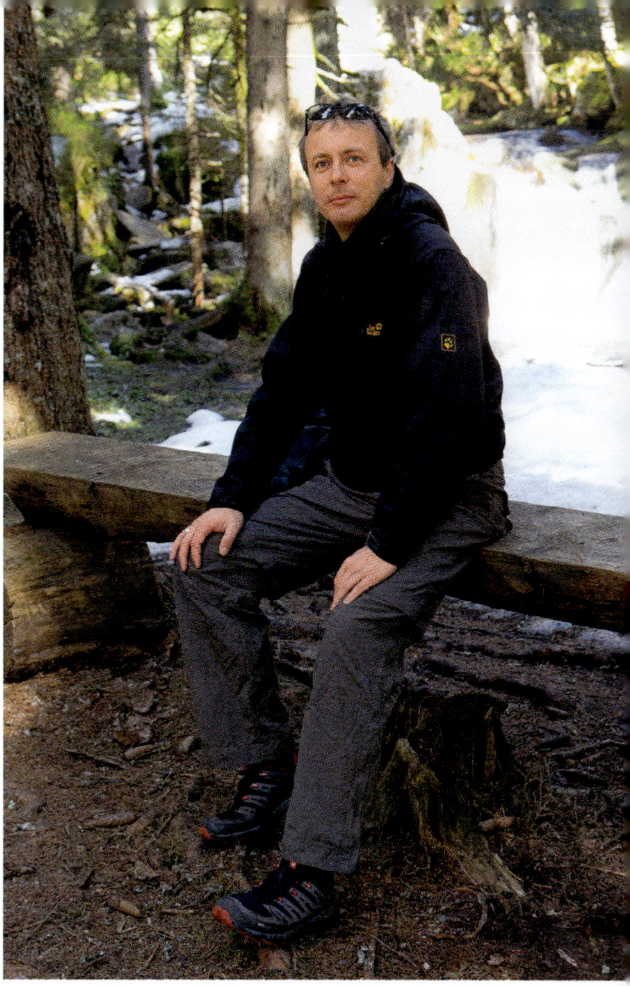

Verdiente Pause beim Krai-Woog-Gumpen

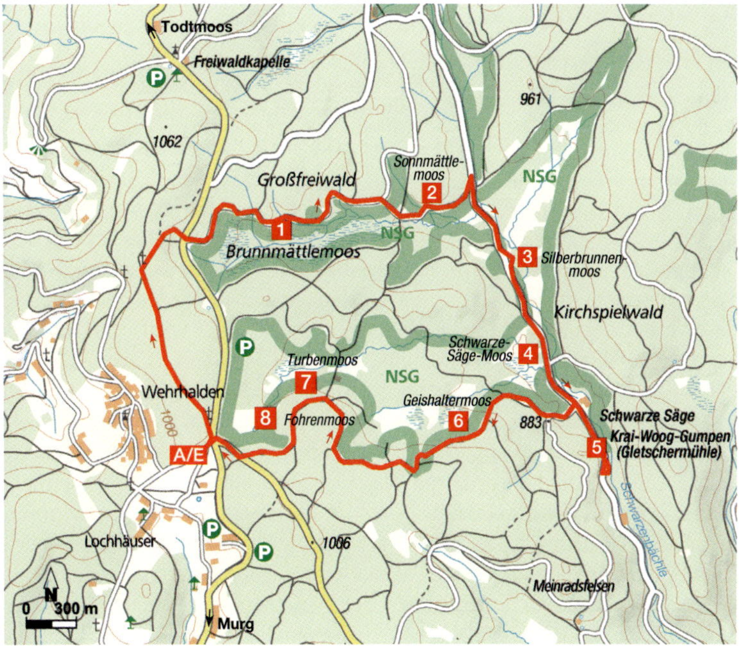

Links: Wasser und mahlende Steine haben die Gletschermühle geschaffen.

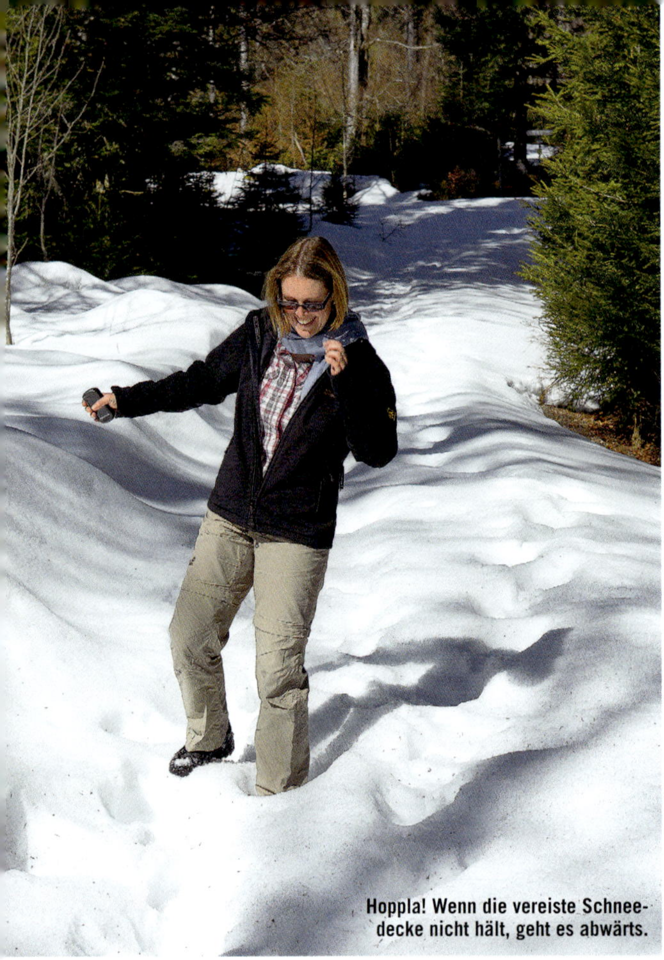

Hoppla! Wenn die vereiste Schneedecke nicht hält, geht es abwärts.

Das Schwarze-Säge-Moos besteht ebenfalls aus einer Gruppe mehrerer, räumlich getrennter Moore. Diese befinden sich nördlich und südlich der Schwarzen Säge und sind weitgehend unbewaldet. Dadurch können wir hier unseren Blick über Braunseggen- und Pfeifengrasbestände schweifen lassen. Auf einer kleinen Torfschlammschlenke ist außerdem der Sonnentau zu finden. Ansonsten werden die einzelnen Flächen der Moorgruppe durch Rauschbeeren, Woll- und Borstgrasflächen sowie durch die Besenheide charakterisiert. Während sich diese in einem guten Zustand befinden, ist der Übungsschießplatz im Norden des Moors mittlerweile Geschichte.

Krai-Woog-Gumpen und Gletschermühle Bei der Schwarzen Säge lohnt sich ein Abstecher zur Gletschermühle und zum 5 Krai-Woog-Gumpen. Der Begriff stammt aus dem Alemannischen – »Krai« bedeutet im Allgemeinen »laut sein« oder »schreien«, steht hier jedoch für lautes Rauschen. »Woog« bedeutet »Wasserfall« und unter »gumpen« versteht der Alemanne »springen und hüpfen«. So heißt es z. B., dass Frösche ins Wasser gumpen. Spricht man von einem Gumpen, ist hingegen ein Becken gemeint. In so einem Fall gumpen die Frösche in einen Gumpen. Beim Krai-Woog-Gumpen passen beide Deutungen, denn hier springt ein laut rauschender Wasserfall in ein Becken.

Direkt unterhalb des Wasserfalls befindet sich die Gletschermühle. Sie wurde erst 1952 entdeckt und freigelegt. Wie sie entstand, ist ungewiss. Eine Theorie besagt, dass hier ein Stein durch Gletschereis so lange im Kreis bewegt wurde, bis er ein rundliches Loch in den Fels gemahlen hatte. Ein ähnliches rundes Gebilde entsteht, wenn ein Stein hinter einem Felsriegel eingeklemmt wird, sodass die Schubkräfte des Gletschers in kreisende Bewegungen umgelenkt werden. Laut einer zweiten Theorie könnte es sich bei der Gletschermühle aber auch um ein Strudelloch handeln, das durch einen harten Wasserstrahl herabfallender Wassermassen oder durch schleifende Steine, die im Bachbett lagen, gebildet wurde. Einer dritten Theorie zufolge könnte es sich auch um eine Kombination der beiden anderen Vorgänge handeln. So wird angenommen, dass sich beim Rückzug des Gletschers im Bereich der Gletschermühle längere Zeit eine Eiswand oder Gletscherspalte befand. In diesem Fall hätte dann ein Schmelz-

Moortypen

Im Schwarzwald werden die Moore in sechs Haupttypen gegliedert – die bekanntesten davon sind die Nieder- und die Hochmoore. Sie unterscheiden sich darin, dass das Niedermoor vom Grundwasser gespeist wird, während das Hochmoor den Kontakt zum Grundwasser verloren hat und allein durch die Niederschläge feucht gehalten wird. Von einem Anmoor ist die Rede, wenn der (mineralische) Boden durch Wasserüberschuss und Sauerstoffarmut einen hohen Anteil an organischer Masse besitzt. Weitere Haupttypen sind Überdecktes Anmoor, Überdecktes Niedermoor und Seekreidehaltiger Boden.

wasserfall genug Kraft gehabt, das Loch in den Fels zu strudeln. Alle drei Theorien werden vor Ort auf einer Tafel anschaulich dargestellt.

Geishalter-, Turben- und Fohrenmoos Anschließend geht es zurück zur Schwarzen Säge und, links ab, über den nahen Schwarzwasen zurück zum Steinernen Kreuz. Auf diesem letzten Stück der Runde passieren wir die noch fehlenden Moore des »7-Moore-Wegs«. Das 6 Geishaltermoos wird von offenen Gräben durchzogen, welche die Hangmoorbereiche z. T. entwässert haben.

So sieht es aus, wenn Wasser in einen Gumpen gumpt.

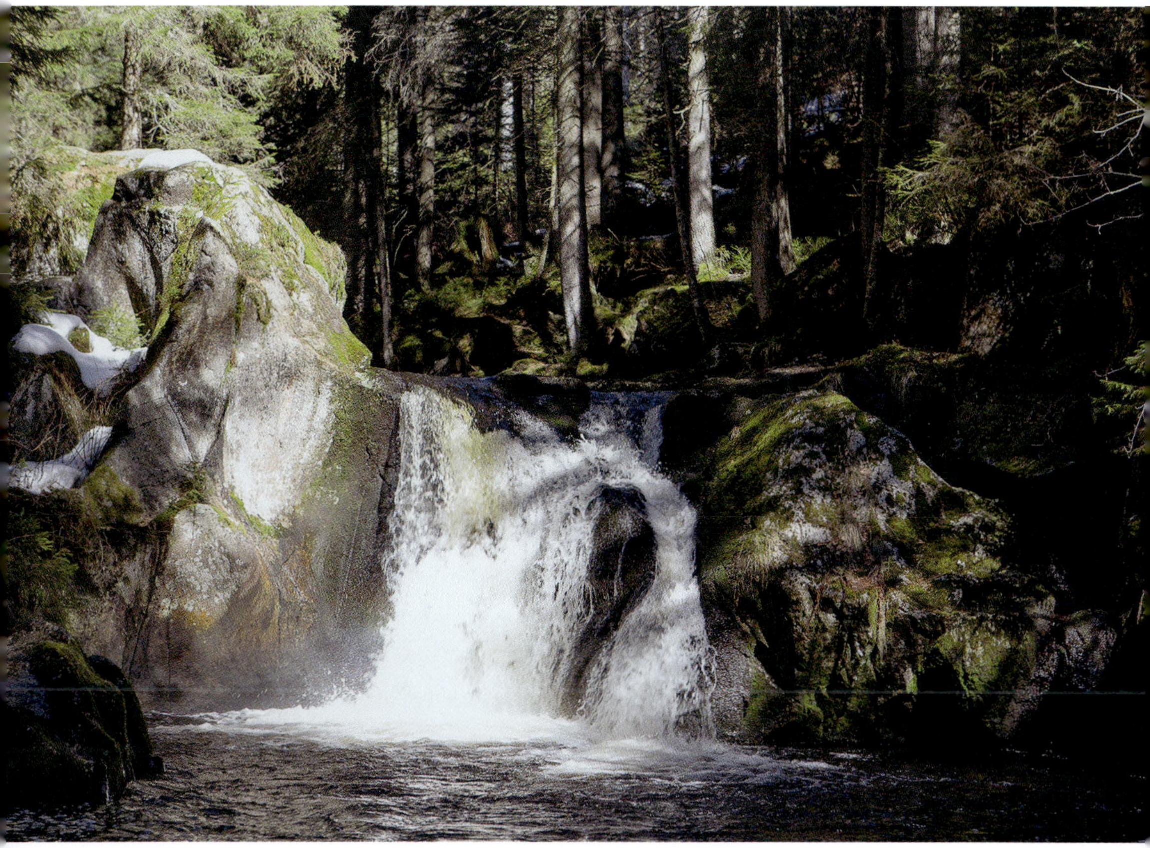

Das zentrale 7 Turbenmoos – nach ihm ist diese Moorgruppe benannt – wird durch vier Spirkenhanghochmoore mit Rausch- und Heidelbeeren charakterisiert. Die zwei kleineren Flächen wurden ebenfalls zum Torfstechen genutzt, sodass die Ränder gestört sind.
Nach Westen geht das Turbenmoos in das 8 Fohrenmoos über. Dieses besteht aus einem Mosaik verschiedener Moortypen und Vegetationen. Kennzeichnend für das letzte Moor, das wir auf dem Erlebnispfad kennenlernen, sind feuchte Seggen- und Borstgrasbestände, die sich mit Fichtenwaldinseln abwechseln.
Mit einem ganzen Rucksack voller Wissen und neuer Einblicke in die Natur sind es dann nur noch ein paar Meter über den Wegweiser »Lochhäuser – Hintere Grube« bis zurück zum Ausgangspunkt am Wanderparkplatz beim E Steinernen Kreuz.

5

Überraschende Weitblicke im Süden

Zum Wittenschwander Klosterweiher

Mittel | 9 km | 3 Std. | 400 Hm

Tourencharakter
Mit mehreren fordernden Anstiegen garnierte Runde, wenig frequentiert und mit sehr schönen Ausblicken

Ausgangs-/Endpunkt
Parkplatz in der Rathausstraße von Wittenschwand (915 m)

Höchster Punkt
Anhöhe Hölzle (1030 m) nördlich von Urberg

Anfahrt
Auto: Von der B 500 Waldshut–Tiengen–Titisee-Neustadt bei Häusern auf die L 149 Richtung St. Blasien abfahren und weiter über die L 150 Richtung Todtmoos bis zum Abzweig auf die K 6590 Richtung Dachsberg-Wittenschwand. GPS-Daten: 47.72915, 8.09910
Bus & Bahn: Es bestehen Busverbindungen ab Görwihl und St. Blasien-Busbahnhof zur Haltestelle »Wittenschwand/Rathaus«.

Gehzeiten
Wittenschwand – Bildsteinfelsen 1 Std. – Panoramatafel Urberg 40 Min. – Klosterweiher 1 Std. – Wittenschwand 20 Min.; insgesamt 3 Std.

Einkehr
Landgasthof Klosterweiherhof (Mi–So ab 10 Uhr; www.klosterweiherhof.com)

Karte
Karte des Schwarzwaldvereins 1:25 000, W258 Titisee-Neustadt

Beste Jahreszeit
April bis November

Informationen
Touristinfo Dachsberg, Tel. 07672/99 05 11, www.ferienwelt-suedschwarzwald.de

Wer nach Dachsberg fährt, wird sich vor Ort wundern: In der Gemeinde Dachsberg gibt es Urberg, Wittenschwand, Wolpadingen und Wilfingen – an einen Ortsteil Dachsberg hat während der Besiedlung des Hotzenwalds aber niemand gedacht. Nicht gedacht hätten wir auch, welch schöne Ausblicke die Runde über Urberg zum Klosterweiher bietet.

Vom (A) **Parkplatz in der Rathausstraße** spazieren wir das kurze Stück hinunter bis zur Kreisstraße. Dort halten wir uns rechts, überqueren den Schmiedebach und zweigen im Bereich der Bushaltestelle »Wittenschwand/Wasenhof« links in den Arnoldslochweg ab. Damit folgen wir auf diesem ersten Stück der Wanderung der gelben Raute.
Unterhalb von Wittenschwand überqueren wir beim Arnoldsloch den Schmiedebach ein zweites Mal – allerdings mit dem Unterschied, dass er nunmehr Mühlebächle heißt.

Zum Bildsteinfelsen Nach gut zwei Kilometern erreichen wir über die Ortsverbindungsstraße (1) **Oberbildstein**. Beim nächsten Wegweiser biegen wir

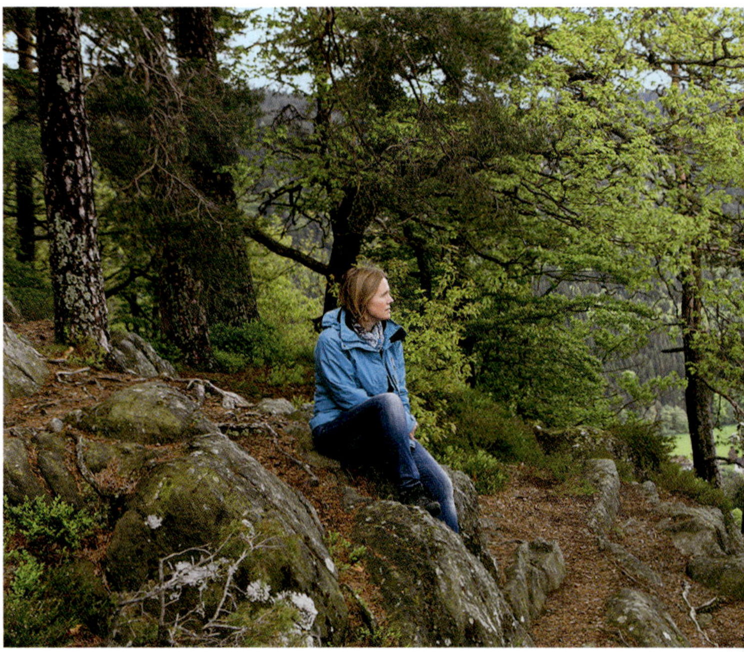

scharf links ab und folgen weiter der gelben Raute Richtung Höll. Glich die Wanderung bisher einem Spaziergang, kommen wir auf den nächsten Metern bald ins Schwitzen – bis zu 24 Prozent beträgt die Steigung auf der Ortsstraße!

In Sichtweite von Höll ist das Schlimmste aber auch schon geschafft, und wir können rechts auf einen weniger steilen Pfad abzweigen. Einen knappen halben Kilometer weiter ist der **2 Bildsteinfelsen** erreicht. Außer einer schönen Aussicht über das Albtal und über Immeneich zu den weiter südlich gelegenen Bergrücken gibt es beim Bildsteinfelsen auch eine Info-Hütte mit Schautafeln über die Mineralien, die Lagerstätten und die Geschichte der Erzgruben bei Urberg. Von Bedeutung war hier insbesondere der Ruprecht-Erzgang, wo Silber und Blei gewonnen wurden.

Alpenpanorama und Klosterweiher Beim Aussichtsfelsen beschreibt der Wanderweg eine Linkskurve, ehe er beim Goldenhof in eine Straße übergeht, auf der wir nach Inner-Urberg kommen. In dem beschaulichen Dorf befindet sich die längste überdachte **3 Tränke**, die wir bisher im Schwarzwald entdeckt haben. Der Wanderweg führt direkt daran vorbei.

Über die Straße Gass und den Scheibenrainweg verlassen wir Inner-Urberg. Oberhalb des Ortes lohnt sich ein Abstecher zur **4 Panoramatafel Urberg**. Zurück auf dem Wanderweg, folgen wir der gelben Raute über Bengelbruck – dort links – bis nach Horbach. Oberhalb von Horbach treffen wir auf den Schluchtensteig. Dieser führt uns über eine weitere Anhöhe mit **5 Alpenpanorama** zum **6 Klosterweiherhof**. Der Klosterweiher wurde im 18. Jahrhundert als Fischweiher des Klosters in St. Blasien angelegt. Der idyllische Stausee gehört heute zum Klosterweiherhof.

Von dem Weiher sind es dann nur noch wenige Hundert Meter bis nach Wittenschwand, wo diese kurze und abwechslungsreiche Runde nahe einer **7 Kapelle** wieder am **E Parkplatz in der Rathausstraße** endet.

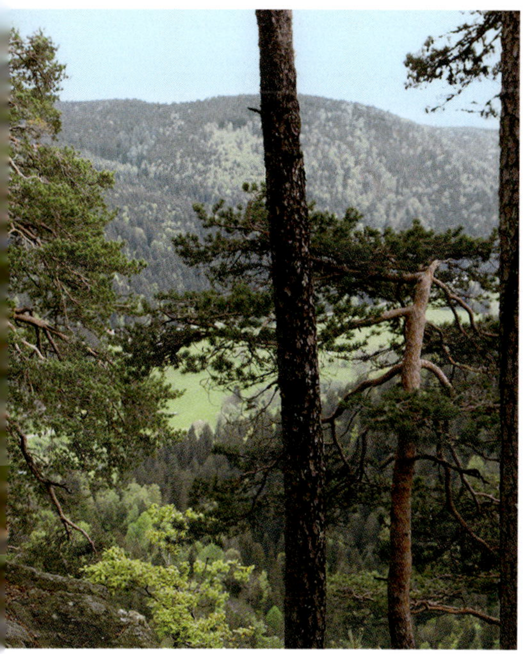

Beim Bildsteinfelsen öffnet sich die Sicht über das malerische Albtal.

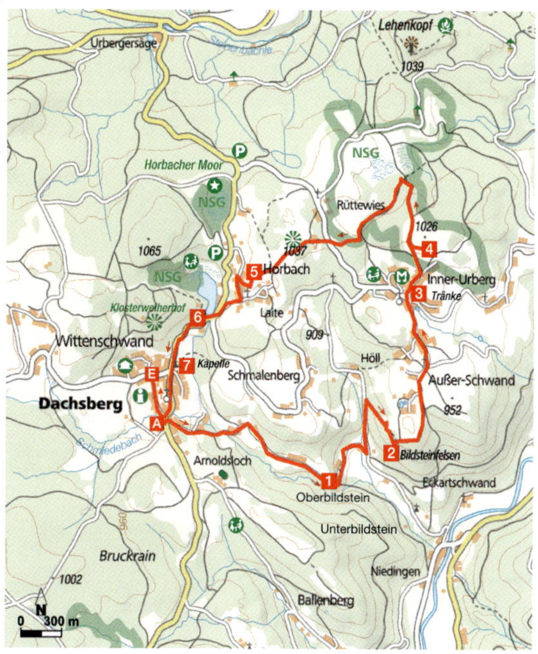

6

Durchs wildromantische Schwarzatal

Spannender Ausflug in die Wildnis

Mittel 18 km 5–5.30 Std. 480 Hm

Tourencharakter
Der Abschnitt über den Rappenfelsen erfordert Trittsicherheit. Ansonsten bequeme Tour auf meist breiten Wegen, im oberen Bereich entlang der Kreisstraße

Ausgangs-/Endpunkt
Kirche von Brenden (895 m)

Höchster Punkt
Sportplatz Schönenbach (1015 m)

Anfahrt
Auto: Von der B 500 Waldshut-Tiengen–Titisee-Neustadt zwischen Bahnhof Seebruck und der Staumauer Richtung Schwarzhalden abfahren und weiter über K 4989 und K 6594 bis Brenden. GPS-Daten: 47.72830, 8.22580
Bus & Bahn: Es bestehen Busverbindungen ab Waldshut-Tiengen, Grafenhausen und Ühlingen-Birkendorf zur Haltestelle »Brenden/Post«.

Gehzeiten
Brenden – Wasserfelsen 1–1.15 Std. – Schwarzabruck 1.30 Std. – Schönenbach 0.45–1 Std. – Brenden 1.45 Std.; insgesamt 5–5.30 Std.
Die Variante ist 2 km (30–45 Min.) kürzer.

Einkehr
In Schönenbach: Hotel-Restaurant Bartlehof (www.bartlehof.com); in Staufen: Gasthaus-Hotel Hirschen (www.hirschen-staufen.de)

Karte
Karte des Schwarzwaldvereins 1:25 000, W258 Titisee-Neustadt

Beste Jahreszeit
April bis Oktober

Informationen
Touristinformation Ühlingen-Birkendorf, Tel. 07652/120 60, www.hochschwarzwald.de

Zu den bekanntesten Zielen im Hochschwarzwald zählt der Schluchsee, wo im Sommer kaum ein Wochenende vergeht, an dem die Wege rund um den Stausee nicht von Erholungssuchenden aus ganz Deutschland – und aus der Schweiz – gestürmt werden. Doch nur wenige beachten das kleine Bächlein, das am Fuß der Staumauer beginnt: die Schwarza.

Die Schwarza ist der beste Beweis dafür, dass ein unbeachtetes Dasein durchaus seine Vorteile haben kann. So konnte sich die Natur entlang der Schwarza weitgehend ohne menschliches Wirken entwickeln. Und das insbesondere seit 1970, als ein 277 Hektar großes Gebiet der Schwarzahalde als Bannwald ausgewiesen wurde. Im Juni 2012 wurde das Schutzgebiet noch um 46 Hektar erweitert. Seitdem zählt der Bannwald zu den größten im Schwarzwald.
Da das Gebiet nunmehr sich selbst überlassen ist, sind herabfallende Äste und umgestürzte, auch mal auf dem Weg liegende Bäume eine logische Begleiterscheinung. Andererseits birgt der Bannwald einen Artenreichtum, den man in einem Wirtschaftswald vergeblich sucht. Daher ist der Bannwald auch eine wissenschaftliche Beobachtungsfläche für die Urwaldforschung. Als Wanderer können wir uns deshalb auf einen spannenden Ausflug in die Wildnis freuen.

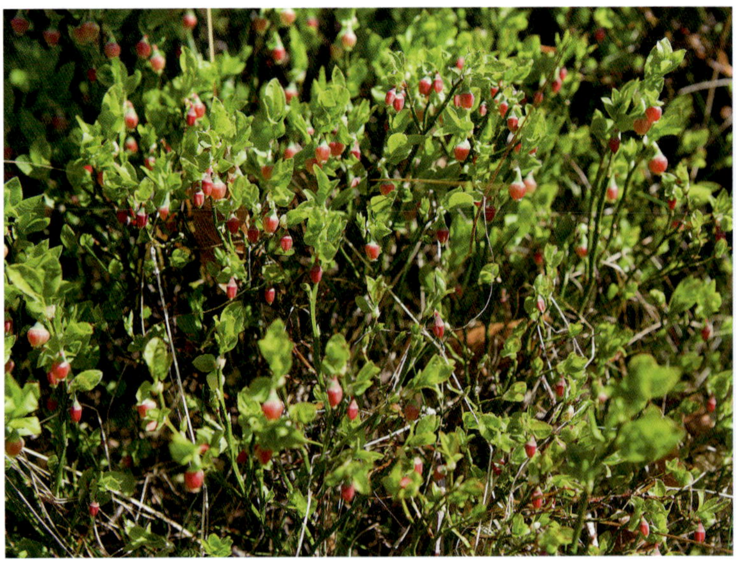

Im Urwald von morgen Vom Ausgangspunkt bei der Ⓐ **Kirche von Brenden** geht es die ersten 600 Meter der Runde auf der Höhenstraße in Richtung Berau. Nachdem wir die Abzweigung zu den Äußeren Höfen von Brenden sowie ein Christuskreuz passiert haben, biegen wir bei der nächsten Möglichkeit rechts ab und laufen auf dem asphaltierten Weg in den Wald. Vom Waldrand führt uns die gelbe Raute über den Gässleweg und über mehrere Serpentinen hinunter in das tief eingeschnittene Tal der Schwarza.

Wo der Gässleweg in den Silberhaldenweg mündet, biegen wir scharf rechts ab und folgen der gelben Raute zur ❶ **Grießgrabenhütte**. Auf dem Weg dorthin weisen Schilder darauf hin, dass wir uns bereits im Bannwald befinden. Das Verlassen der Wege ist damit genauso tabu wie das Sammeln von Früchten oder die Entnahme von Pflanzen. Weil sich die meisten daran halten, blühen im Frühjahr unzählige Veilchen im lichten Mischwald oberhalb des Wegs.

Bei der Grießgrabenhütte findet sich dann ein schöner Platz für eine erste Verschnaufpause.

Zum Wasserfelsen Weiter geht es mit dem Wegweiser »Großer Felsen« bis zum ❷ **Wasserfelsen**. Der Name ist Programm: Unterhalb des Wegs sprudelt ein kleiner Bach aus den Felsen, ehe er zur Schwarza hinabstürzt. Um das Naturschauspiel richtig sehen zu können, muss man sich etwas vorbeugen – und dabei achtgeben, dass man nicht selbst den Steilhang herunterpurzelt!

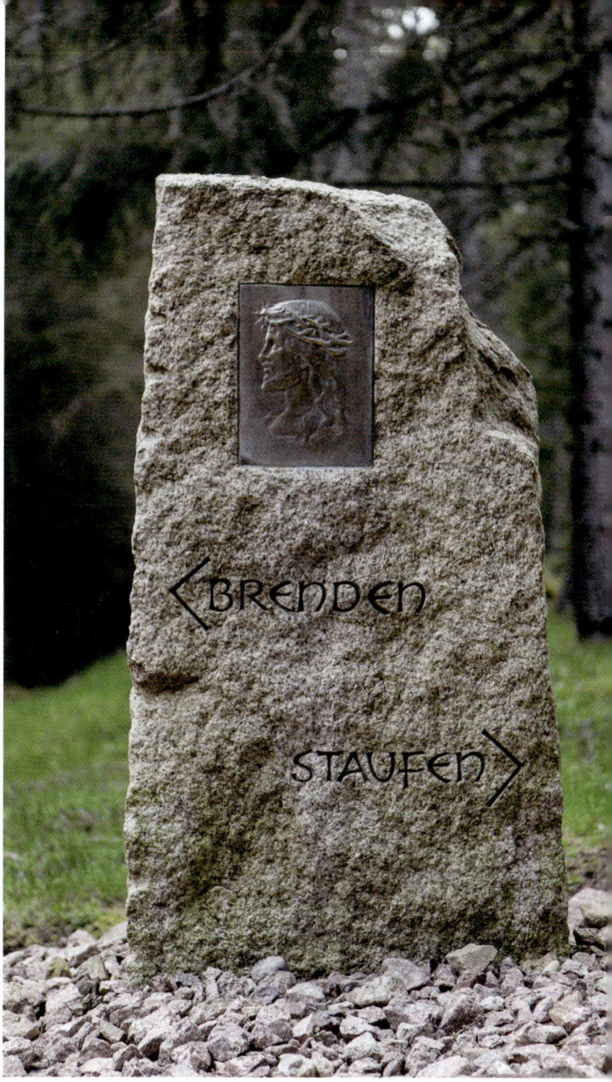

Markanter Wegweiser zwischen Brenden und Staufen

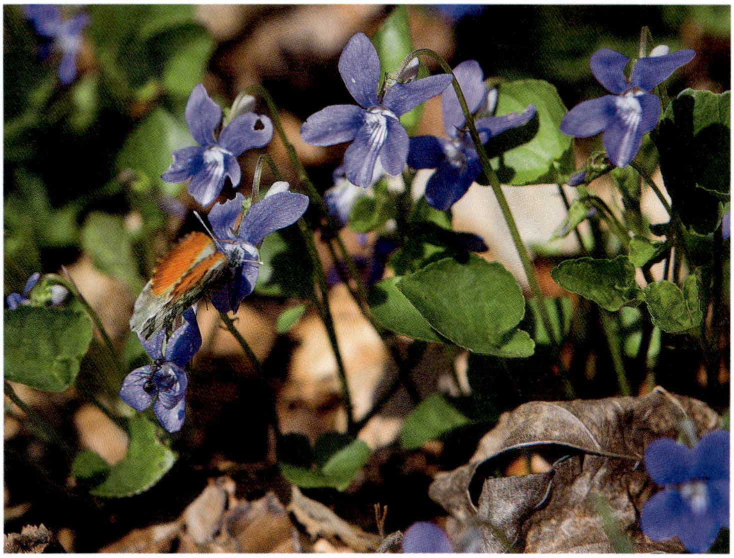

Links: Heidelbeeren säumen die Wege im Schwarzatal.

Rechts: Veilchen kündigen in den lichten Wäldern des Tals den Frühling an.

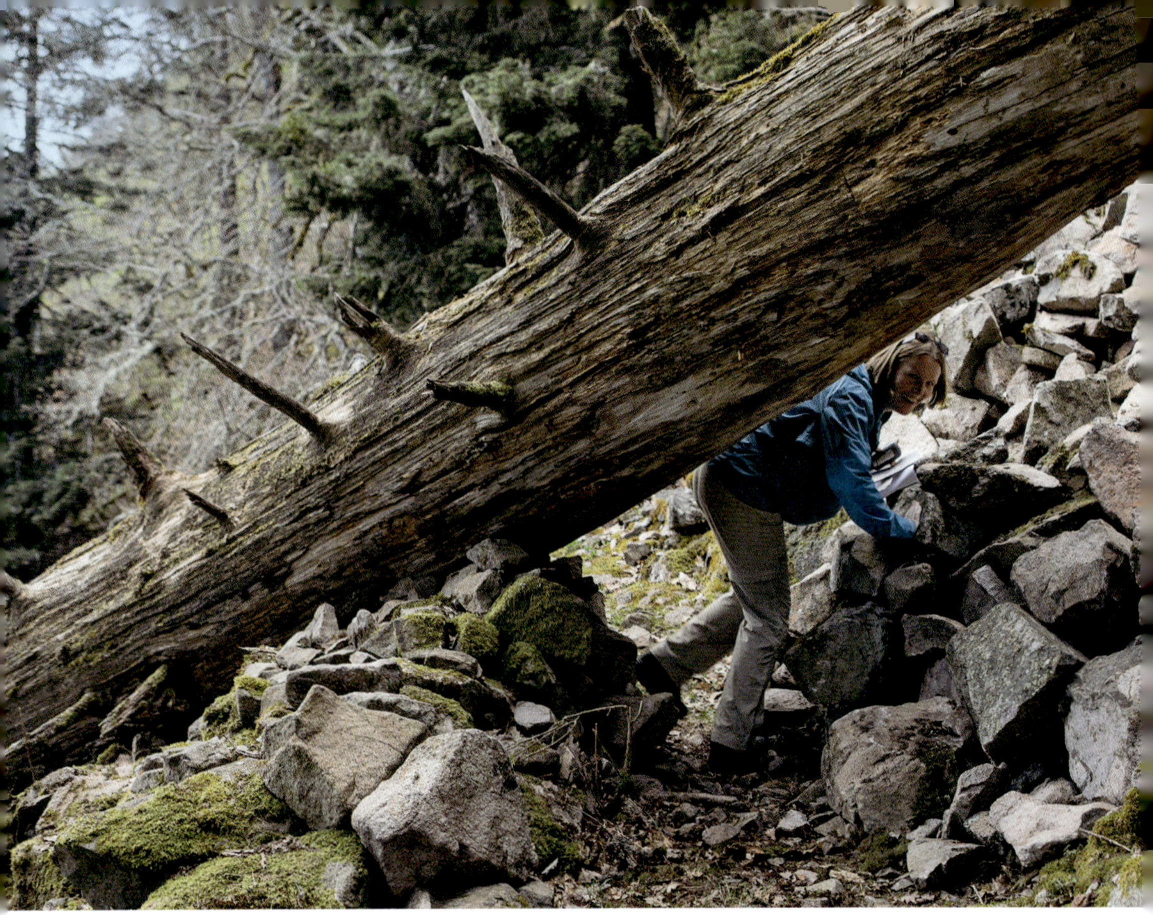

Auf dem Rappenfelsenweg zwingt diese Tanne Wanderer in die Knie.

Beim Wasserfelsen gabelt sich der Weg: Die linke Variante führt weiter unten durch das Tal, ist leichter zu gehen und einen Kilometer kürzer. Da sie den Rappenfelsen aber auslässt, wählen wir den rechten Weg, sodass wir auf dem Eichholzweg wieder ein gutes Stück an Höhe gewinnen.

Wo der Eichholzweg eine enge Rechtskurve beschreibt, wechseln wir beim **3 Wegweiser »Rappenfelsen«** auf den Rappenfelsenweg. Damit ändert sich der Charakter der Tour – es wird deutlich wilder. Während der schmale, in eine Geröllhalde eingebettete Pfad Trittsicherheit voraussetzt, zwingt uns der mächtige Stamm einer umgekippten Tanne in die Knie. Ja, Bannwald bedeutet auch: Was umfällt, bleibt an Ort und Stelle liegen, bis es verrottet ist. Andererseits eröffnen uns die baumfreien Bereiche der Halde oberhalb vom Rappenfelsen herrliche Ausblicke über das Schwarzatal. Am Horizont lassen sich zudem bei klarem Wetter ein paar Gipfel der Schweizer Alpen ausmachen.

Rappenfelsen und Schwarzasperre Wo genau der Fluss hier verläuft, lässt sich hingegen nur ahnen – die Schwarza ist weder zu sehen noch zu hören. Beim **4 Rappenfelsen** schwenkt der Pfad hin zu einer Felswand. Auf einer kurzen Passage geht es rechts von uns nahezu senkrecht nach oben. Leider sieht es links vom Pfad ähnlich, nur andersherum aus: Es geht steil bergab. Ein, zwei Stellen des Wegs sind leicht ausgesetzt, sodass man sich keinen Fehltritt erlauben sollte. Dann aber liegt das Gröbste auch schon hinter uns, und wir können dem nun bequemen Rappenfelsenweg unbeschwert bis zu seinem Ende bei einer Kreuzung von fünf Wegen folgen.

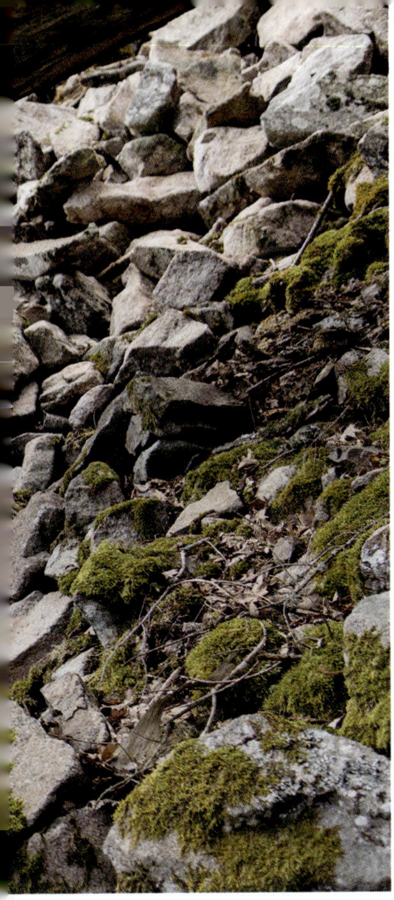

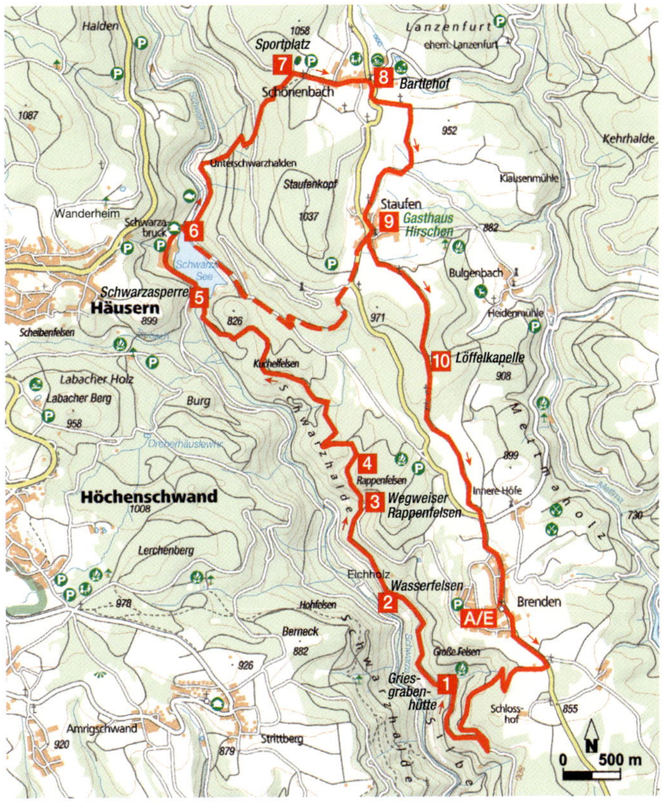

Dort biegen wir links auf den breiten Weg ab, sodass wir erst eine weite Linkskurve, dann eine engere Rechtskurve laufen. Knapp 20 Minuten später sollten wir dann zum Wegweiser »Muldenweg« kommen, von wo uns die Beschilderung über Zainenbühl in die unteren Lagen des Schwarzatals bzw. zur 5 **Schwarzasperre** führt. Vor Ort stellt ein Schild klar, dass es sich bei dem Weg auf der Staumauer um einen Privatweg und nicht um einen Wanderweg handelt. Dem zum Trotz führt der offiziell ausgewiesene Wanderweg des Schwarzwaldvereins über die Talsperre.

Rückweg nach Brenden Auf der anderen Seite verläuft der Wanderweg über die Zufahrt bzw. zwischen den Gebäuden des Kraftwerks Schwarzabruck und zwei mächtigen Fallrohren hindurch zur 6 **Schwarzabruck**. Dort angekommen, gibt es mehrere Möglichkeiten für den Rückweg nach Brenden: Für die schönste und zugleich längste Variante biegt man direkt nach der Brücke links ab und hält sich bei der nächsten Gabelung rechts. In diesem Fall kommt man mit dem Wegweiser »Unter Schwarzhalden« zu einem 7 **Sportplatz** und zum 8 **Bartlehof** in Schönenbach. Von Schönenbach wandert man dann links der Landstraße über die Hochfläche nach Staufen zum 9 **Gasthaus Hirschen** und weiter über die malerische 10 **Löffelkapelle** nach E **Brenden** zurück.
Etwas kürzer wird die Strecke, wenn man bei Schwarzabruck geradeaus auf der Zufahrtsstraße weiter läuft. Sobald man links bei einem Waldweg wieder eine gelbe Wegmarkierung entdeckt, kann man dieser hinauf nach Staufen folgen und die Wanderung wie oben beschrieben beenden. Von beiden Orten fahren zudem Busse nach Brenden.

7

Mettmatal und Schwedenfelsen

Von Rothaus nach Witznau

Mittel | 20 km | 5.30–6.30 Std. | 160/670 Hm

Tourencharakter
Ruhige Streckenwanderung über Wald- und Forstwege; ab der Mettmamündung schmaler Pfad, der etwas Trittsicherheit erfordert. Steiler Abstieg nach Witznau

Ausgangspunkt
Rothaus (965 m)

Endpunkt
Witznau (430 m)

Höchster Punkt
Rothaus (965 m)

Anfahrt
Auto: Von der B 34 zwischen Waldshut und Tiengen Richtung Grafenhausen abfahren und über L 161 und L 157 bis Witznau; Parkmöglichkeiten gibt es zwischen der Schwarza und dem Waldrand. Fahrt von Witznau mit dem Bus nach Rothaus. GPS-Daten: 47.68020, 8.25470
Bus & Bahn: Es fahren Busse ab Waldshut-Tiengen und Grafenhausen zu den Haltestellen »Witznau« und »Rothaus«.

Gehzeiten
Rothaus – Mettmaholzhütte 2–2.30 Std. – Mettma-Staumauer 1 Std. – Mettmamündung 1–1.15 Std. – Witznau 1.30–1.45 Std.; insgesamt 5.30–6.30 Std.

Einkehr
Auf der Strecke keine; Gasthäuser in Rothaus

Karte
Karte des Schwarzwaldvereins 1:25 000, W258 Titisee-Neustadt

Beste Jahreszeit
April bis Oktober

Informationen
Touristinformation Grafenhausen, Tel. 07652/120 60, www.hochschwarzwald.de

Das Mettmatal zählt zu den wenigen Tälern im Südschwarzwald, die bei der Erschließung durch Straßen außen vor gelassen wurden. Für die Begründer der großen Fernwanderwege im Schwarzwald mag dies einer der Gründe gewesen sein, warum sie die Ostvariante des Mittelwegs durch dieses Tal gelegt haben.

Fernwanderwege gelten als Antriebskraft für die landschaftsbezogene Erholung. So wirbt die Stadt Pforzheim mit der »Goldenen Pforte«, dem Eingang zu den drei ältesten Fernwanderwegen im Schwarzwald: dem Westweg, dem Ostweg und eben auch dem Mittelweg. Steinerne Portale markieren auch in anderen Gegenden der beiden Naturparks Südschwarzwald und Schwarzwald Mitte/Nord wichtige Ziele und Etappen dieser Fernwanderwege, so am Feldberg, am Wiedener Eck oder beim Murgtaltor in Forbach. Die Portale schärfen das Bewusstsein für die Wege und geben dem Tourismus weitere Impulse.
So darf es einen heute nicht wundern, dass es auf manch einem Abschnitt der Fernwanderwege mitunter sehr lebhaft zugeht. Eine Ausnahme bildet die Ostvariante des Mittelwegs. Nachdem wir selbst seit einigen Jahren direkt am Mittelweg wohnen, kommen wir zu dem Schluss, dass auf der letzten Etappe der Ostvariante quasi »tote Hose« herrscht. Damit einhergehend ließ leider auch die Pflege des Wanderwegs oberhalb von Waldshut zu wünschen übrig. Zwischen Rothaus und Witznau aber eröffnet einem die Ostvariante eine Landschaft, die selbst Einheimische angenehm überrascht.

Nur nicht ablenken lassen Ein Grund, warum es nur wenige Wanderer auf die Schlussetappe des Ost-Mittelwegs schaffen, lauert gleich am Startpunkt in Ⓐ **Rothaus**: Hier lockt die gleichnamige Staatsbrauerei bzw. der angeschlossene Brauereigasthof mit Biergarten. Angesichts der 20 Kilometer, die vor einem liegen, sollte man sich aber sehr gut überlegen, ob man die Wanderung mit einer Einkehr beginnt. Andererseits – wer sich zum Auftakt ein Bierchen gönnt, hat im Anschluss reichlich Zeit, dieses zu verarbeiten.
Ebenfalls einen Abstecher lohnt das ❶ **Heimatmuseum Hüsli**. Es befindet sich im Eck zwischen der L 170 und der L 157 und ist aus der Fernsehserie »Schwarzwaldklinik« bekannt.
Spätestens dann aber sollte man sich auf den Weg machen und der Markierung des Mittelwegs – rote Raute mit weißem senkrechtem Strich – hinunter nach Brünlisbach folgen. Mit der Brauerei im Rücken geht es damit weg von den Straßen in die Ruhe des Mettmatals. Nachdem wir die Trasse eines klei-

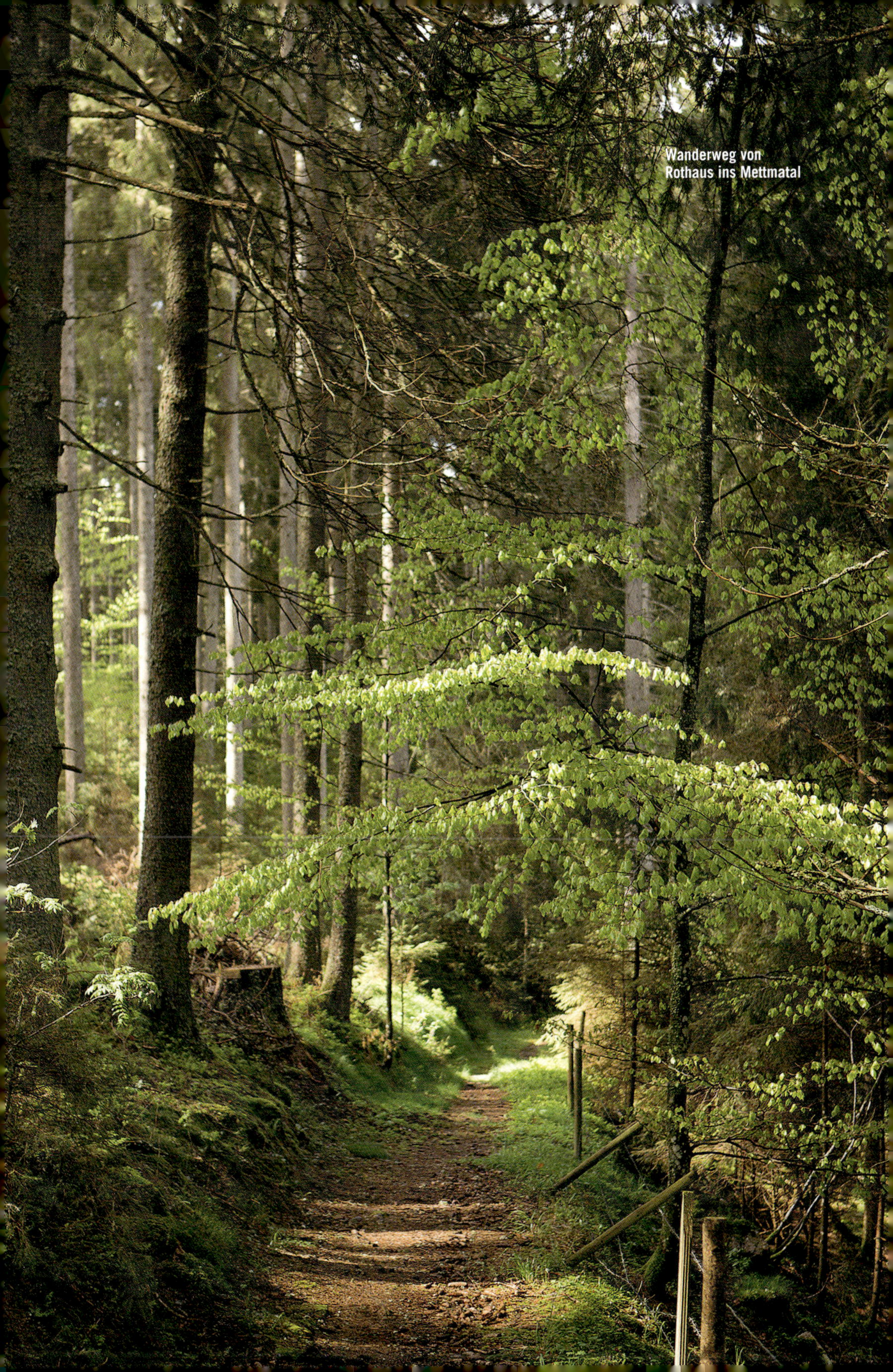

Wanderweg von
Rothaus ins Mettmatal

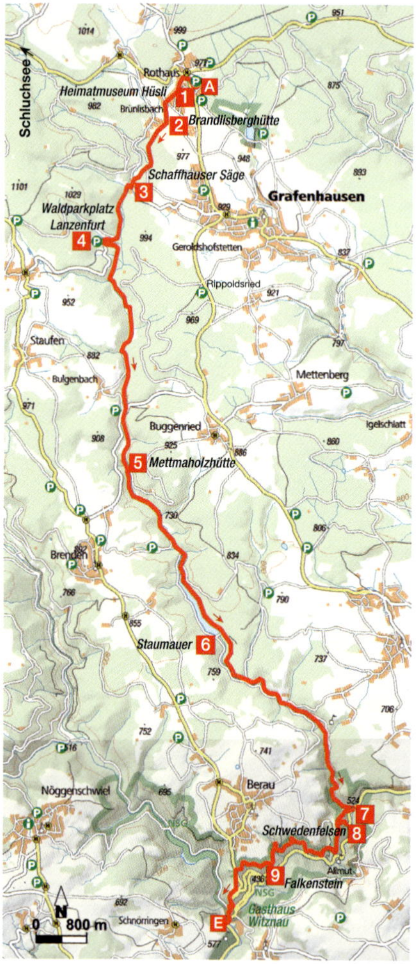

nen Skilifts gekreuzt haben, kommen wir in den Wald und passieren als Nächstes die mit Moos und jungen Bäumen bewachsene **2 Brandlisberghütte**.

Gleich danach ist der Wegweiser »Brandsberg« erreicht. Hier folgen wir kurz dem breiteren Weg, wechseln dann aber rechts auf einen schmalen Pfad hinab zur **3 Schaffhauser Säge**. Ihren Namen hat die Säge Papst Urban II. zu verdanken, der im Jahr 1095 den Ort Grafenhausen dem Kloster Allerheiligen bei Schaffhausen schenkte. Die umliegenden Wälder werden noch immer von Schweizer Förstern betreut.

Mettmaholzhütte und Mettmabecken Bei der Säge überqueren wir die Mettma, und das Tal wird nun deutlich enger. Deshalb verläuft der Mittelweg auf dem nächsten Kilometer bis zum **4 Waldparkplatz Lanzenfurt** auf der Kreisstraße; mit allzu viel Verkehr braucht man jedoch nicht zu rechnen. Selbstversorger finden beim Parkplatz eine ummauerte Feuerstelle. Sehenswert ist außerdem eine Granit-Stele, in der die Entfernungen zu den beiden Hälften der Doppelstadt Waldshut-Tiengen eingemeißelt sind.

Bei der Stele verlassen wir die Kreisstraße und folgen dem Mettmatalweg über die Klausenmühle zur Heidenmühle. Dort überqueren wir die K 6502 und sehen – sollte er nicht inzwischen weggeräumt worden sein – den Trümmerhaufen einer alten Säge. Weiter geht es auf Waldwegen zur **5 Mettmaholzhütte**, wo sich nach den ersten siebeneinhalb Kilometern der Wanderung eine erste längere Rast einzulegen lohnt. Frisches Quellwasser spendet der Heinrich-Geisert-Brunnen auf der Talseite der Hütte.

Gut erholt, zweigen wir bei der nächsten Weggabelung rechts ab und überqueren die Mettma. Der nächste Abschnitt führt uns um das Mettmabecken. Bis zur **6 Staumauer** steht damit

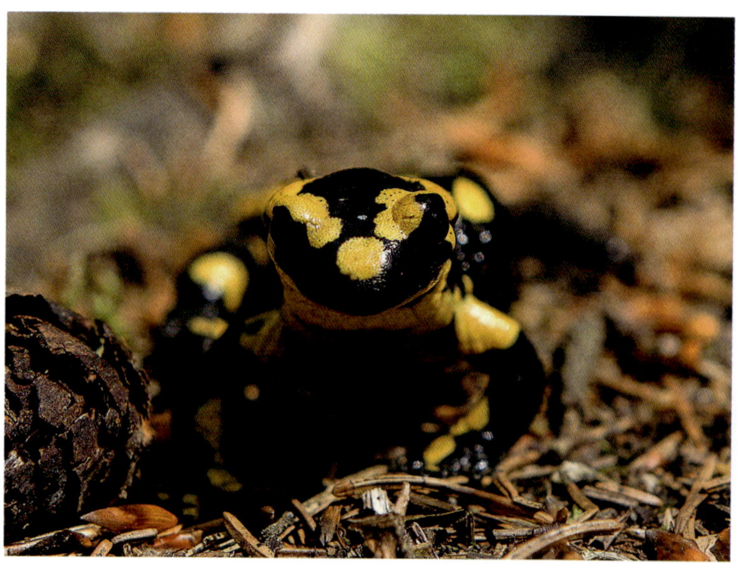

Feuersalamander schützen sich mit leuchtenden Farbflecken vor Feinden.

die flachste Passage dieser Tour an. Von der Staumauer sind es dann noch vier Kilometer über Lochhäuser bis zur 7 **Mettmamündung** in die Schlücht. Eigens für müde Wanderer wurde bei der Mündung eine Bushaltestelle an der L 157 eingerichtet – allzu viele Verbindungen gibt es jedoch nicht. Außerdem würde man dann einen der schönsten Abschnitte dieser Wanderung auslassen. Also bleiben wir dem Mittelweg treu und überqueren die Mettma.

Durchs Felsenland nach Witznau Damit ändert sich der Charakter der Tour. War man bisher auf überwiegend breiten Waldwegen unterwegs (und ging es immer nur bergab), so gewinnt man nun auf einem steilen Pfad rasch etliche Höhenmeter. Nach 400 Metern ist das Gröbste geschafft, und es lohnt sich, einen Abstecher zum 8 **Schwedenfelsen** zu machen. Der Granitbrocken ist ein beliebter, wenn auch anspruchsvoller Kletterfelsen. Zum Glück führt unser Weg von oben auf den Felsen, sodass wir bald die Aussicht über das Schlüchttal und auf das gegenüberliegende Allmut genießen können. Wir finden: ein toller Platz für eine Rast!
Zurück auf dem Mittelweg passieren wir mit der Tannholzwand und dem 9 **Falkenstein** zwei weitere Kletterfelsen. Wenige Minuten später verlassen wir die Anhöhe, kreuzen die K 6594 und folgen dem steil abfallenden Mittelweg hinunter ins Tal der Schwarza. Sobald wir auf die Zufahrt zum Witznau-Stausee stoßen, ist es dann nur ein Steinwurf bis zum Ziel beim ehemaligen E **Gasthaus Witznau**, wo wir stolz auf die Tagesleistung und eine gleichermaßen ruhige wie abwechslungsreiche Tour zurückblicken können.

Berühmter Mittelweg

Der Mittelweg wurde 1903 vom Schwarzwaldverein angelegt. Ausgangspunkt ist die Goldene Pforte in Pforzheim. Im Gegensatz zum Westweg lässt der 230 km lange Mittelweg die höchsten Höhen im Schwarzwald aus. Die bekanntesten Orte im nördlichen und im mittleren Teil des Mittelwegs sind Bad Wildbad, Freudenstadt, Schiltach, St. Georgen, Triberg und Furtwangen. Nachdem der Mittelweg bei der Kalten Herberge auf den Westweg trifft, kreuzt er bei Lenzkirch den Schluchtensteig. Von dort führen zwei Varianten hinunter an den Hochrhein: Die westliche führt über die Orte Schluchsee, Häusern und Höchenschwand, die östliche über Rothaus hinab nach Waldshut.

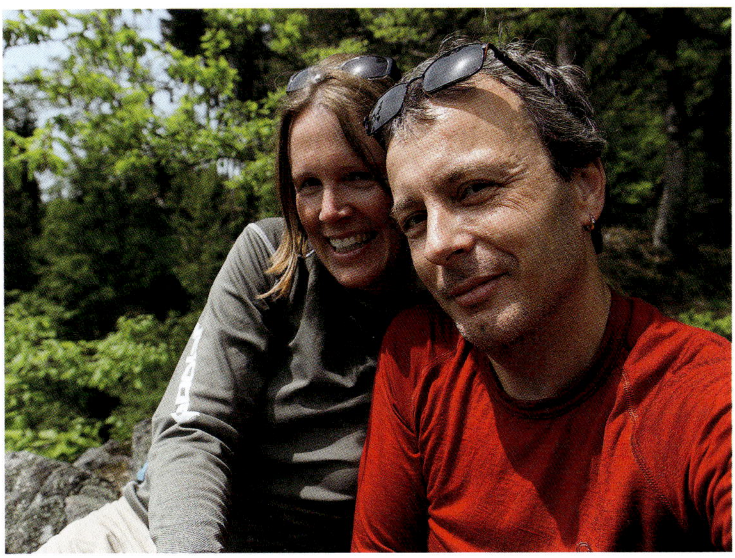

Schwindelfreie finden auf dem Schwedenfelsen eine tolle Raststelle.

8

Der Dornröschen-Panoramaberg

Von Bernau auf den Blößling

Mittel | 13,5 km | 4–4.30 Std. | 580 Hm

Tourencharakter
Aussichtsreiche Runde über dem Bernauer Hochtal auf Forstwegen und Pfaden sowie entlang der Bernauer Alb

Ausgangs-/Endpunkt
Bernau-Hof (930 m)

Höchster Punkt
Blößling (1310 m)

Anfahrt
Auto: Von der B 500 Waldshut-Tiengen–Titisee-Neustadt in Häusern auf die L 149 nach St. Blasien-Bernau oder von der B 317 Lörrach–Todtnau nach Bernau abbiegen; zwischen Dorf und Poche nach Bernau-Hof abbiegen, wenige Parkplätze, notfalls an der Zufahrtsstraße parken. GPS-Daten: 47.82130, 8.01480
Bus & Bahn: Es fahren Busse ab St. Blasien-Busbahnhof zur Haltestelle »Bernau-Hof«.

Gehzeiten
Bernau-Hof – Roter Felsen 1 Std. – Blößling 1–1.15 Std. – Innerlehen 1–1.15 Std. – Hof 1 Std.; insgesamt 4–4.30 Std.

Einkehr
In Hof und Innerlehen; schöner Rastplatz auf dem Blößling

Karte
Karte des Schwarzwaldvereins 1:25 000, W258 Titisee-Neustadt

Beste Jahreszeit
April bis November

Informationen
Touristinfo Bernau, Tel. 07675/16 00 30, www.ferienwelt-suedschwarzwald.de

Sowohl am Herzogenhorn als auch am Belchen führt der Westweg haarscharf vorbei. Da es in beiden Fällen nur ein Steinwurf bis zum Gipfel ist, geht es auf den bekannten 1400ern recht lebhaft zu. Anders verhält es sich beim Blößling – die Ostvariante des Westwegs führt über den höchsten Punkt des Bergs, doch oben herrscht: Stille.

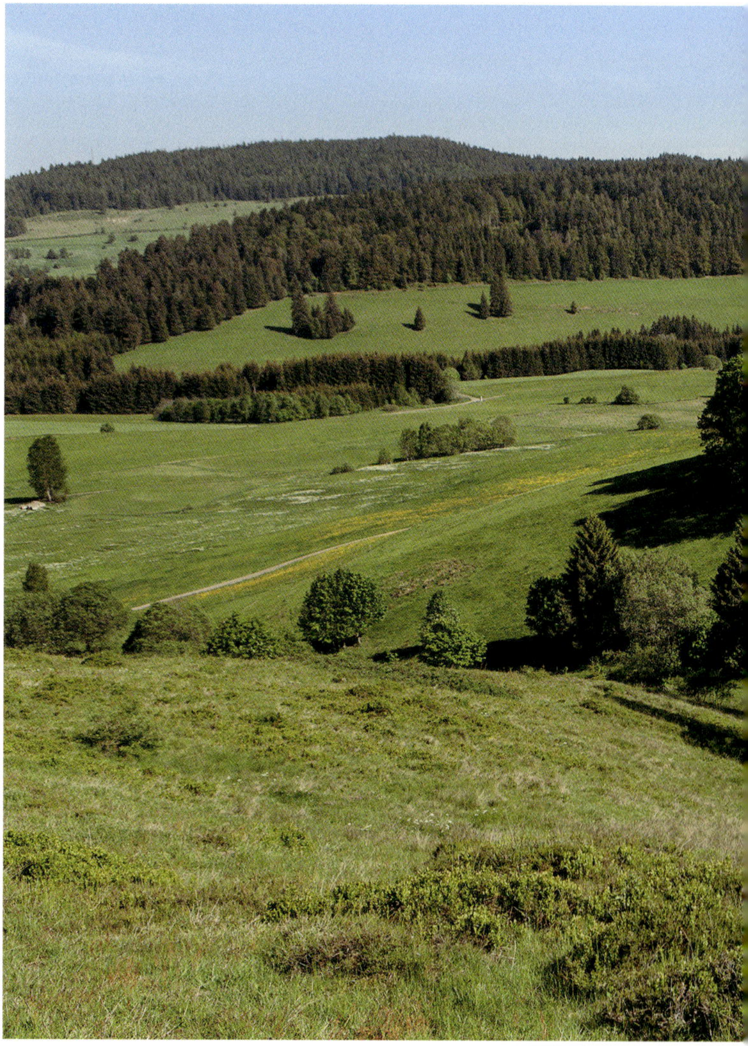

Der Blößling zählt zu den Bergen, die wir selbst lange Zeit nicht auf der Rechnung hatten. Die Gründe sind einfach: Im Hochtal von Bernau – das zu den schönsten im Schwarzwald zählt! – verlaufen die meisten Wanderwege so, dass wir bei unseren ersten Touren in der Gemeinde früher oder später hinauf zur Krunkelbachalm abgebogen sind. Wenig später standen wir dann ein ums andere Mal oben auf dem Herzogenhorn. Und sind wir weiter südlich in der Gemeinde Todtmoos aufgebrochen, war es der Hochkopf, der uns magisch anzog.

Zuletzt ist der Blößling noch 91 Meter zu niedrig für den kleinen »erlauchten« Kreis der 1400er im Schwarzwald. Damit blieb zwischen dem Hochkopf und der Passhöhe Bernau-Wacht ein weißer Fleck auf unserer persönlichen Wanderkarte.

Wem es genauso geht, der sollte sich diese Runde gut für einen sonnigen und ausgeruhten Wandertag merken – er wird Jahre später noch davon schwärmen! Da es auf der Strecke keine Gasthäuser gibt, empfehlen wir hier besonders genügend Verpflegung einzupacken.

Das Bernauer Hochtal gilt als das schönste im Schwarzwald.

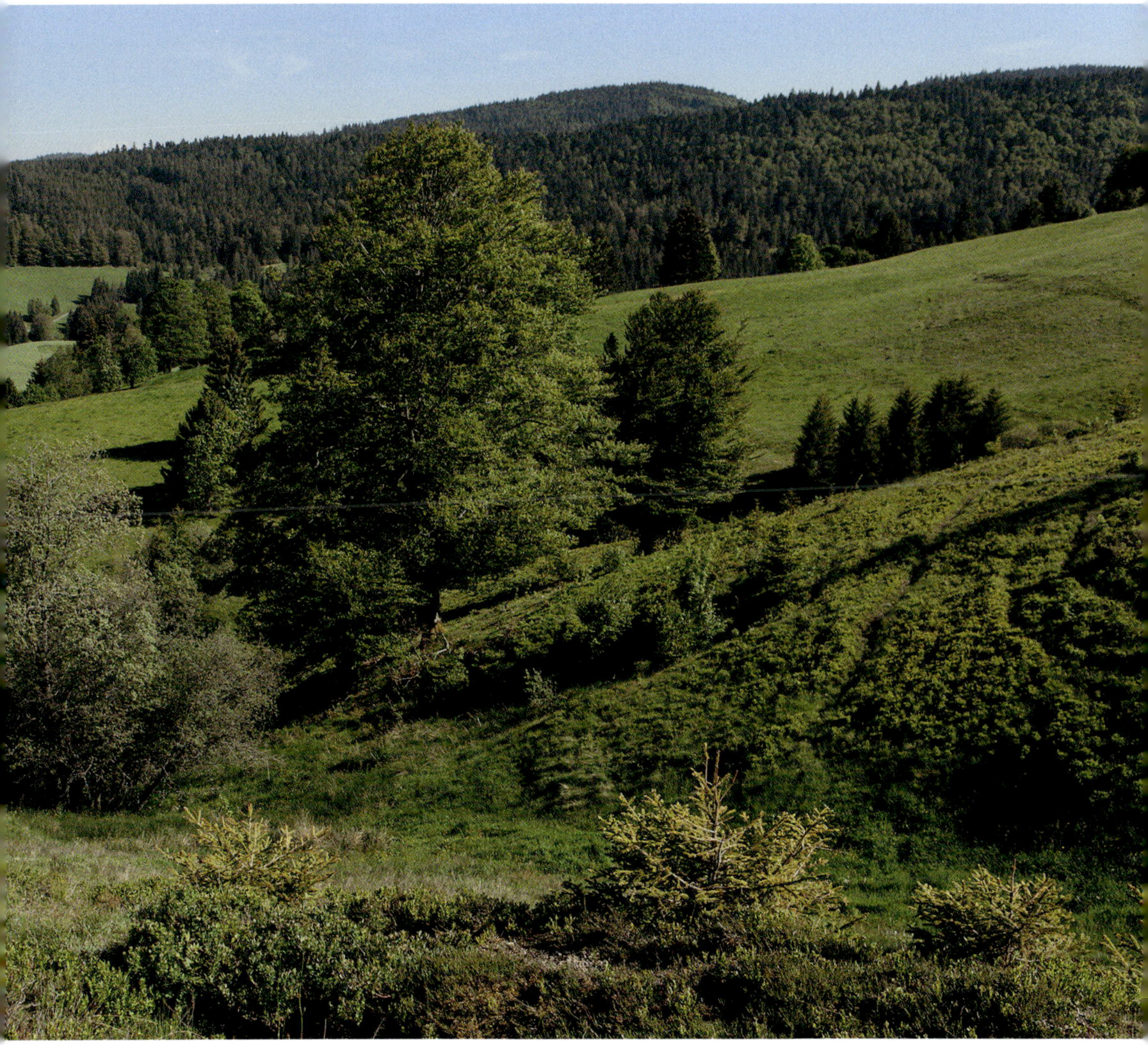

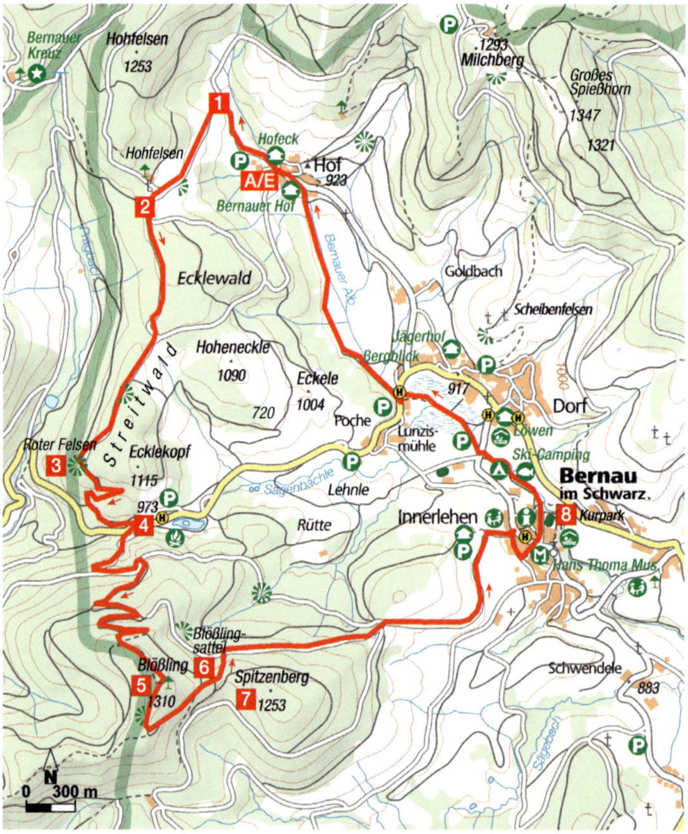

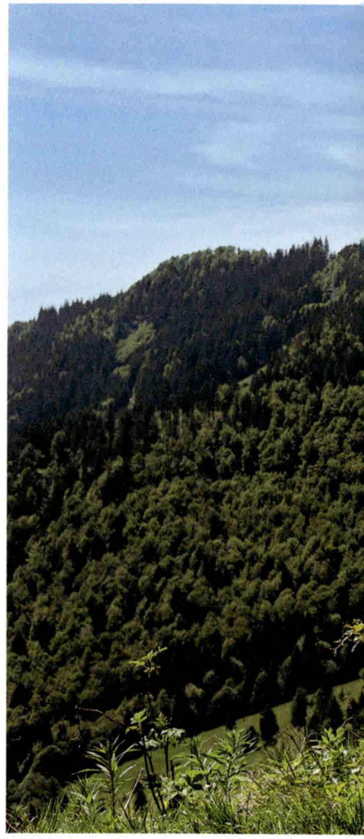

Hohfelsen und Hofeck Los geht es in Ⓐ **Bernau-Hof**. Vom Wegweiser am Albweg steigen wir mit der blauen Raute über den ❶ **Hohfelsen** (dort links) hinauf zum Hofeck. Auf diesem ersten kurzen Abschnitt kommen wir rasch höher, sodass wir bald weite Teile vom Bernauer Hochtal überblicken können. Doch auch der Blick an den Wegrand lohnt sich: Ab Mitte/Ende Mai blühen hier die ersten Lupinen. Darunter, ebenfalls in Blau, sind Vergissmeinnicht und Ehrenpreis zu bewundern.

Nach 1,4 Kilometern und 200 Höhenmetern ist das ❷ **Hofeck** erreicht. Hier halten wir kurz inne und lassen unseren Blick noch einmal ausgiebig über die malerische Landschaft rund um Bernau schweifen. Mit viel Glück (und noch mehr Geduld) kann man hier oben auch den seltenen Schwarzspecht entdecken.

Panoramablick am Roten Felsen Im Folgenden wechseln wir nun auf den Westweg und folgen somit der roten Raute Richtung Wacht; auch der Blößling ist schon auf den Wegweisern angeschrieben. Zunächst durchqueren wir den Ecklewald, ehe wir eine vom Wald fast umschlossene Bergwiese passieren, auf der sich gern Rehe aufhalten. Weiter geht es durch den Streitwald zum Aussichtspunkt ❸ **Roter Felsen**. Nachdem wir schon eine Stunde unterwegs sind, kommt die Bank dort wie gerufen für eine erste Rast. Auch hier lohnt es sich, die Aussicht auf sich wirken zu lassen. Direkt unterhalb des Felsens erblickt man das tief eingeschnittene Prägbachtal, das auf der gegenüberliegenden Seite vom Gisiboden und dem Brennkopf (1243 m) im

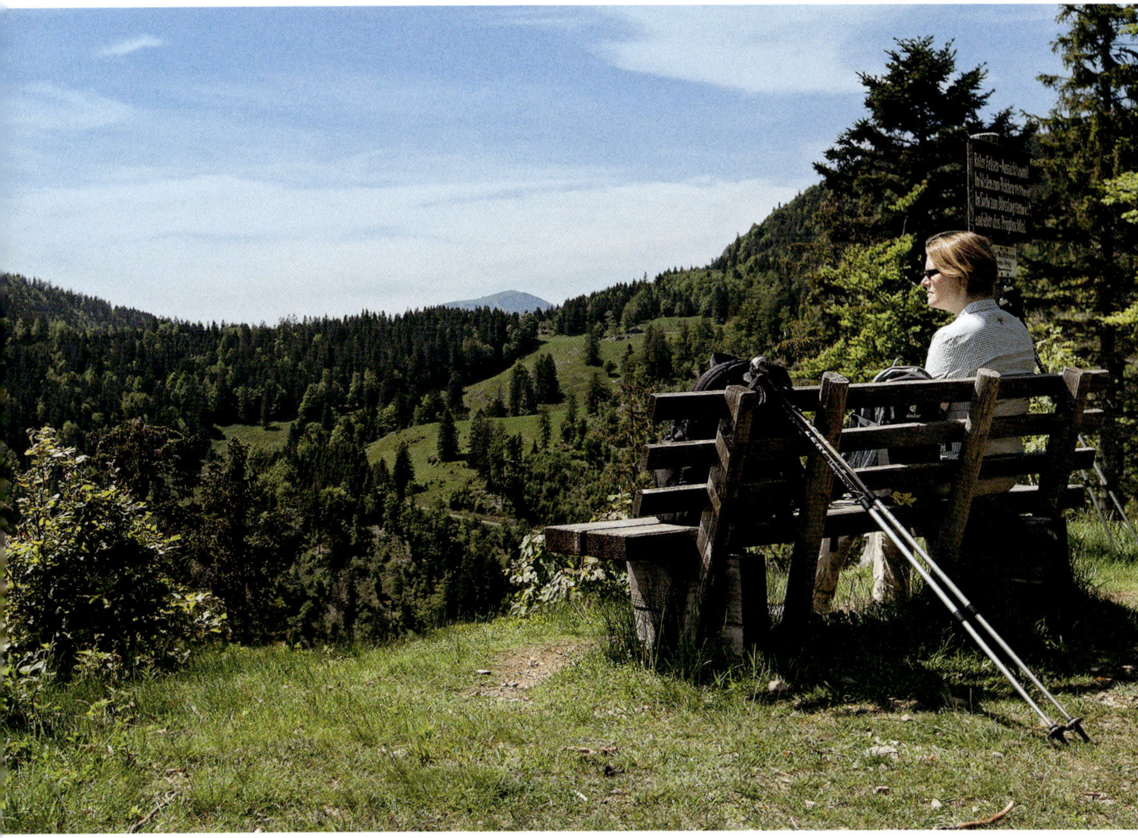

Norden sowie dem südlich davon gelegenen Sengalenkopf (1208 m) begrenzt wird. Dazwischen ist im Hintergrund der unbewaldete Belchengipfel (1414 m) gut zu erkennen. Eine Hinweistafel bei der Bank verrät außerdem, dass es sich bei dem bewaldeten Hügel ganz im Süden um unser Tagesziel handelt.

Beim Roten Felsen kommt die Bank wie gerufen für eine erste Pause.

Bevor wir diesen Berg in Angriff nehmen, geht es zunächst aber wieder ein Stück abwärts bis 4 **Wacht**. Auf der Passhöhe müssen wir die L 149 überqueren und dabei bitte wirklich gut aufpassen, denn die Landstraße wird als Hauptverbindung von Bernau nach Todtnau und Schönau von Pkws und – insbesondere an den Sommerwochenenden – von Motorrädern stark befahren! Und die meisten von ihnen haben es eilig ...

In der Ruhe liegt die Kraft Wir indes können es jetzt langsam angehen lassen, denn der Abschnitt von Wacht auf den Blößling wird im Allgemeinen als »steiler Aufstieg« beschrieben – dem können wir nur zustimmen. Um die Steigung zu entschärfen, schlägt der mit der roten Westweg-Raute markierte Blößlingweg einen Zickzackkurs ein. Interessant ist dabei, dass ein Großteil des Aufstiegs zwar durch den Wald führt, man nachmittags aber dennoch die meiste Zeit in der Sonne läuft.

Nach zwei anstrengenden Kilometern lichtet sich der Wald. Auf den letzten Metern hoch zum 5 **Blößling** (1310 m) rücken damit der Feldberg (1493 m) und das Herzogenhorn (1415 m), dann die bewaldeten Spießhörner (1347 m und 1349 m) und schließlich der Seebuck (1448 m) als letzter der 1400er ins

Blickfeld. Da sich alle diese Berge nördlich vom Blößling befinden, herrschen oft sehr gute Sichtbedingungen.

Der Rastplatz bei der Artur-Schweizer-Hütte direkt unterhalb des Gipfels kommt damit wie gerufen, um dieses traumhafte Panorama bei einem ausgiebigen Vesper zu genießen. Nicht verpassen sollte man jedoch auch das Panorama zur anderen Seite: Dieses beinhaltet die Berge rund um Todtmoos und wird bei optimalen Bedingungen von den schneebedeckten Gipfeln der Alpen gekrönt.

Rückweg nach Bernau-Hof Gut gestärkt und voller neuer Eindrücke folgen wir der roten Raute anschließend hinab zum 6 **Blößlingsattel**. Dort trennen sich die Wege: Während der Westweg zum Weißenbachsattel abbiegt, wechseln wir auf den Nebenwanderweg und folgen nun der gelben Raute

Malerischer Ausblick über das tief eingeschnittene Prägbachtal

Rechts: Wind, Kälte und Schnee haben das Schicksal dieses Nadelbaums besiegelt.

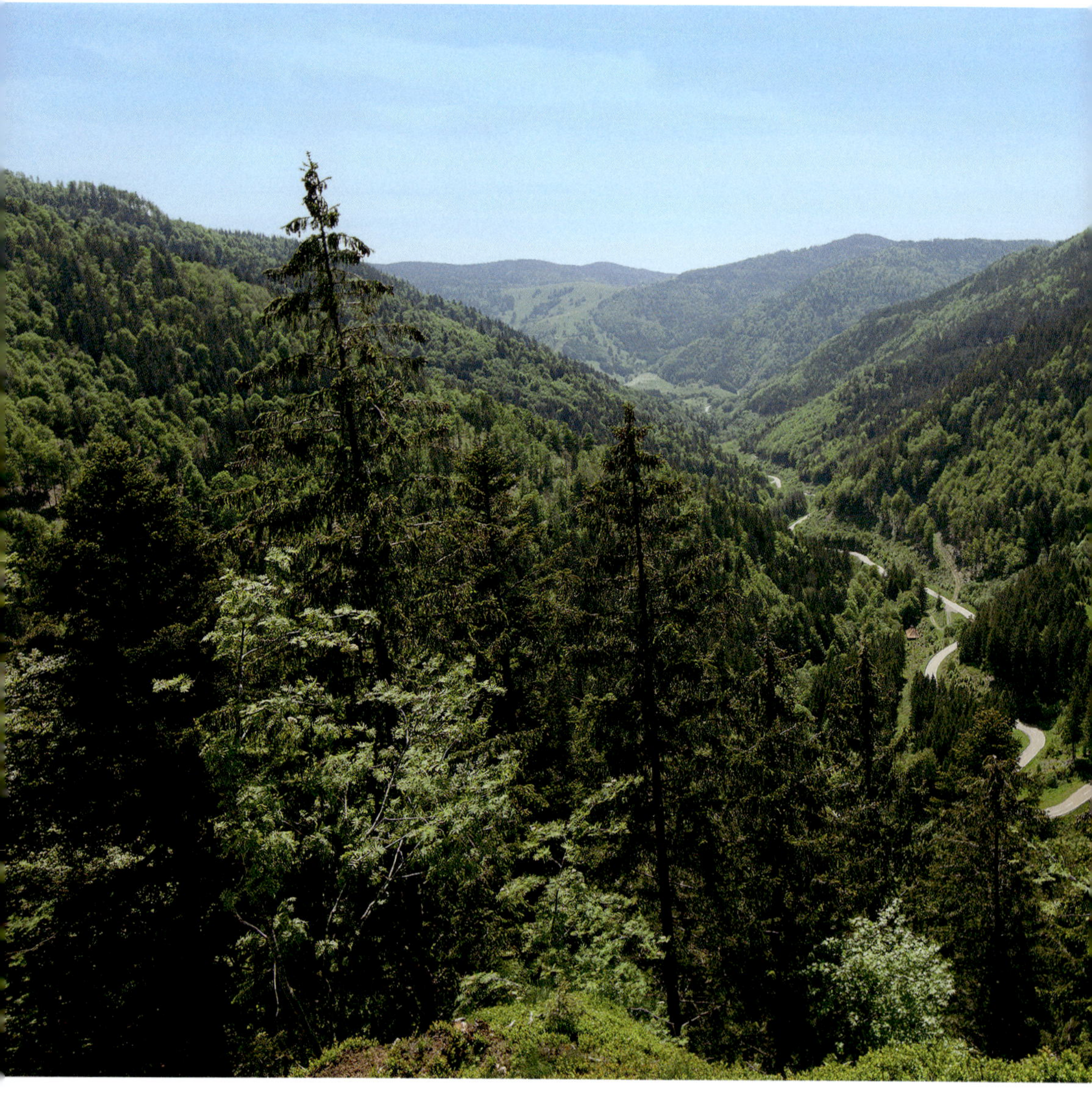

um den 7 **Spitzenberg** sowie durch den Wald zum Bödemle. Wer mag, kann hier bereits nach Hof abbiegen und über das Sportzentrum am Spitzenberg zum Ausgangspunkt zurückkehren. Schöner finden wir jedoch den Umweg über Bernau-Innerlehen, der uns weitere wunderbare Ausblicke über das Tal der Bernauer Alb eröffnet.

Über den 8 **Kurpark** und den Albweg geht es dann zurück nach E **Bernau-Hof**, wo wir uns sicherlich einig sind: Schön, dass auf dem Blößling so wenig los war.

Hans Thoma

Der Maler und Grafiker Hans Thoma kam am 2. Oktober 1839 in Innerlehen in der Gemeinde Bernau zur Welt. Nachdem er zunächst vor allem Landschaften malte, standen später erzählende und allegorische Werke im Mittelpunkt seiner Arbeit. Nach Hans Thoma wurde der Hans-Thoma-Preis benannt, mit dem in Baden-Württemberg bildende Künstler und Künstlerinnen geehrt werden. Die Preisverleihung findet jeweils am Hans-Thoma-Tag am zweiten Augustwochenende im Hans-Thoma-Kunstmuseum in Bernau im Schwarzwald statt.

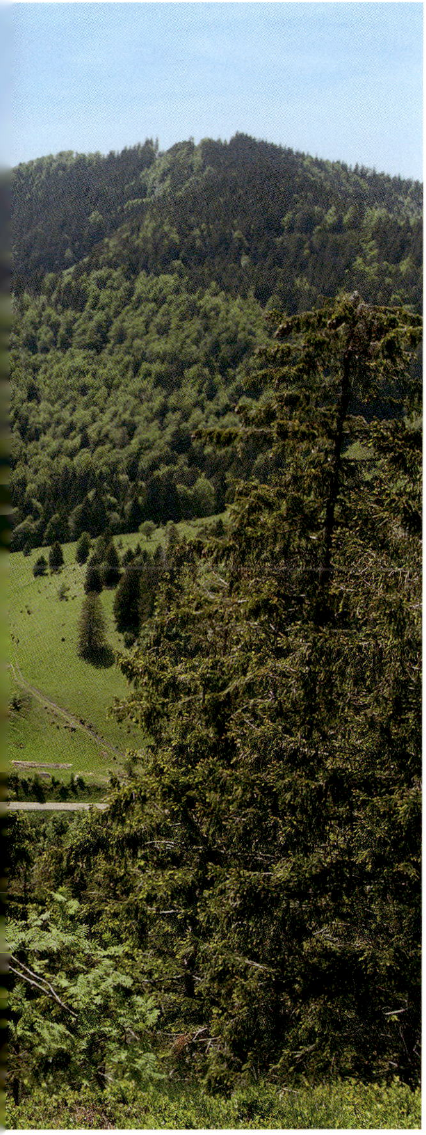

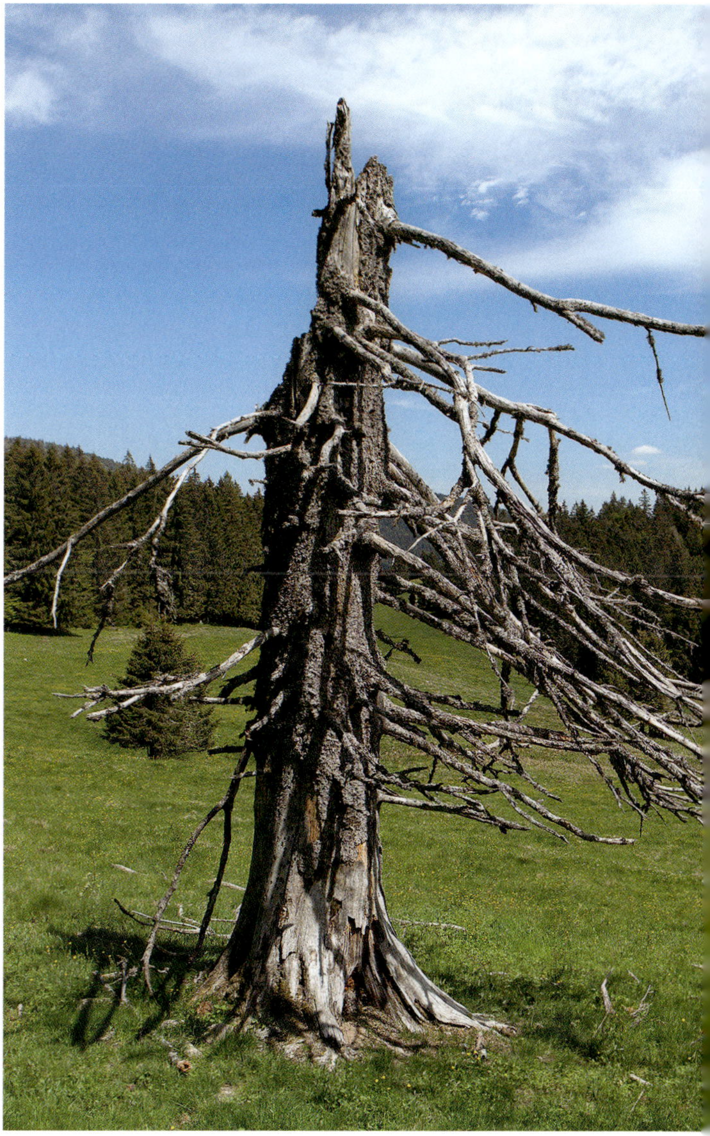

9 Wo bitte ist die Rödelsburg?

Rund um Staufen im Breisgau

Mittel | 15 km | 4.45–5.15 Std. | 680 Hm

Tourencharakter
Fordernder Aufstieg zur Rödelsburg, ansonsten gut zu laufende Runde auf Forstwegen und Pfaden mit schönen Aussichten

Ausgangs-/Endpunkt
Bahnhof Staufen (280 m)

Höchster Punkt
Ruine Rödelsburg (773 m)

Anfahrt
Auto: Von der A 5 Basel–Freiburg bei Ausfahrt 64a nach Bad Krozingen abfahren und weiter über L 120, B 3 und L 123 nach Staufen. GPS-Daten: 47.88530, 7.72860
Bus & Bahn: Es bestehen Bahn- und Busverbindungen von Bad Krozingen zum Bahnhof in Staufen.

Gehzeiten
Staufen – Pavillon – Etzenbacher Höhe 1.15–1.30 Std. – Hexenboden 45 Min., Abstecher Rödelsburg 30 Min., Hexenboden – Steinebacher Hütte 0.45–1 Std. – Staufen 1.30 Std.; insgesamt 4.45–5.15 Std.

Einkehr
In Staufen; auf der Strecke keine Einkehr

Karte
Karte des Schwarzwaldvereins 1:25 000, W256 Müllheim

Beste Jahreszeit
April bis Oktober

Informationen
Zweckverband Breisgau-Süd Touristik, Tel. 07636/707 40, www.muenstertal-staufen.de

Die Altstadt von Staufen ist ein beliebtes Ausflugsziel im Breisgau. Im 16. Jahrhundert lebte und wirkte hier Johann Georg Faust. Den Wunderheiler, Magier, Astrologen und Alchemist hatten die Burgherren gerufen, auf dass er ihnen Gold herstelle. Der Zauber von damals wirkt angeblich bis heute fort …

Trotz des ausgewiesenen Parkleitsystems kann es durchaus etwas dauern, bis man einen geeigneten Parkplatz in Ⓐ **Staufen** gefunden hat. Denn leider ist die Parkzeit fast überall zeitlich eng begrenzt, sodass es für diese Wanderung nicht ganz reicht. Möglicherweise finden Sie ja einen besseren Stellplatz als den an der Bahnlinie. Falls nicht, sind es zum Ausgangspunkt bei der Post 200 Meter zu Fuß.

Zum aussichtsreichen Pavillon Dort überqueren wir die Hauptstraße und folgen dem Wanderweg über die Sixtgasse zum Krautäcker. Die Kulisse dieser ersten paar Meter wird durch die ❶ **Ruine Staufen** und die malerischen Weinberge am Schlosshang bestimmt. Wer mag, kann beim Krautäcker links abbiegen und hoch zur Ruine steigen. Ansonsten geht es beim Wegweiser gleich rechts ab zum ❷ **Bötzen**, wo wir auf das Markgräfler Wiiwegli treffen. Links ginge es zum Gotthardhof, wir aber wählen die entgegengesetzte Richtung und spazieren auf dem Wiiwegli 80 Meter bis zur Alois-Schnorr-Straße.
Dort verlassen wir den Themenweg auch schon wieder und folgen nun der gelben Raute über Am Rebberg zum Schützenplatz und weiter bergauf bis

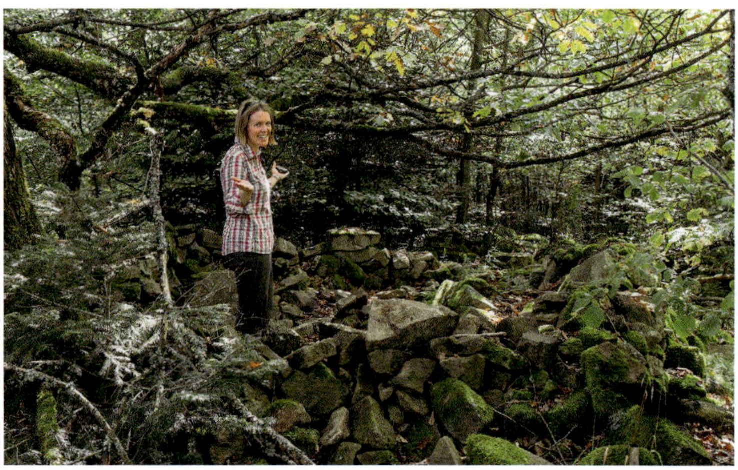

Nur spärliche Reste zeugen von der Rödelsburg.

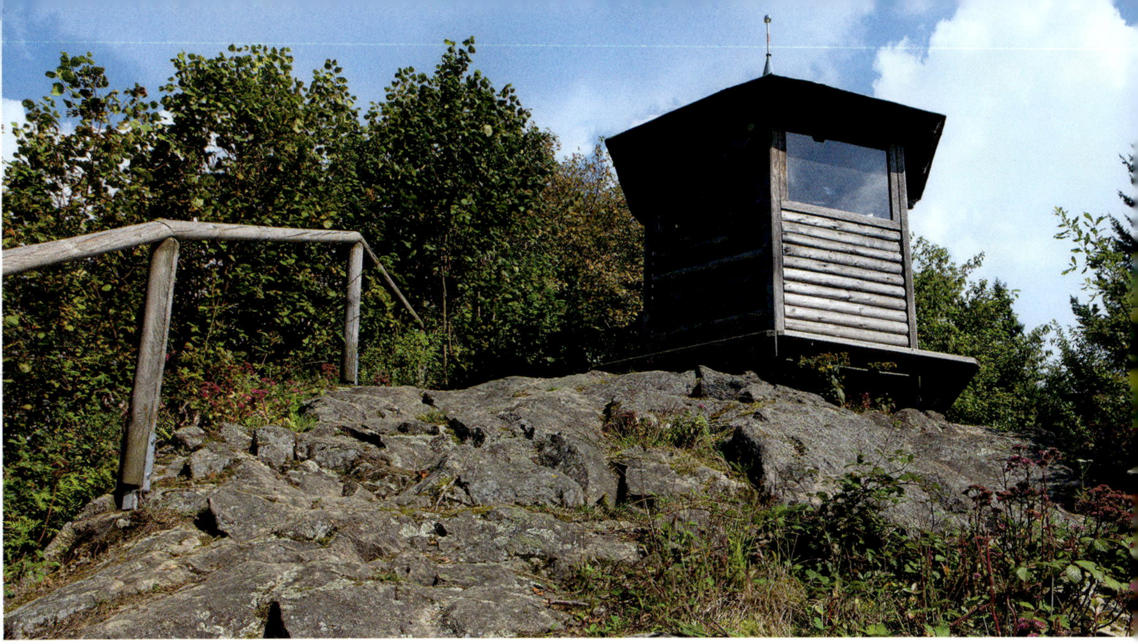

Auch ohne Aussicht schön: der Pavillon Altes Schloss

zur Etzenbacher Höhe. Noch ehe wir die aussichtsreiche Anhöhe erreichen und den Blick über das Markgräflerland und die umliegenden Berge schweifen lassen können, führt der Wanderweg am 3 **Pavillon Altes Schloss** vorbei, einer auf einem Felsen errichteten Schutzhütte, die sich ebenfalls bestens für eine kurze Rast eignet.

Hexenboden und Rödelsburg Gut erholt geht es im weiteren Verlauf von der 4 **Etzenbacher Höhe** über Waldwege zum Hexenboden. Als wir dort waren, fehlte eine wichtige Wegmarkierung. Um auf dem richtigen Weg zu bleiben, muss man dort, wo der Pfad auf einen breiteren Holzweg trifft, etwa 30 Meter weiter geradeaus laufen und dann halb rechts auf den nächsten Pfad abzweigen. Nach knapp fünf Minuten passiert man dann eine Gedenktafel, die an einen Waldarbeiter aus Münstertal erinnert, der beim »Holzschlitteln« die Kontrolle über seinen schwer beladenen Schlitten verlor und gegen eine Tanne geschleudert wurde. Gut 20 Minuten später erreichen wir dann den 5 **Hexenboden**.

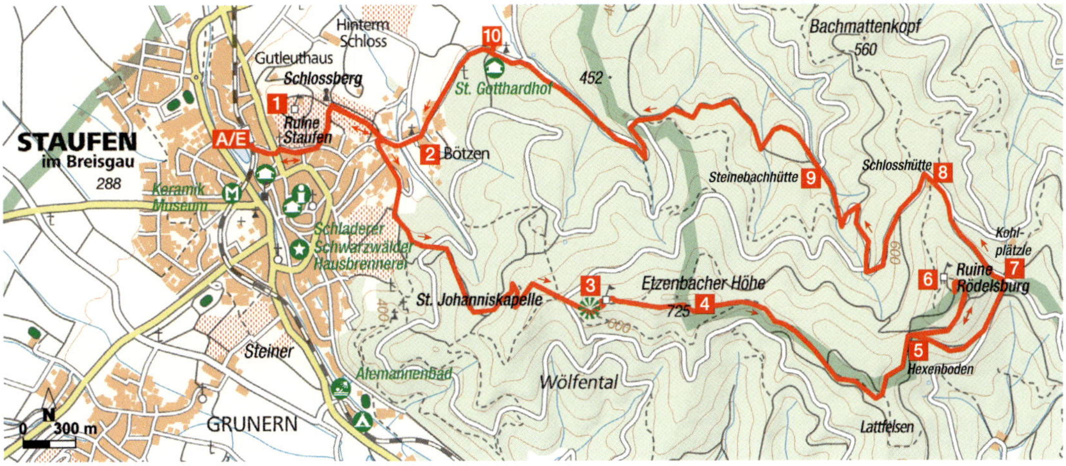

Rechts: An den Hängen unterhalb der Burgruine Staufen reifen edle Tropfen.

Hier müssen wir uns entscheiden: Wer sich fit fühlt, kann den 400 Meter langen Stich hinauf zur 6 Rödelsburg in Angriff nehmen. Ansonsten sollte man darauf lieber verzichten und sich von den anderen berichten lassen, dass es oben außer ein paar unnatürlich wirkenden Steinhaufen, locker zusammengesetzten Mauerresten und einer plötzlich im Wald auftauchenden Steintreppe nichts zu sehen gibt. Es wird angenommen, dass die Burg dem Schutz und der Verwaltung des umliegenden Bergbaus diente. Im 12. oder 13. Jahrhundert wurde sie aber schon wieder aufgegeben und dem Verfall preisgegeben.

St. Gotthard lässt grüßen Nach dem schweißtreibenden Abstecher geht es zurück zum 5 Hexenboden und auf breiten Forstwegen weiter über den Wegweiser »Unter der Rödelsburg« und über das 7 Kohlplätzle Richtung Staufen zur 8 Schlosshütte. Sie bietet eine weitere Möglichkeit zum Verschnaufen, eh wir weiter bergab zur 9 Steinebachhütte wandern.

Beim gleichnamigen Wegweiser zweigen wir links auf einen schmaleren Weg ab und folgen der gelben Raute durch den Wald zum 10 Gotthardhof. Bei dem seit Ende 2017 geschlossenen Landgasthaus öffnet sich die Sicht über den Oberrheingraben zum Batzenberg und Tuniberg, zum Kaiserstuhl und zu den Vogesen.

Direkt daneben steht die St.-Gotthard-Kapelle. Sie wurde als Filialkirche der Pfarrei Krozingen erstmals 1353 urkundlich erwähnt und diente den Aussätzigen des Staufener Lebrosenhauses als Bittkapelle. Nachdem die Kapelle 1633 in den Besitz des Klosters Beuron überging, wurde sie im Dreißigjährigen Krieg zerstört. Ein zweiter, 1661 errichteter Kirchenbau fiel 1678 einem Blitzschlag zum Opfer. Danach dauerte es 55 Jahre, bis die Kapelle im heutigen Stil wieder aufgebaut wurde.

Flaschenboviste zählen, solange sie innen weiß sind, zu den Speisepilzen.

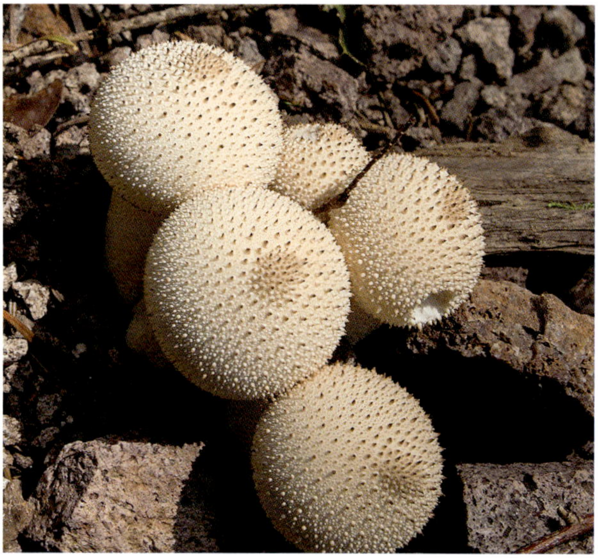

Staufen und die Gipsblase

Die Geothermie gilt als ein wichtiger Baustein der umweltschonenden Energiegewinnung. Der Traum vom klimafreundlichen Heizen und Kühlen entwickelte sich in Staufen jedoch ab 2007 zu einem Albtraum: Weil bei den Bohrungen eine Verbindung zwischen einer Gipskeuperschicht und einer Grundwasser führenden Schicht geschaffen wurde, konnte sich das im Keuper eingelagerte Anhydrit mit dem Wasser zu Gips verbinden. Als Folge quillt die Schicht auf, sodass sich der Boden hebt. Weil diese Hebungen nicht gleichmäßig verlaufen, kam es in zahlreichen Gebäuden zu Rissen. Mit Spendenaktionen und entlastenden Grundwasserbrunnen versucht die Stadt seitdem, Staufen vor dem Zerbrechen zu bewahren.

Malerisches Staufen Beim Gotthardhof treffen wir dann auch wieder auf das Markgräfler Wiiwegli. Auf dem Themenwanderweg geht es zurück zum 2 Bötzen.

Hier haben wir nun die Wahl: Entweder biegen wir rechts ab und spazieren auf dem bereits bekannten Weg unterhalb der Ruine Staufen zurück zum Ausgangspunkt, oder wir verlängern den Ausflug mit einem gemütlichen Bummel durch das malerische Zentrum von E Staufen. Wer weiß schon, wie lange es die Altstadt, die sich seit Jahren wie durch Magie hebt (s. Kasten), noch in ihrer jetzigen Gestalt gibt?

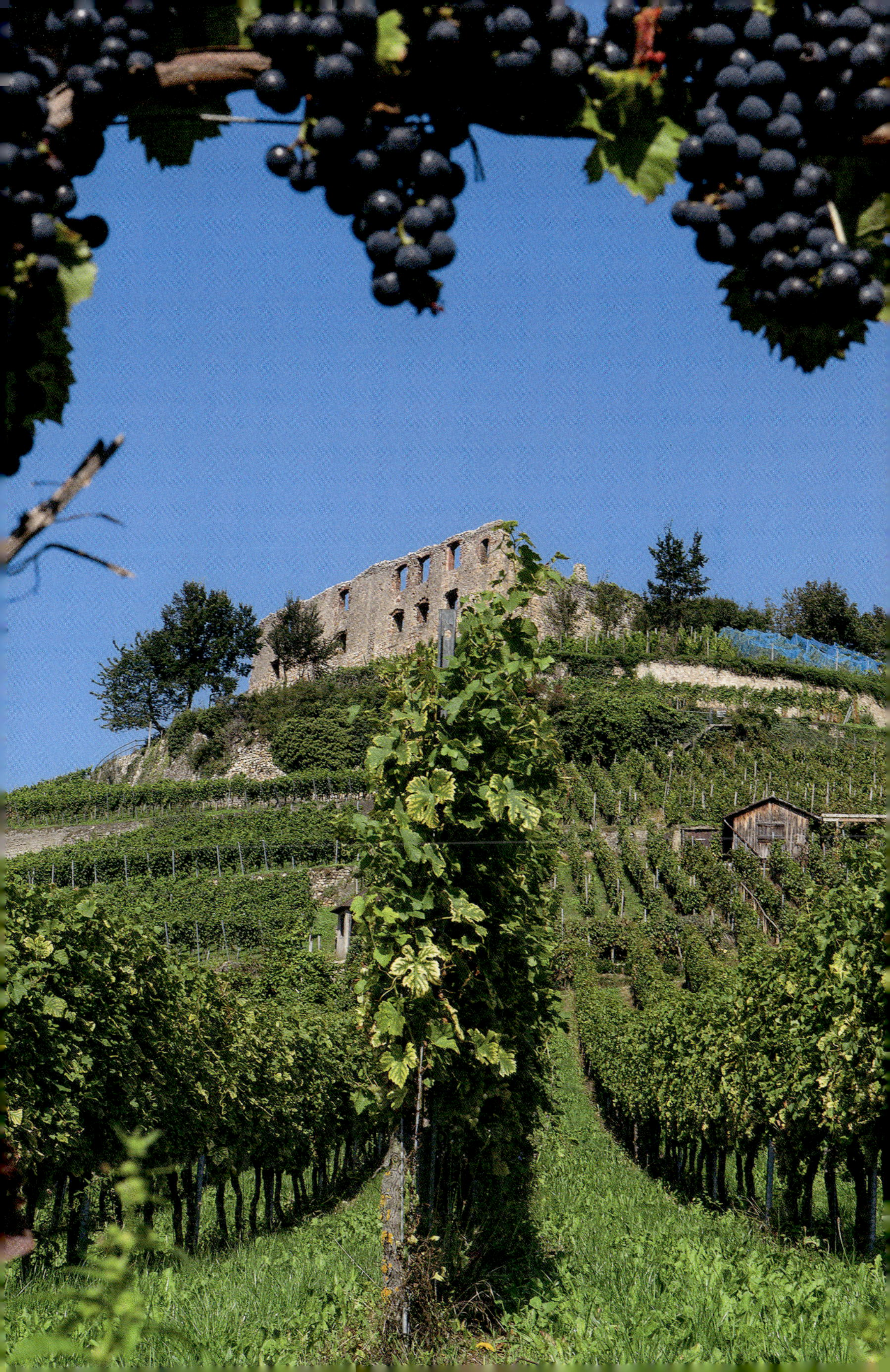

10

So weit die Füße tragen

Von Oberried auf den Toten Mann

Schwer | 19 km | 6.15–7 Std. | 850 Hm

Tourencharakter
Konditionell fordernde Runde über Wege und Pfade durch Bannwälder, im oberen Bereich über offene Weiden mit Blick zum Feldberg

Ausgangs-/Endpunkt
St. Wilhelm, Hohe Brücke (640 m)

Höchster Punkt
Toter Mann (1321 m)

Anfahrt
Auto: Über die B 31 Freiburg/Donaueschingen bis Kirchzarten und über die L 126 Richtung Todtnau; die Hohe Brücke befindet sich zwischen Oberried und dem Steinwasenpark. GPS-Daten: 47.90270, 7.93220
Bus & Bahn: Es fahren einige Busse u. a. ab Freiburg-Hbf. und Todtnau-Busbahnhof zur Haltestelle »St. Wilhelm/Hohe Brücke«.

Gehzeiten
Hohe Brücke – Felsenweg 1.30–1.45 Std. – Pirmin-Kleiser-Denkmal 1.30–1.45 Std. – Toter Mann 0.45–1 Std. – Unterm Ibenfelsen 1 Std. – Hohe Brücke 1.30 Std.; insgesamt 6.15–7 Std.

Einkehr
Gasthaus Zur Linde-Napf im St. Wilhelmer Tal (Mo, Do und Fr ab 17 Uhr, Sa/So ab 11 Uhr; Tel. 07602/94 46 90, www.linde-napf.de)

Karte
Karte des Schwarzwaldvereins 1:25 000, W257 Schönau

Beste Jahreszeit
Mai bis Oktober

Informationen
Touristinformation Dreisamtal, Tel. 07661/90 79 80, www.dreisamtal.de

Mit einer Höhe von 1321 Metern zählt der Tote Mann zu den zehn höchsten Bergen im Schwarzwald. Durch seine Lage westlich vom Feldberg befindet sich der Berg außerdem in einem recht attraktiven Wandergebiet. Dennoch steuern nur wenige Ausflügler den Toten Mann an, weshalb uns auch auf dieser Runde kaum jemand begegnen wird.

Wer mit dem Bus anreist, läuft von der Haltestelle über die Ⓐ Hohe Brücke in die Feldbergstraße. Wenige Meter flussaufwärts vereinen sich der St. Wilhelmer Talbach und der kleinere Buselbach zur Brugga. Gleich danach ist der Wanderparkplatz entlang der Straße zu sehen. Ihm gegenüber führt ein Pfad bergauf in den Wald. Genauer gesagt ist es ein Altholz mit hohem Totholzanteil aus Tanne, Fichte, Buche und Bergahorn. Die gute Struktur des Bestands und die Lage an einem felsüberlagerten Steilhang mit offenen Felsbereichen reicht aus, dass dieser Bereich von mehreren Schutzgebieten überlagert wird. Der geschützte Waldbiotop ist Teil vom Naturschutzgebiet und Bannwald Faulbach, des FFH-Gebiets Hochschwarzwald um den Feldberg und des Vogelschutzgebiets Südschwarzwald.

Wegführung gesucht Nach 200 Metern (ab der Brücke) biegen wir beim Wegweiser »Hohbruckmättle« links nach Oberried ab, sodass wir dem Lauf der Brugga talwärts folgen. Im Bereich eines Holzlagerplatzes schwenkt der Pfad vom Wald hinunter an den Bach, und die Sicht öffnet sich. Saftig grüne Wiesen im unteren Talbereich und der Gehölzstreifen entlang der Brugga versprechen einen entspannten und gemütlichen Auftakt des Wandertags.

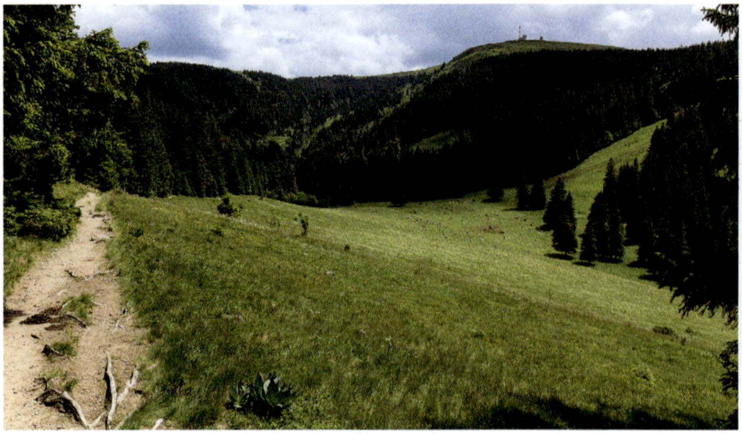

Dem Versprechen folgt die Ernüchterung: Auf der rechten, attraktiven Seite der Brugga fehlt ein ca. 500 Meter langes Wegstück. Haben es die Planer des Wanderwegs verschwitzt, oder konnten sie sich nicht durchsetzen? Wir wissen es nicht. Und es nützt auch nichts: Um auf dem offiziell beschilderten Wanderweg zu bleiben, müssen wir die Brugga überqueren und – bis eine neue Wegführung umgesetzt wird – das nächste Stück an der Landstraße laufen.

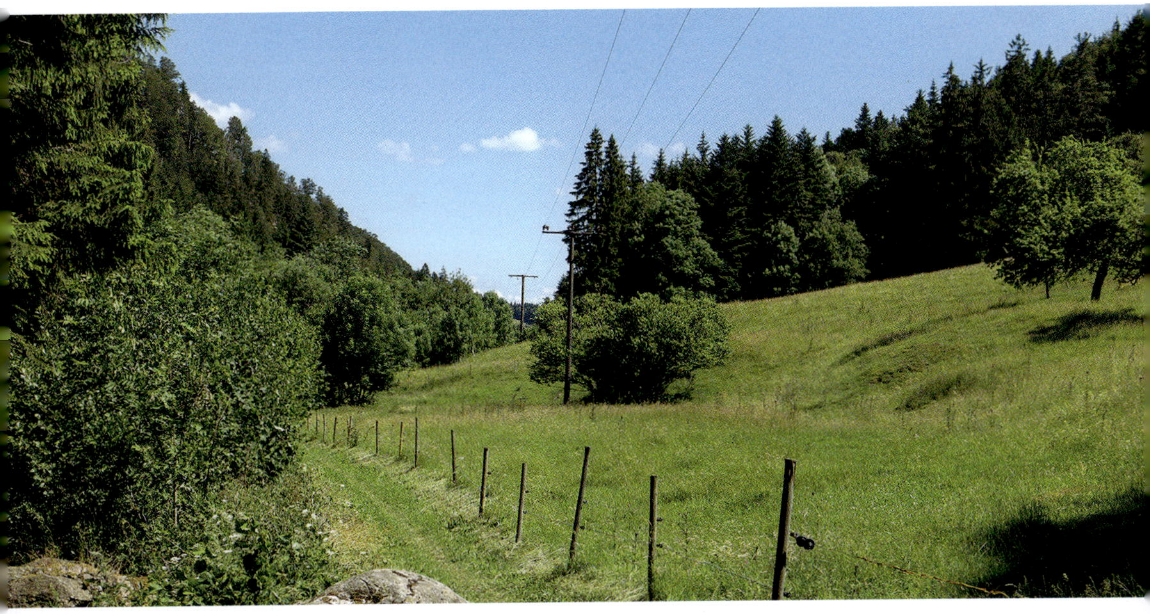

Die ersten Meter der Tour führen durch das Tal der Brugga.

Steil hinauf zum Felsenweg Zwischen Hinterem und Vorderem Schneeberg (möglicherweise auch schon früher) wechselt der Wanderweg wieder auf die rechte, sichere Seite der Brugga. Weiter talwärts kommen wir auf dem Wilhelmitenpfad am ❶ **Jugendzeltplatz Stübledobel** der Gemeinde Oberried vorbei. Sobald wir einige Häuser und die Bushaltestelle »Oberried/Hintertal« (alternativer Ausgangspunkt) passiert haben, erreichen wir den Wegweiser »Zipfeldobel«. Hier verlassen wir das Tal und folgen der gelben Raute nach rechts zum Felsenweg. Damit ändert sich der Charakter dieser Wanderung grundlegend. Schön ist, dass der Weg direkt von der Straße wegführt und der Verkehrslärm hinter uns bald abebbt. Der Preis dafür ist eine Steigung, die uns ebenso bald den Schweiß auf die Stirn treibt.

Doch die Mühe ist es wert, denn nach 1,6 Kilometern führt uns die gelbe Raute (bitte alle anderen Wege ignorieren!) über den Zipfeldobelweg an den ❷ **Beginn des Felsenwegs**.

Kletterfelsen und die Gfällmatte Schon nach wenigen Schritten auf dem schmalen Pfad wird deutlich, dass dieser seinem Namen alle Ehre macht: Während sich der Pfad wildromantisch durch eine bewaldete Geröllhalde schlängelt, zweigen links immer wieder Trampelpfade ab. Sie alle enden nach wenigen Metern an steil aufragenden Felsen und dienen Kletterfreunden als Zugang. Ein Gerätebehälter mit Utensilien für die Unfallhilfe belegt, wie beliebt die schroffen »Räuberfelsen« sind.

Nach einer Kehrtwende führt der Felsenweg auf die Ostseite der Kletterfelsen und weiter zur ❸ **Gfällmatte**. Auf dem Weg dorthin überqueren wir

Links: Auf dem Weg zum Toten Mann rückt der Feldberg ins Visier.

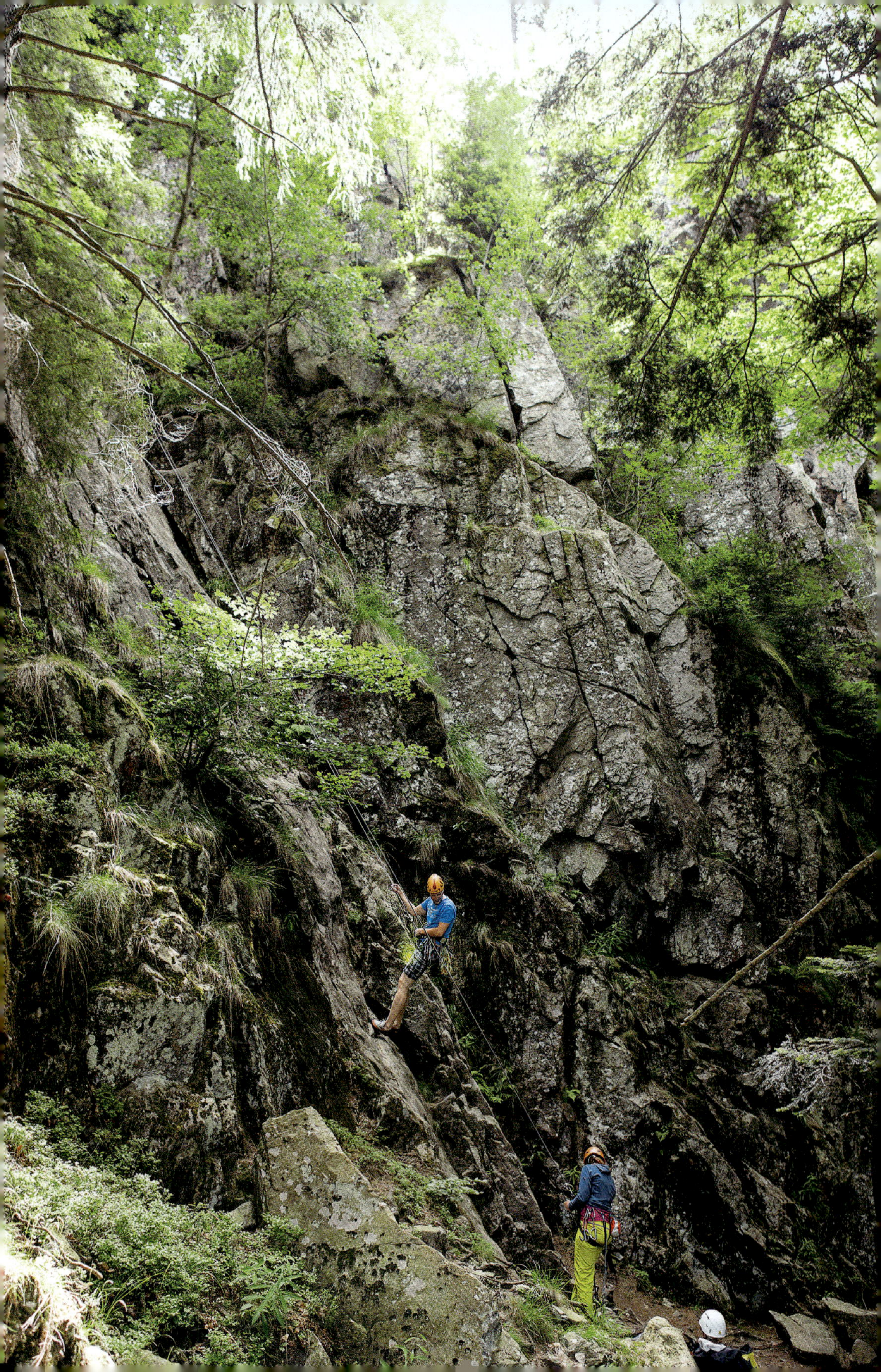

eine Lichtung mit dem Gfällmattenhof, der heute als Ferienhaus genutzt wird. Wenige Meter oberhalb des alten Bauernhofs wurde auf der Gfällmatte ein Wanderparkplatz angelegt. Mit dem Auto ist dieser über die Zufahrt zum Berggasthof Erlenbacher Hütte erreichbar (Koordinaten Gfällmatte: 47.91200, 7.94850).
Ein kurzer Blick auf den Wegweiser bei der Gfällmatte lässt gemischte Gefühle aufkommen: Einerseits können wir uns über knapp 500 schon bewältigte Höhenmeter freuen – andererseits liegen bis zum höchsten Punkt der Wanderung noch mehr als 300 Höhenmeter vor uns.

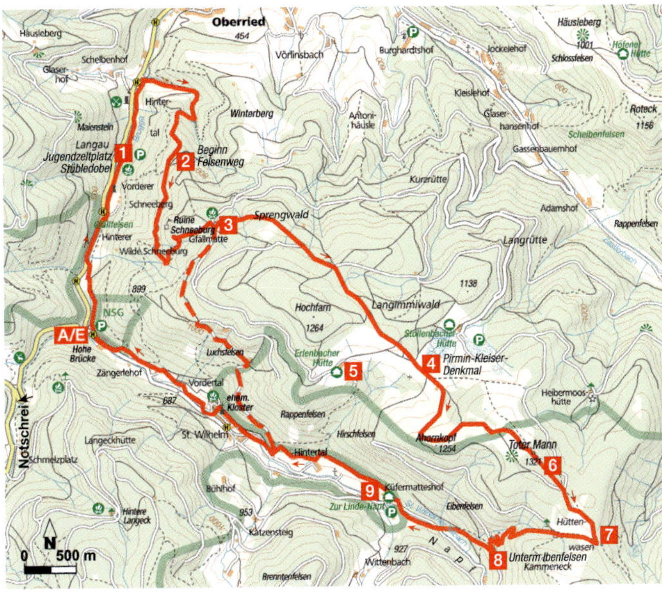

Zum Toten Mann Der nächste Abschnitt führt von der Gfällmatte über einen zunächst breiten Waldweg und vorbei an einem unerwarteten Aussichtspunkt, dann am oberen Rand einer Weide hinauf zum **4 Pirmin-Kleiser-Denkmal**. Es erinnert an den Herder (Hüter) der **5 Erlenbacher Hütte**, der ganz in der Nähe des Gedenksteins während der Arbeit umkam. Bis zur Hütte sind es 600 Meter; leider befindet sie sich abseits unseres Wanderwegs, sodass die Einkehr mit zusätzlichen 1,2 Kilometern Strecke verbunden wäre.
Vom Denkmal sind es noch 1,6 Kilometer bis zum Toten Mann. Der Aufstieg führt über die aussichtsreiche Stollenbacher Weide, schwenkt oberhalb vom Weidestall Langimi nach rechts und nimmt bei der nächsten Weggabelung schließlich Kurs auf den Toten Mann. Nun ja, zumindest fast. Tatsächlich führt nur ein unscheinbarer, aber beschilderter Pfad auf den abgeflachten und zum Teil bewaldeten Gipfel des **6 Toten Manns**, während der Wanderweg mit der gelben Raute den Gipfel auf seiner Südseite passiert. Südöstlich vom Gipfel treffen beide Wege bei Ob der Hauseckhalde wieder aufeinander.

Abstieg zur Hohen Brücke Nach dem langen Aufstieg kommt, was kommen muss: ein ebenso langer Abstieg. Dieser führt auf dem ersten Kilometer von Ob der Hauseckhalde über eine als Viehweide genutzte Lichtung zum **7 Hüttenwasen** und, scharf rechts, zur Hüttenwasen-Schutzhütte.
Von dort geht es durch das steil abfallende Tal vom Hüttenwasenbächle durch den Wald zum Wegweiser **8 »Unterm Ibenfelsen«.** Ab dem Felsen können wir schließlich der gelben Raute weiter bergab folgen und über Napf, wo wir das **9 Gasthaus Zur Linde Napf** und die Kapelle Maria Königin passieren, und St. Wilhelm zurück zum Ausgangspunkt an der **E Hohen Brücke** wandern.
Wer bei Gfällmatte in diese Wanderung eingestiegen ist, biegt dazwischen beim »Holzmacherhäusle« rechts ab. In diesem Fall tauscht man den Abschnitt an der Landstraße gegen einen abschließenden Aufstieg ein. Welche Variante besser ist, darf jeder für sich entscheiden.

Links: Die Räuberfelsen sind auch für Kletterfreunde ein lohnendes Ziel.

11

Menzenschwander Geißenpfad

Auf dem Weg der Ziegen zum Wasserfall

Leicht | 10,5 km | 3 Std. | 300 Hm

Tourencharakter
Überraschend unterhaltsame Runde auf Pfaden und Forstwegen, die etwas Trittsicherheit erfordern. Der Abstieg durch die Schlucht erfolgt über Treppen.

Ausgangs-/Endpunkt
Mösleparkplatz (880 m)

Höchster Punkt
Im Geschweih (1045 m)

Anfahrt
Auto: Von der B 500 Waldshut-Tiengen–Titisee-Neustadt in Häusern nach Bernau abbiegen, über die L 149 bis zum Abzweig Menzenschwand und von dort über Hinterdorf bis zum Mösleparkplatz. GPS-Daten: 47.83270, 8.06620
Bus & Bahn: Es fahren Busse von Seebrugg und St. Blasien zur Haltestelle »Menzenschwand/Hinterdorf«.

Gehzeiten
Mösleparkplatz – Titlisblick 1 Std. – Schesslong dü Boah 45 Min. – Mösleparkplatz 1.15 Std.; insgesamt 3 Std.

Einkehr
Café und Bergbeizle Zum Kuckuck (Mi–So ab 12 Uhr; www.kuckuck-schwarzwald.de)

Karte
Karte des Schwarzwaldvereins 1:25 000, W258 Titisee-Neustadt

Beste Jahreszeit
Mai bis Oktober

Informationen
Touristinfo Menzenschwand, Tel. 07675/92 38 11, www.hochschwarzwald.de

Nach der Besiedlung des Schwarzwalds bildeten Holz- und Viehwirtschaft jahrhundertelang die Wirtschafts- und Lebensgrundlage. Dazu brauchte es robuste Tiere, die auch karge Zeiten überstanden. Neben den Hinterwälder Rindern zählten dazu die Geißen (Ziegen). Ihnen wurde in Menzenschwand ein Wanderweg gewidmet.

Ziegenherden sind seit jeher Bestandteil der Landschaft im Schwarzwald. Durch mittelalterliche Erzählungen und traditionelle Festzüge sind auch die Ziegengespanne bekannt. Dennoch verschwanden die Ziegen im 20. Jahrhundert vielerorts, denn in der zunehmend industrialisierten Landwirtschaft kam man nun ohne die zierlichen Hungerkünstler aus.
Mit wachsendem Bewusstsein für ein intaktes und attraktives Landschaftsbild erleben die Ziegen jedoch eine Art Renaissance – die gleichermaßen genügsamen wie geschickten Tiere sind wie dafür geschaffen, empfindliche und nährstoffarme Lebensräume an den Berghängen offen zu halten. Im Mai 2014 wurde deshalb der »Menzenschwander Geißenpfad« eröffnet. Der drittälteste Genießerpfad im Hochschwarzwald bietet herrliche Weitblicke über das Menzenschwander Albtal, begleitet vom ständigen Geklimper der Ziegenglocken.

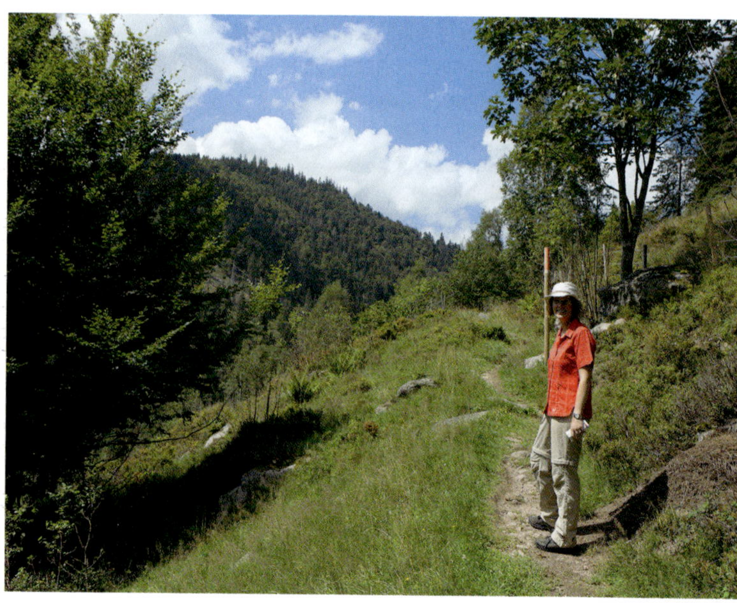

Über schmale Pfade verläuft der Aufstieg entlang des Schwarzenbergs.

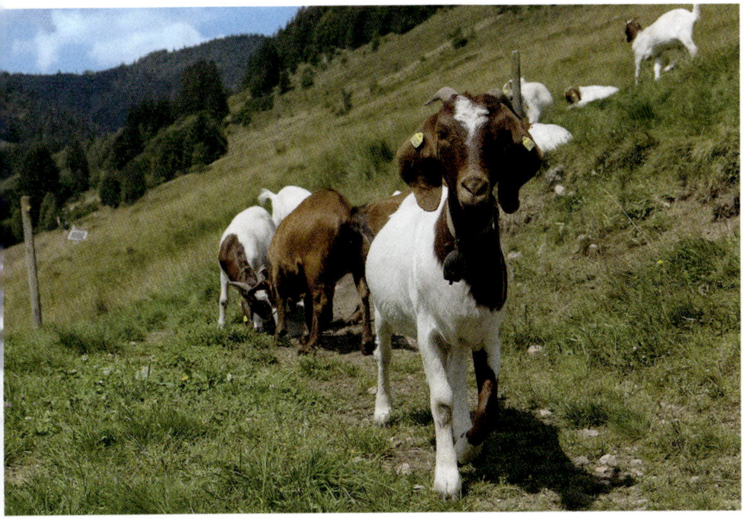

Den Geißen (Ziegen) wurde bei Menzenschwand ein Wanderweg gewidmet.

Frech und neugierig Direkt beim Ⓐ **Mösleparkplatz** informiert eine Schautafel über die Besonderheiten des Geißenpfads. Die Orientierung fällt leicht: immer den Schildern und den Symbolen des Genießerpfads nach. Damit geht es zunächst auf der Fahrstraße ein kurzes Stück zurück zum Hinterdorf von Menzenschwand. Nachdem wir mehrere alte Höfe passiert haben, biegen wir links in den Schwarzenbergweg.

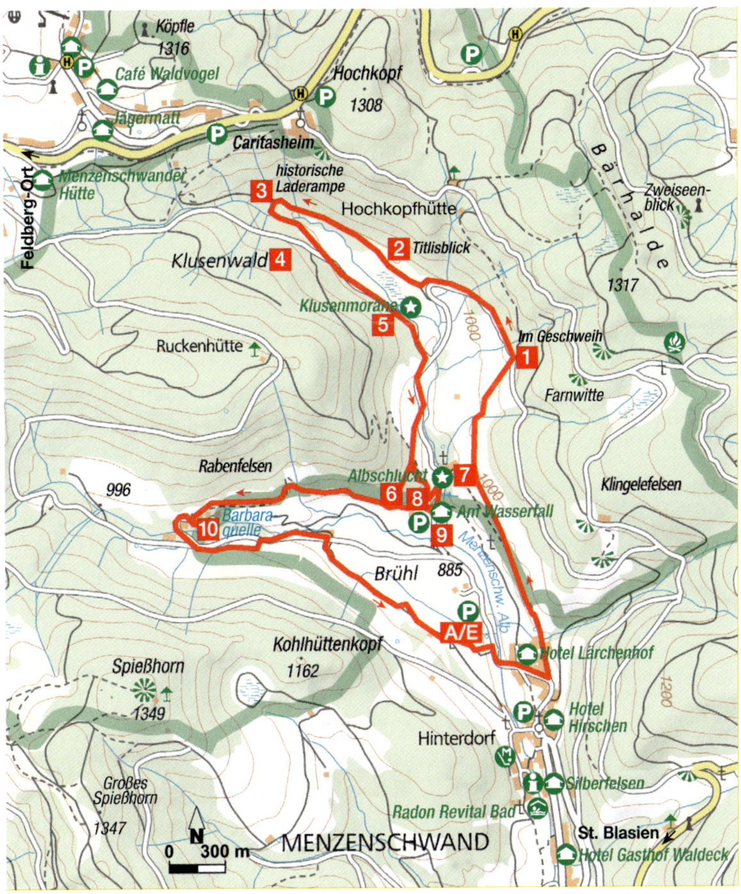

Gut 300 Meter weiter geht die Straße in einen Pfad über, und wir werden womöglich schon von der ersten Geißenherde begrüßt. Die Tiere sind Menschen gewohnt und bisweilen sehr neugierig. Auf einer Tafel am Rand der Weide sind weitere Spazierwege und kurze Wanderungen durch das Menzenschwander Tal dargestellt. Wer sich die Karte dazu genauer anschaut, wird feststellen, dass diese Runde alle wichtigen Stationen der anderen Wege mit umfasst.

Spuren der Vergangenheit Zwischen den Weiden steigt der Pfad entlang des Schwarzenbergs zum Gewann ❶ **Im Geschweih** an. Der Hang bildet die Ostflanke des Albtals

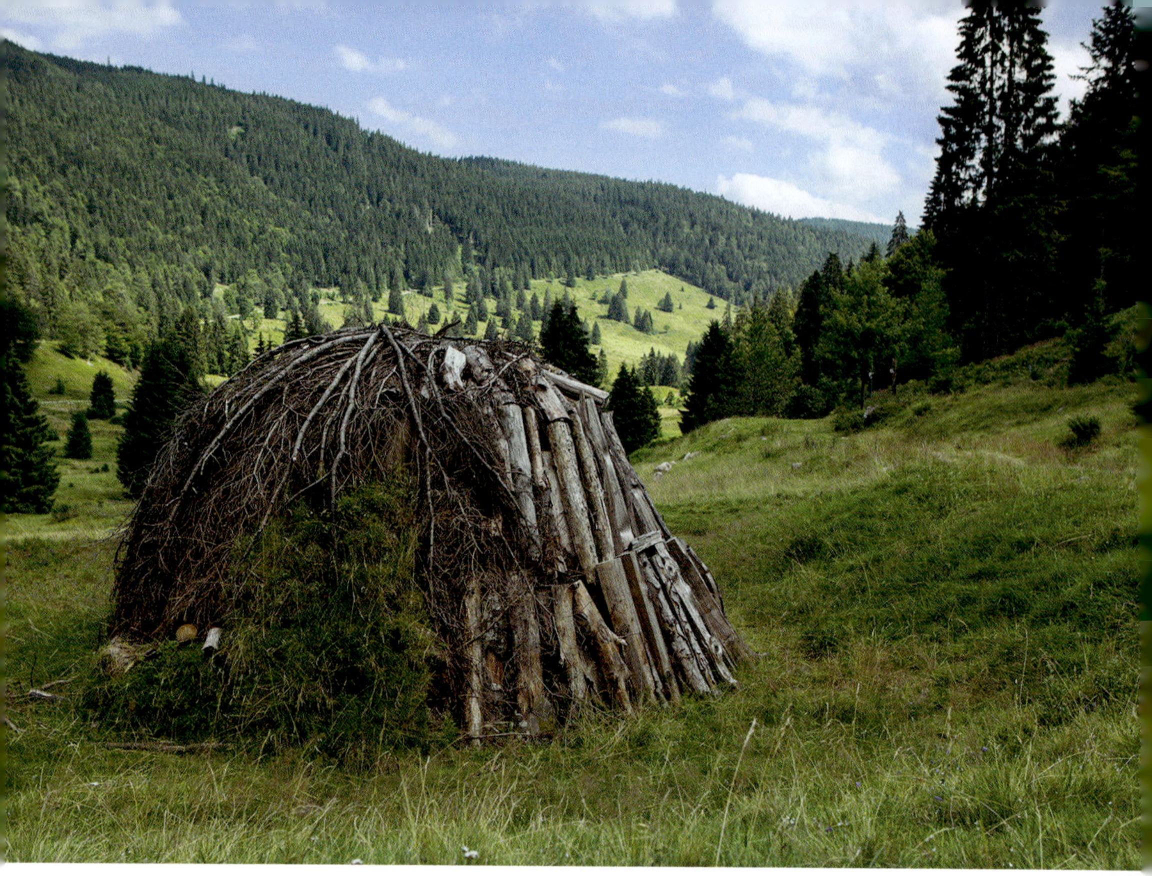

Sorgfältig geschichtetes Holz erinnert an die Arbeit der Köhler.

und wird landschaftlich durch sehr gut ausgeprägte Weidfelder bestimmt. Das Mosaik von flachgründigen, felsigen Bereichen und tiefergründigen Zwergstrauchheiden bietet vielen seltenen Arten einen geeigneten Lebensraum. Nachdem im Frühjahr die Hunds-Veilchen die ersten warmen Tage begrüßen, können wir uns im Sommer über Silberdisteln, die auch als »Bergwohlverleih« bekannte Arnika und über Heidelbeeren freuen. Zugleich lohnt sich der Blick zurück, wo wir immer neue Eindrücke von den malerisch zwischen den Bergen eingebetteten Tälern der Alb und des Krunkelbachs gewinnen.

Vom höchsten Punkt der Wanderung folgen wir dem Geißenpfad zur »Flößers Rast«. Auf dem Weg dorthin passieren wir die Endmoräne des letzten Gletschervorstoßes vor der Warmzeit. Die Ablagerung der durch den Gletscher zuvor abgeschliffenen Steine versperrte der Alb den Weg ins Tal. Da sie die Endmoräne nur auf wenigen Metern Breite durchbrochen hat, eignete sich die Stelle bestens für die Holzflößerei. 1779 ließ das Kloster St. Blasien eine Kluse (Wehr) bauen, um Brennholz durch schwallweises Öffnen des Wehrs zum Eisenwerk in Albbruck zu flößen. Der aufgestaute Klusensee machte diesen Vorgang weitgehend unabhängig von Schmelz- und Regenwasser. Nach Einstellung der Flößerei entstanden wertvolle Biotope am Klusensee. Um ihren Fortbestand zu sichern, wurde die Klusenmauer 2010 saniert und eine Pendelrampe eingebaut, welche die Durchgängigkeit der Menzenschwander Alb gewährleistet.

Rechts: Der Name ist Programm: Für die versprochene Fernsicht braucht es klare Luft.

Rückblick zu den Alpen Einen Steinwurf von der Endmoräne entfernt weist ein Schild auf etwas hin, was man sonst sicherlich übersehen hätte: Nur wenige Meter neben dem Pfad reicht der **2 Blick bis zum Titlis** (3238 m) und, links davon, zum Sustenhorn (3503 m), zwei der bekanntesten Berge der Urner Alpen. Um die beiden Gipfel deutlich zu erkennen, muss man allerdings Glück mit dem Wetter haben. So konnten wir am Horizont nur etwas Schemenhaftes erkennen – oder hatten wir nur Staub in den Augen? Wir wissen es nicht. Umso besser zu sehen ist anschließend die »Flößers Rast«. Sie befindet sich im Gewann In der Klause und erinnert ebenfalls an die Zeit der Flößerei.

Anschließend geht es im Bereich einer Seitenmoräne in den Wald. Am Scheitelpunkt des Wegs verdient eine aus grob behauenen Steinen zusammengesetzte Mauer unsere Aufmerksamkeit: Es handelt sich um eine **3 historische Laderampe**, welche das Beladen der Fuhrwerke mit Holzstämmen erleichterte.

Nachdem wir die Alb überquert haben, kommen wir zum Wegweiser **4 »Klusenwald«**. Von dort geht es talwärts an der **5 Kluse** vorbei, danach halten wir uns zweimal rechts und folgen der Beschilderung – wieder ein Stück bergan – zum **6 Schesslong dü Boah**. Wer sich darunter nichts vorstellen kann, sollte den Abstecher unbedingt machen – ihn erwartet eine urige Sitzmöglichkeit.

Nach dem Abstecher zum Waldliegestuhl geht es auf demselben Pfad zurück zum letzten Wegweiser und von dort hinab zur **7 Albschlucht**. Der Abstieg durch die enge Schlucht ist mit Treppen und Geländern gut gesichert, die Wasserfälle zählen zu den schönsten im Hochschwarzwald.

Unterhalb der Schlucht passieren wir erst den Albhof mit dem **8 Restaurant Zum Kuckuck**, dann einen Wanderparkplatz zwischen dem Wald und dem **9 Ziegenhof**. Der letzte Abschnitt der Wanderung führt damit ein Stück weit in das Krunkelbachtal hinein. Von besonderem Interesse sind hier die Uranvorkommen. Nach dem Studium der Infotafeln bei der **10 Barbaraquelle** überqueren wir den Krunkelbach. Auf der anderen Talseite sind es dann noch gut zwei Kilometer bis zum Ausgangspunkt des Geißenpfads am **E Mösleparkplatz**.

Mein Tipp

Probebohrungen in bis zu 240 m Tiefe führten zu der Annahme, dass sich im Krunkelbachtal die größte Lagerstätte von Uranerz in Europa befindet. Aus Umweltschutzgründen und aufgrund heftiger Proteste der Bevölkerung sowie wegen fehlender Rentabilität wurde die Förderung 1989 gestoppt, und die Stollen wurden geflutet. Das beim Zerfall von Uran entstehende Radon wird im Radon Revital Bad in Menzenschwand (www.radonrevitalbad.de) therapeutisch eingesetzt.

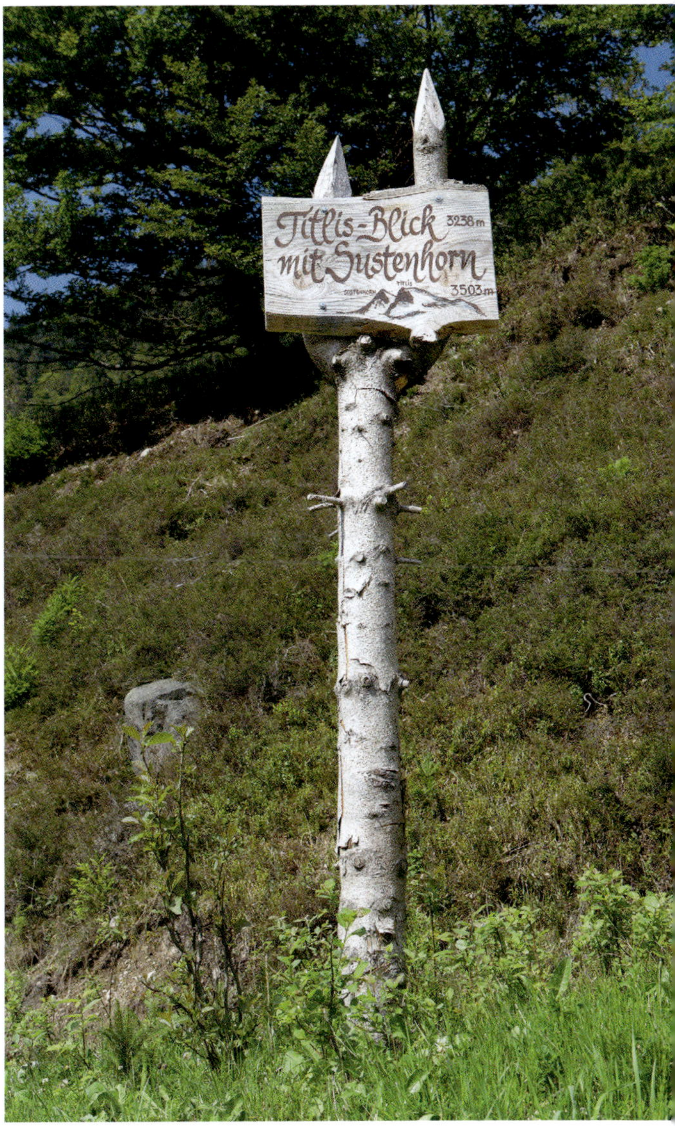

12

Die Ruhige neben der Wutach

In die Rötenbachschlucht

Mittel 14,5 km 4.15–4.45 Std. 300 Hm

Tourencharakter
Ruhige Wanderung über Wege und Pfade durch die Rötenbachschlucht und auf einem weniger begangenen Abschnitt des Schluchtensteigs; rund um Göschweiler geht's über schwach befahrene Straßen, guter Orientierungssinn von Vorteil.

Ausgangs-/Endpunkt
Wanderparkplatz »Auf dem Hardt« (845 m)

Höchster Punkt
Bildstock bei Auf der Wacht (900 m)

Anfahrt
Auto: Von der B 31 Titisee-Neustadt–Donaueschingen auf die L 182 bzw. auf die Hauptstraße nach Rötenbach abfahren, beim Bürgermeisteramt auf den Sportplatzweg abbiegen und den Schildern zum Wanderparkplatz am Waldrand folgen. GPS-Daten: 47.88870, 8.29180
Bus & Bahn: Es bestehen Bahn- und Busverbindungen u. a. ab Löffingen, Donaueschingen und Neustadt nach Rötenbach.

Gehzeiten
Hardt – Rötenbachmündung 1.15–1.30 Std. – Räuberschlössle 45 Min. – Göschweiler 45 Min. – Hardt 1.30–1.45 Std.; insgesamt 4.15–4.45 Std.

Einkehr
Auf der Strecke keine

Karte
Karte des Schwarzwaldvereins 1:25 000, W259 Blumberg

Beste Jahreszeit
Mai bis Oktober

Informationen
Touristinfo Friedenweiler, Tel. 07652/120 60, www.hochschwarzwald.de

Der geologisch gesehen raschen Vertiefung der Wutach sind einige ihrer Seitentäler gefolgt. Da die Bäche weniger Wasser führen, sind diese Schluchten zwar weniger stark ausgeprägt, dafür aber steiler. Eine davon ist die Rötenbachschlucht, die abseits der großen Wanderwege liegt – genau das macht ihren Reiz aus.

Vom Ⓐ **Wanderparkplatz »Auf dem Hardt«** geht es auf dem Sportplatzweg in den nahen Wald. Nach ca. 350 Metern treffen wir auf den 2018 eröffneten Hochschwarzwälder Genießerpfad Rötenbachschlucht. Wir laufen geradeaus weiter in Richtung der Rötenbachschlucht und zweigen damit einen Steinwurf weiter nach rechts auf einen Waldweg ab. Nach gut einem Kilometer ist dann der Rötenbach erreicht, wo wir uns im Sommer über die zahlreich blühenden Lupinen freuen können. Direkt beim Bach treffen wir außerdem auf einen mit blauer Raute markierten Wanderweg. Dieser führt uns auf der rechten Seite des hier oben träge fließenden Bachs zur ❶ **Talwiesenhütte**.
Auf dem weiteren Weg wird das Gefälle langsam stärker, und die Anforderungen werden höher. Erdrutsche, Steinschläge und Wegabbrüche sind in der Schlucht keine Seltenheit. Rund 600 Meter nach der Talwiesenhütte pas-

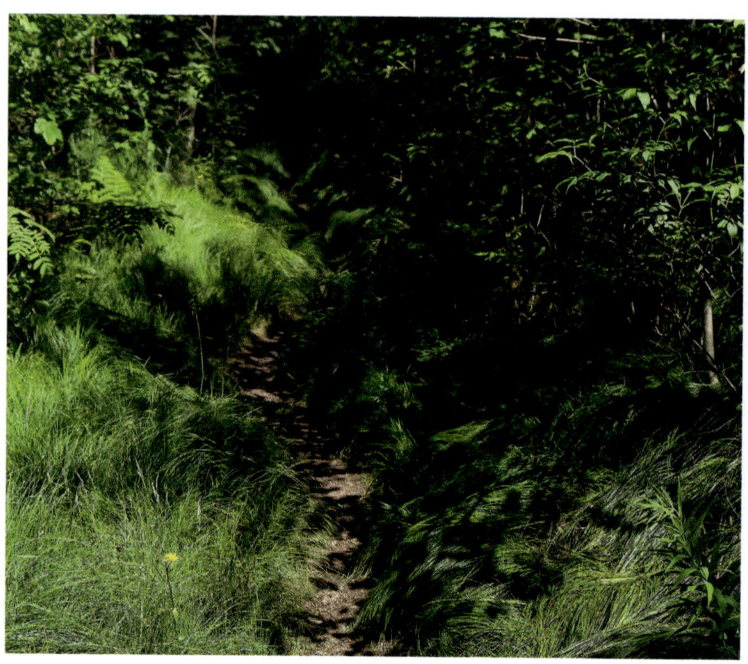

sieren wir die Roßgrabenhütte. Die Wanderer, die auf dem Genießerpfad unterwegs sind und sich an die empfohlene Laufrichtung halten, orientieren sich einen Katzensprung weiter rechts. Wir indes wechseln links auf den Pfad. Damit folgen wir dem rauschenden Wildbach an der **2** **Wildbachhütte** vorbei bis zur Wutach.

Stippvisite in der Wutachschlucht Direkt oberhalb der **3** **Rötenbachmündung** überqueren wir den Bach ein letztes Mal und folgen fortan der Beschilderung vom Schluchtensteig zum Räuberschlössle. Auf dem Weg dorthin passieren wir nacheinander einen Stausee, das **4** **Wasserkraftwerk Stallegg** und den Standort der **5** **Stallegger Tanne**. Mit einer Höhe von 52 Metern und einem Stammumfang von gut viereinhalb Metern zählte sie einst zu den mächtigsten Bäumen im Südschwarzwald. In Folge eines Blitzeinschlags ist die Tanne im Jahr 2018 abgestorben.
Nachdem wir auch die Stallegger Brücke passiert haben, sind es noch 1,6 Kilometer bis zum **6** **Räuberschlössle**. Anschließend bleiben wir dem Schluchtensteig noch für 1,2 Kilometer treu, folgen dann aber der örtlichen Beschilderung **7** **Abzweigung lokaler Wanderweg** nach Göschweiler.
Vom westlichen Ortsrand geht es dann über die aussichtsreiche Hochfläche und durch den Wald zurück zum Ausgangspunkt. Die Wegführung und die Beschilderung sind etwas heikel – wer sich aber in etwa parallel zur Landstraße hält, vom **8** **Bildstock Auf der Wacht** den direkten Weg zum Wald nimmt und bei der **9** **Grillhütte** am Waldrand rechts abbiegt, wird sicher zum Wegweiser Krebsgraben finden. Dort treffen wir wieder auf den Genießerpfad, der uns auf dem letzten Abschnitt sicher zum **E** **Wanderparkplatz** zurückführt.

Räuberschlössle

Das Räuberschlössle ist eine Felsenburg, die im 14. Jh. als Neu Blumegg von den Herren von Blumegg auf einem steilen Quarzporphyrfelsen errichtet und im Bauernkrieg von 1525 wieder zerstört wurde. Nachdem die Ritter ihre Festung aufgegeben hatten, fand übles Gesindel auf der Burg Unterschlupf, das von hier aus die umliegenden Dörfer überfiel. Nach den Missetätern wurde die Burg später als Räuberschlössle bekannt.

Links: Nahezu zugewachsene Pfade führen in die Rötenbachschlucht.

Rechts: Lupine gilt unter Rehen als Delikatesse.

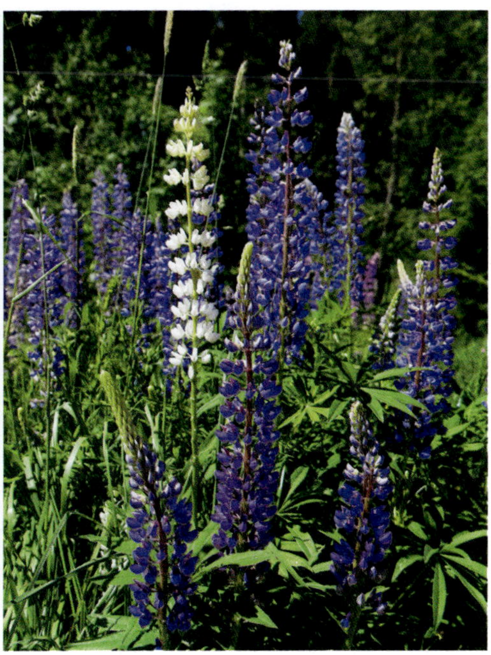

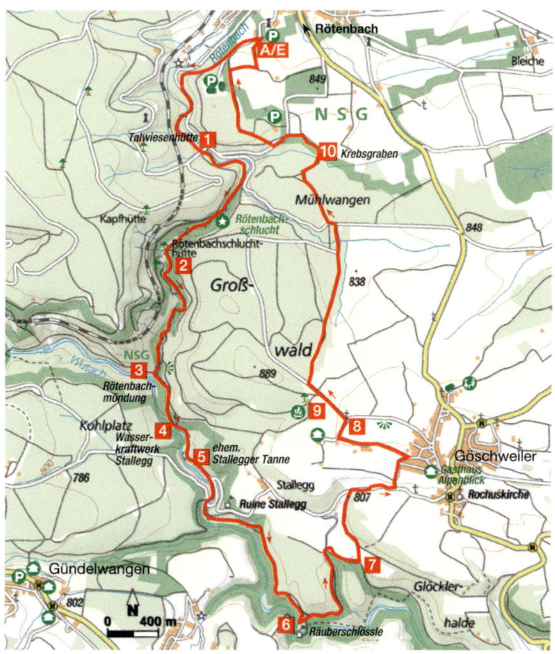

13

Ungewohnter Einstieg in die Wutachschlucht

Eine runde Sache – ab Bachheim

Mittel | 14,6 km | 5 Std. | ca. 600 Hm

Tourencharakter
Dieser Zugang in die Wutachschlucht verläuft über Forstwege sowie auf teils steilen, wenig markierten Pfaden und bietet ungewohnte Einblicke in die Landschaft rund um die Wutach. Die Schlucht ist mit Treppen und Drahtseilen gut gesichert.

Ausgangs-/Endpunkt
Wanderparkplatz (724 m) nahe der Drei-Schluchten-Halle in Bachheim

Höchster Punkt
Südlich vom Stieräcker (740 m)

Anfahrt
Auto: Von der B 31 Titisee-Neustadt–Donaueschingen bei Unadingen nach Bachheim abfahren und den Schildern zur Drei-Schluchten-Halle folgen; der Wanderparkplatz befindet sich nach der Halle am Waldrand. GPS-Daten: 47.85470, 8.40980
Bus & Bahn: Es bestehen Verbindungen ab Löffingen, Donaueschingen und Neustadt zum Bahnhof Bachheim bzw. zur Haltestelle »Bachheim/Ghs. Hirschen«. Der Zugang zur Tour erfolgt von dort über die Neuenburgstraße und den Schluchtweg.

Gehzeiten
Wanderparkplatz – Ausblick Wutachschlucht 1.45–2 Std. – ehem. Bad Boll 1–1.15 Std. – Schurhammerhütte 1 Std. – Wanderparkplatz 1.15 Std.; insgesamt 5–5.30 Std.

Einkehr
Unterwegs keine; Rastplätze bei Bad Boll und der Schurhammerhütte

Karte
Karte des Schwarzwaldvereins 1:25 000, W259 Blumberg

Beste Jahreszeit
Mai bis Oktober

Informationen
Touristinformation Löffingen, 07652/120 60, www.hochschwarzwald.de

Die Wutachschlucht zählt zu den unangefochtenen Klassikern im Schwarzwald. Als Wanderer muss man sich dabei entscheiden: Entweder läuft man der Wutach entgegen und damit von der Wutachmühle flussaufwärts bis zur Schattenmühle, oder man wählt die andere Richtung. Doch es geht auch ganz anders ...

Mit dem Wanderbus von einem Ende der Schlucht ans andere zu fahren und die bekanntesten 13 Kilometer der Wutach dann ganz gemütlich abzuwandern, ist natürlich eine tolle Sache. Wer das so macht, wird jedoch merken, dass ihm nach dem ersten Drittel der Strecke zunehmend mehr Wanderer entgegenkommen. An schönen Wochenenden kann es im mittleren Abschnitt der Wutachschlucht sogar richtig voll werden. Um diesem Trubel zu entgehen, starten wir erst mittags, und zwar beim **A** **Wanderparkplatz** nahe der Drei-Schluchten-Halle in Bachheim.

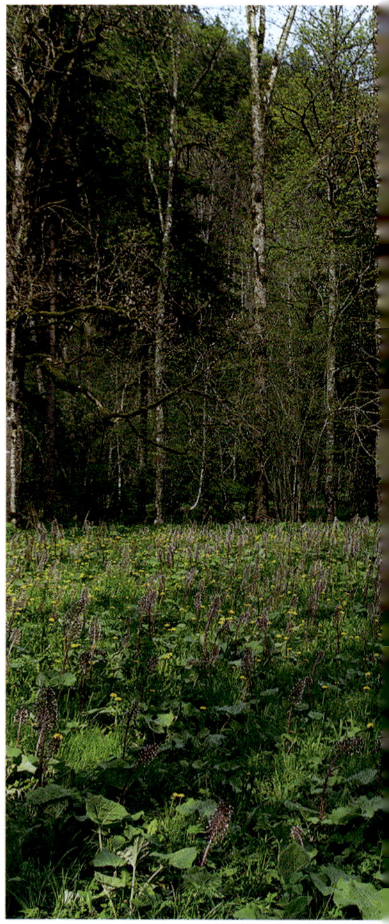

Ungewohnter Einstieg Nach wenigen Schritten in Richtung **1** **Drei-Schluchten-Halle** biegen wir scharf links ab und folgen der gelben Raute hinunter zur Wutachhalde. Wo der Waldweg nach 500 Metern auf einen anderen trifft, biegen wir rechts ab und wandern oberhalb der Wutach an den Hasengraben. Damit geht es wieder ein gutes Stück bergauf, bis der Weg mit dem Hirschgrabenweg zusammentrifft.
Weiter geht es auf dem Hirschgrabenweg, bis dieser auf die Kiesstraße trifft. Dieser folgen wir links ein paar Schritte, wechseln in der nächsten Kurve aber auf einen Waldpfad. Wo der Pfad in einen

breiteren Weg mündet, geht es links zurück zur Kiesstraße und weiter geradeaus auf dem Grenzweg bis zu einem Abhang, dann rechts leicht bergan in Richtung der 2 **Kiesgrube Reiselfingen**.

Wo der Grenzweg das Rosenbächle kreuzt, trennen uns rechts wenige Schritte von der Zufahrt zur Kiesgrube Reiselfingen. Durch den fortschreitenden Betrieb kann sich die Wegführung ändern. Seit dem Frühjahr 2020 ist es möglich, die Kiesgrube auf der Zufahrt östlich zu umgehen. Wo der Fahrweg endet, biegen wir links ab und kommen so auf einen seit Jahren ortstreuen, mit gelber Raute gekennzeichneten Wanderweg.

Ungewohnte Aussicht Nachdem der Pfad eine Rechtskurve beschreibt, kommen wir das erste Mal an den oberen 3 **Rand der Wutachschlucht**. Mehrere Lücken zwischen den Bäumen ermöglichen Blicke auf das Flussbett, die Felsengalerie und das vom Schluchtensteig nicht einsehbare Hochland oberhalb der Felsen.

Der nächste Abschnitt ist im Frühjahr sehr schön, wenn die hier häufigen Schlüsselblumen, Sumpfdotterblumen und Buschwindröschen blühen. Nachdem der Weg den bewaldeten Bereich 4 **Stieräcker** passiert hat, treffen wir auf einen mit der blauen Raute markierten Wanderweg. Hier biegen wir links ab, sodass wir nach einem Kilometer die Wutachschlucht und da-

Links: Wo sich das Flussbett weitet, breitet sich die Pestwurz aus.

Unten: Die Wutachschlucht ist mit Stegen und Leitern gut gesichert.

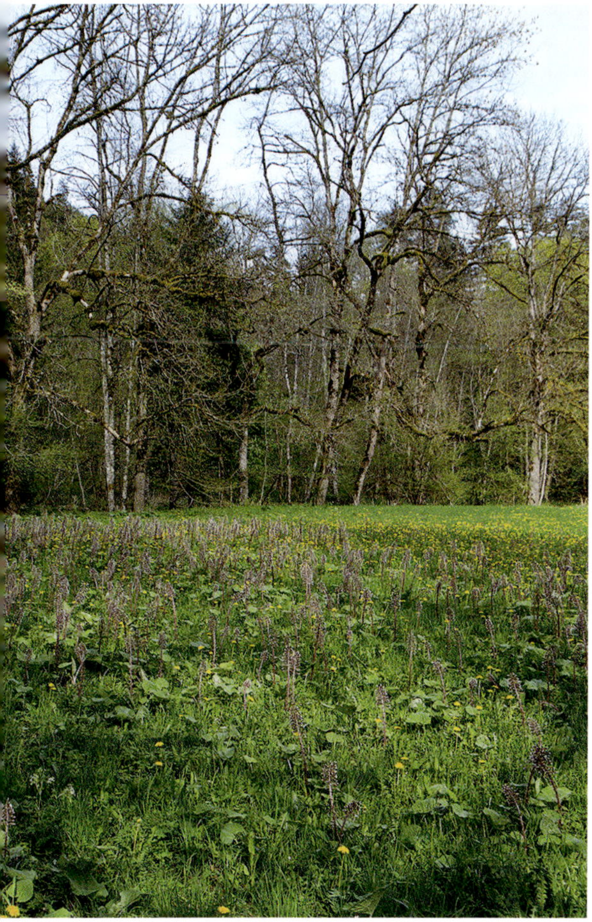

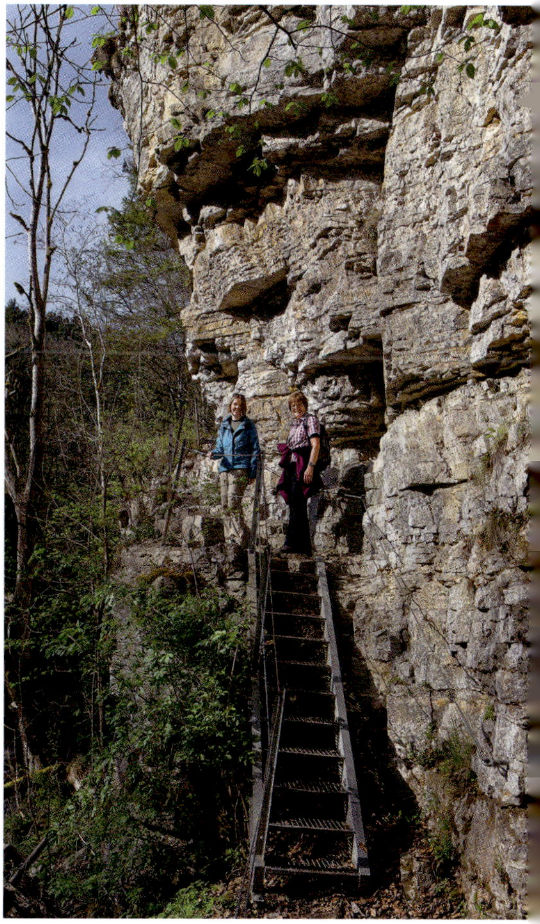

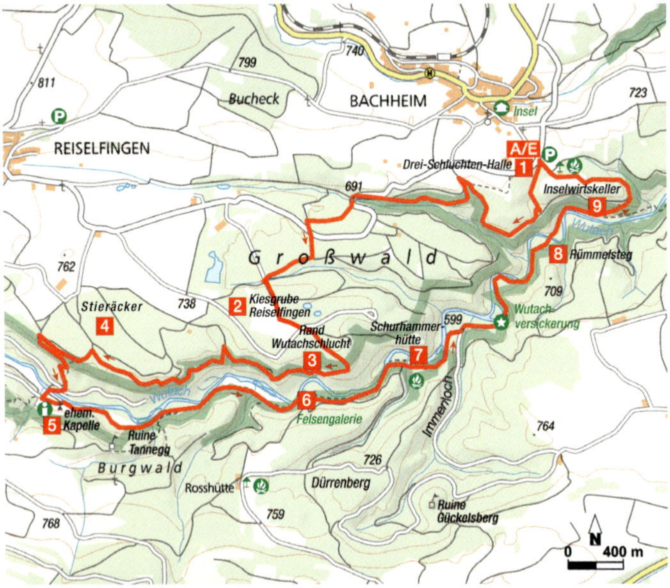

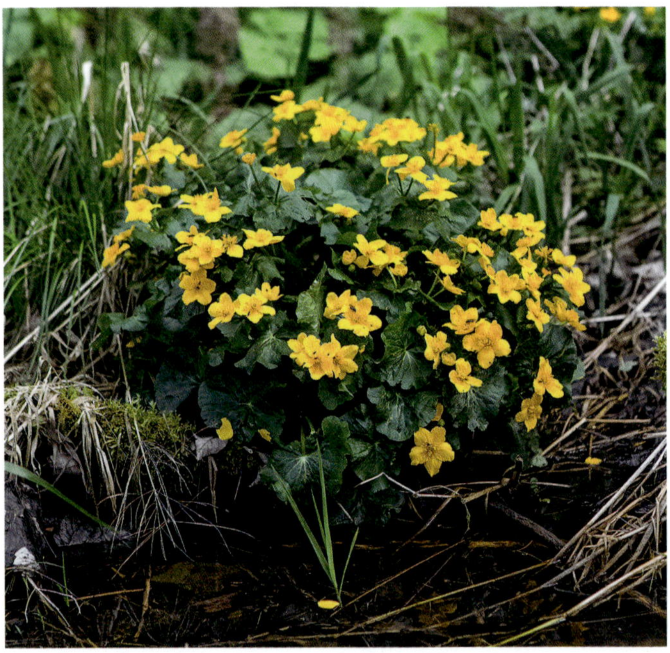

Sumpfdotterblumen gehören zu den ersten Boten des Frühlings.

mit den wohl am meisten begangenen Teil des Schluchtensteigs erreichen.

Wer um 13 Uhr gestartet ist, sollte um etwa 16 Uhr beim **5 ehemaligen Bad Boll** ankommen und, wenn alles gut geht, eine schöne Überraschung erleben: Denn weil die meisten Wanderer – auch bedingt durch den Busfahrplan – ihre Tour durch die Wutachschlucht am Vormittag starten, haben sie den Mittelteil um diese Zeit für gewöhnlich bereits hinter sich. Wo noch wenige Stunden zuvor ganze Heerscharen den Rastplatz Bad Boll belagerten, herrscht damit tote Hose. Ein gemütliches Plätzchen für eine ausgiebige Rast zu finden, sollte damit kein Problem sein.

Historisches Bad Boll Auf dem Rastplatz erinnern aufgestellte Tafeln an die wechselhafte Geschichte des einst renommierten Kurhotels Bad Boll. Möglich wurde der Badebetrieb durch eine Mineralquelle, welche schon um das Jahr 1600 von den Bewohnern der Umgebung aufgesucht wurde, um Hautkrankheiten zu lindern. Im 18. und frühen 19. Jahrhundert war dann keine Rede mehr von einem Badebetrieb, sondern nur noch von einem landwirtschaftlichen Anwesen mit Fischzucht. Mit dem aufkommenden Tourismus erweckte der damalige Besitzer, Anton Kromer, den Badebetrieb 1840 wieder zu neuem Leben und errichtete ein staatlich genehmigtes Badehaus. Nachdem 1852 bereits 900 Bäder und Kuren im Bad Boll verabreicht wurden, erwarb 1894 der »Bad Boll Fishing Club Limited London« den Kurbetrieb. Die englischen Sportangler waren es auch, welche maßgeblich an der Erschließung der Wutachschlucht für Wanderer beteiligt waren.

Nachdem das Hauptgebäude 1975 abbrannte und die Nebengebäude abgetragen wurden, ist die Kapelle am Rand der Lichtung heute eines der wenigen Zeugnisse des Kurbads. Dabei war ihr Abriss bereits beschlossen, und nur dem Einsatz der Ortsgruppe Bonndorf des Schwarzwaldvereins und einer Bürgerinitiative sowie einer denkmalfachlichen Bewertung ist es zu verdanken, dass sich die Politik im September 2014 dazu entschied, die 1889 errichtete Kapelle nun doch zu erhalten.

Rechts: Nicht groß, aber schön anzusehen: der Tannegger Wasserfall

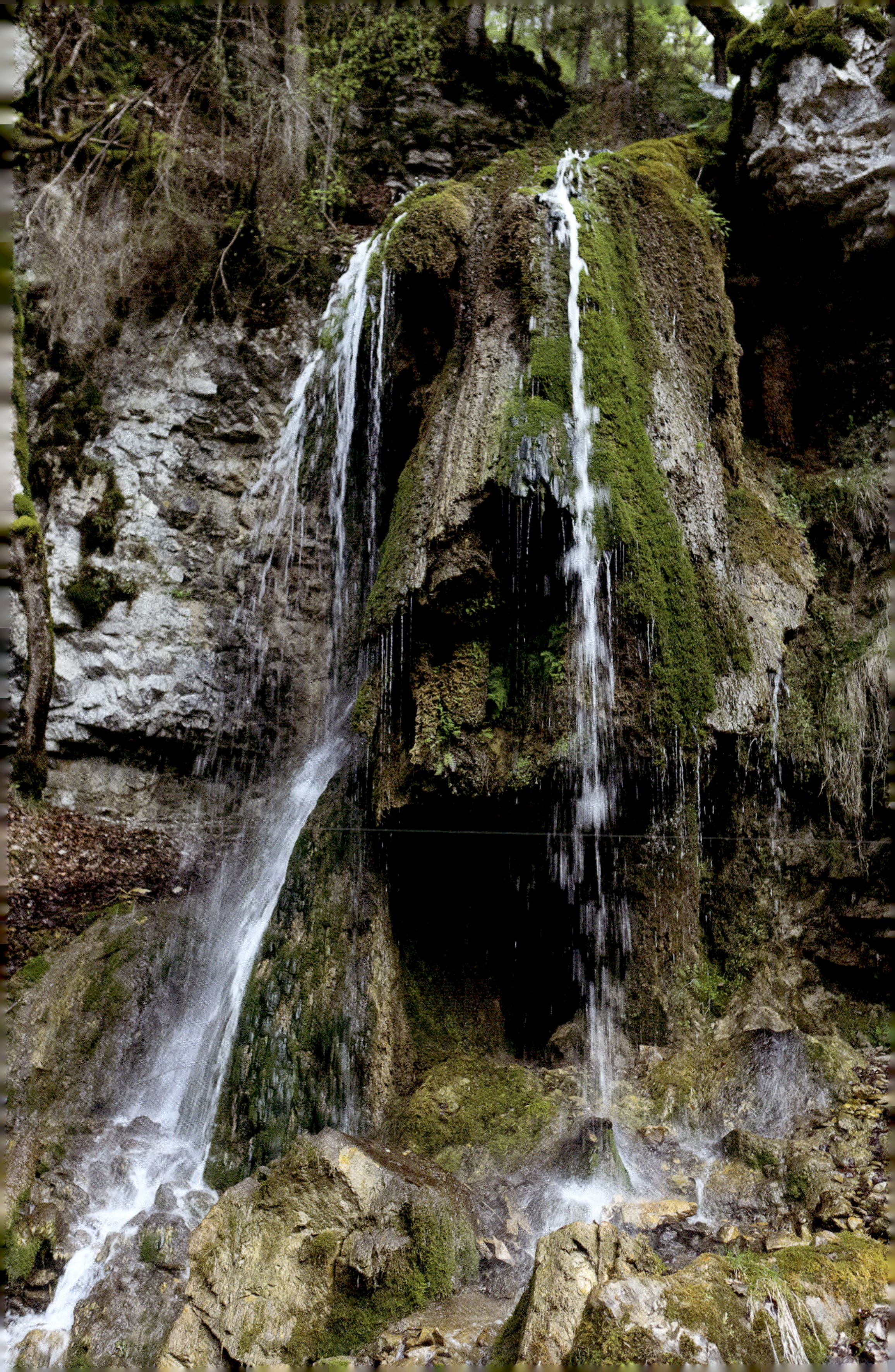

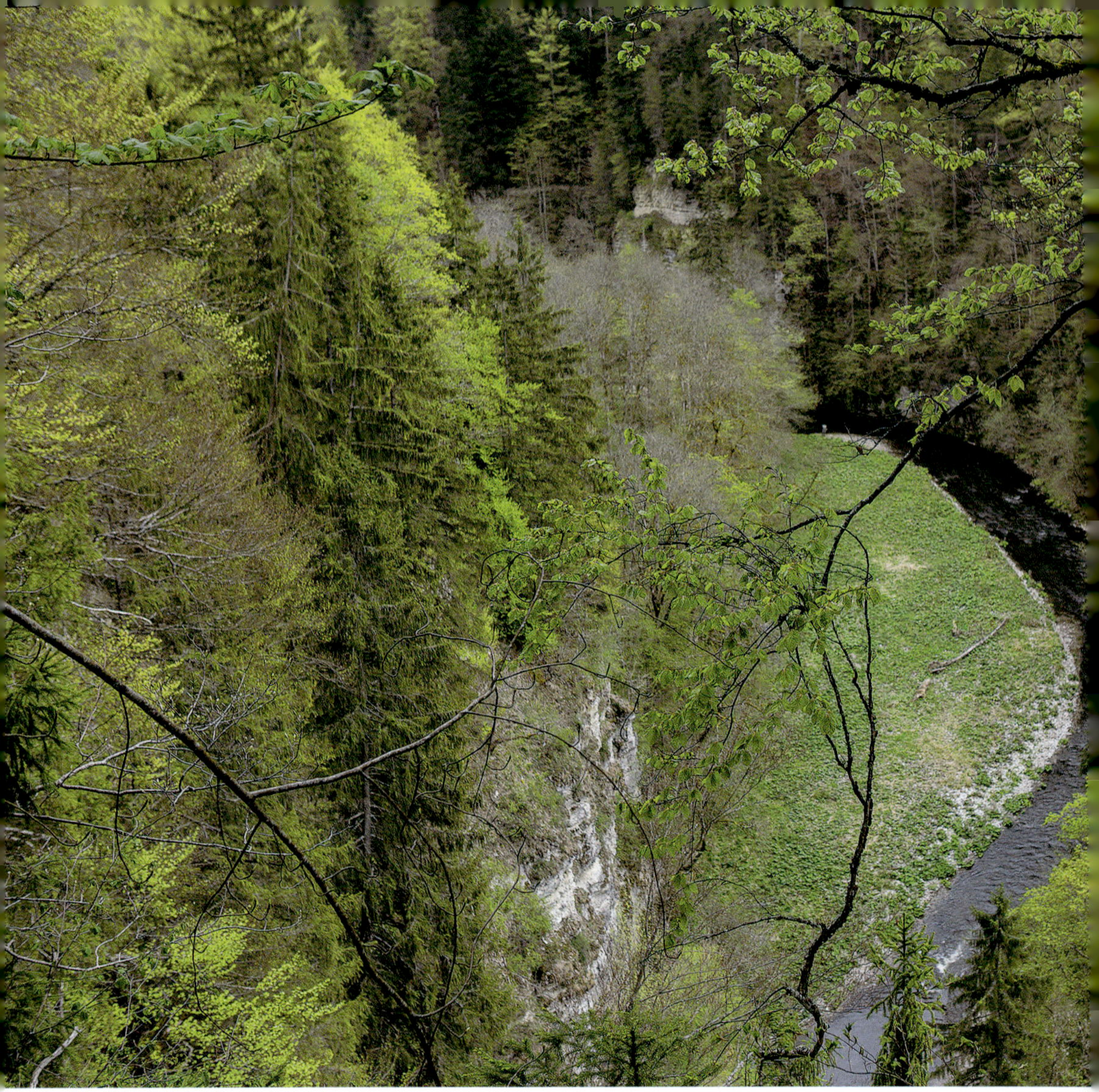

Oben: Diesen spektakulären Tiefblick in die Schlucht gibt es nur auf dieser Runde.

Rechts: Seit jeher ist die Wutachschlucht bei Anglern beliebt.

Felsengalerie und Schurhammerhütte Nach dem Studium der Tafeln folgen wir dem Schluchtensteig Richtung Wutachmühle. Damit passieren wir zuerst eine mit Pestwurz bestandene Lichtung und kommen dann zum Tannegger Wasserfall. Wenige Minuten später steigt der Weg zur 6 **Felsengalerie** an. Der Weg entlang der steil aufragenden Muschelkalkwand ist mit Drahtseilen und Treppen gesichert und bietet uns eine imposante Sicht über einen längeren Abschnitt der Wutach.
Nach drei Kilometern (ab Bad Boll) bietet dann der Rastplatz bei der 7 **Schurhammerhütte** eine zweite schöne Gelegenheit für eine ausgiebige Pause. Hermann Schurhammer (1881–1952) ist es zu verdanken, dass die Gauchach- und die Wutachschlucht bereits 1935 unter Naturschutz gestellt wurden.

Rümmele-Steg und Inselwirtskeller Weiter flussabwärts überqueren wir die Wutach beim neuen 8 **Rümmele-Steg**. Von der Brücke aus sind die Reste des historischen Rümmele-Stegs zu sehen. Er wurde 1903/04 als einer von vier baugleichen Eisenstegen errichtet und ist als Einziger noch im

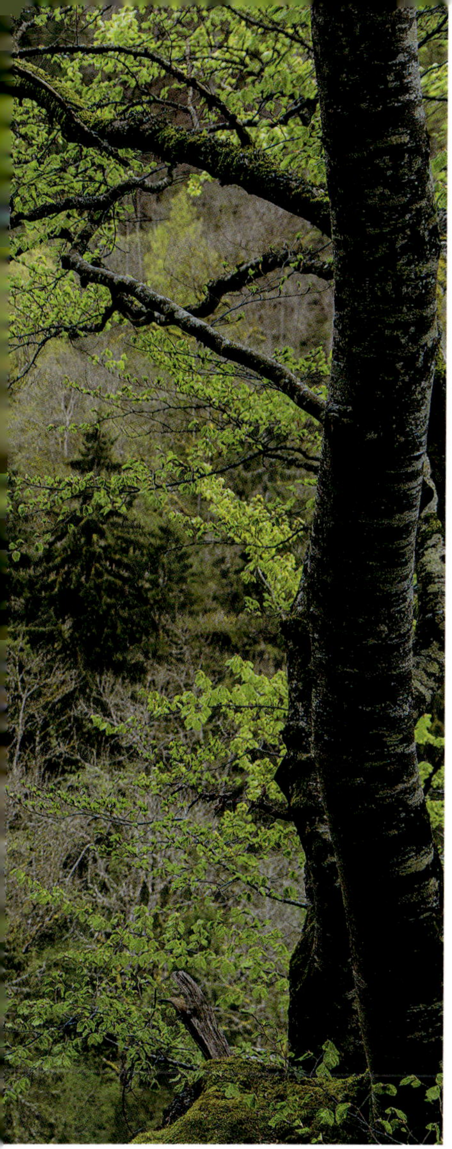

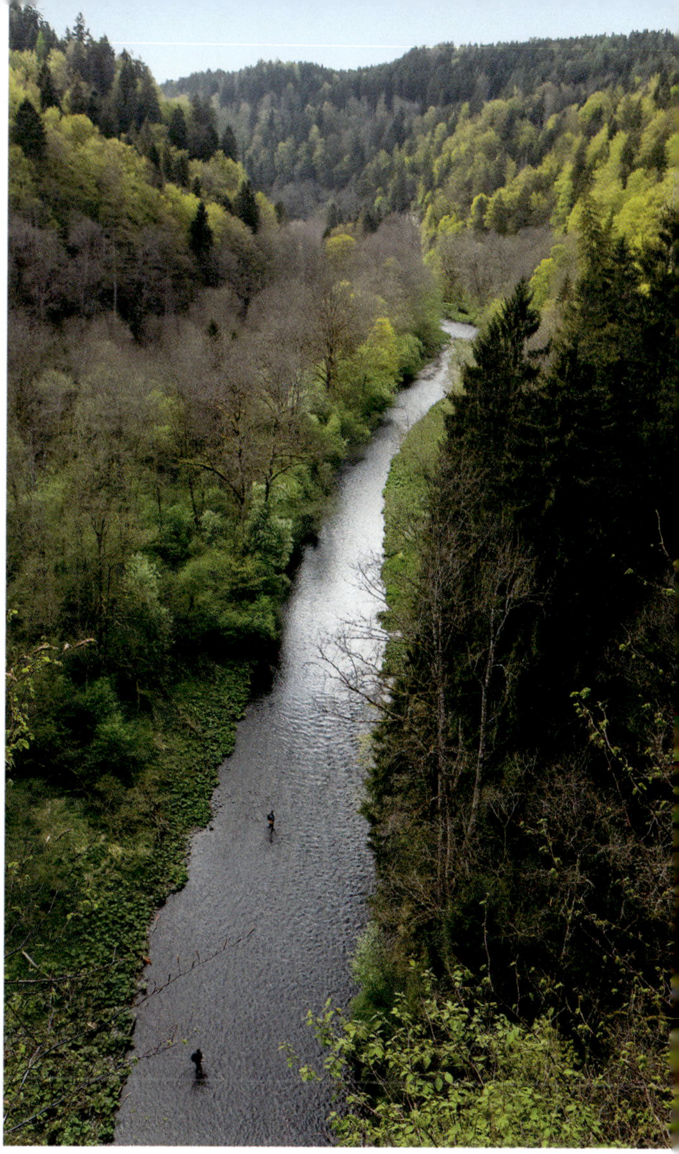

Originalzustand erhalten. Allerdings wurde der linke Auflagepfeiler vom Hochwasser zerstört, und die laufende Verbreiterung des Flussbetts hat 1995 dazu geführt, dass der Steg nicht mehr genutzt werden kann. Die Ortsgruppe Bonndorf erhält den historischen Rümmele-Steg als Beispiel für die Dynamik der Wutach.

Auf der anderen Seite des Stegs ist es nicht mehr weit bis zum 9 **Inselwirtskeller**. Hier verlassen wir den Schluchtensteig und folgen der gelben Raute die letzten knapp zwei Kilometer hinauf zum E **Wanderparkplatz** in Bachheim, wo diese wenig bekannte Möglichkeit, die Wutachschlucht zu erleben, ihren Ausgang nimmt.

Mein Tipp

Der Schluchtensteig verläuft über 119 km von Stühlingen durch die Wutachschlucht zum Schluchsee und weiter über St. Blasien und die Hochflächen von Dachsberg und Ibach bis nach Todtmoos und schließlich durch das Wehratal bis nach Wehr. Der Steig ist in 6 Etappen untergliedert, die den Wanderer sowohl durch Schluchten, enge Täler und dunkle Tannenforste als auch über Hochmoore und Weidfelder bringen. Dabei steuert der Schluchtensteig auch einige Felskanzeln und Gipfel an, die herrliche Aussichten von den Schwarzwaldbergen bis hin zu den Schweizer Alpen eröffnen (www.schluchtensteig.de).

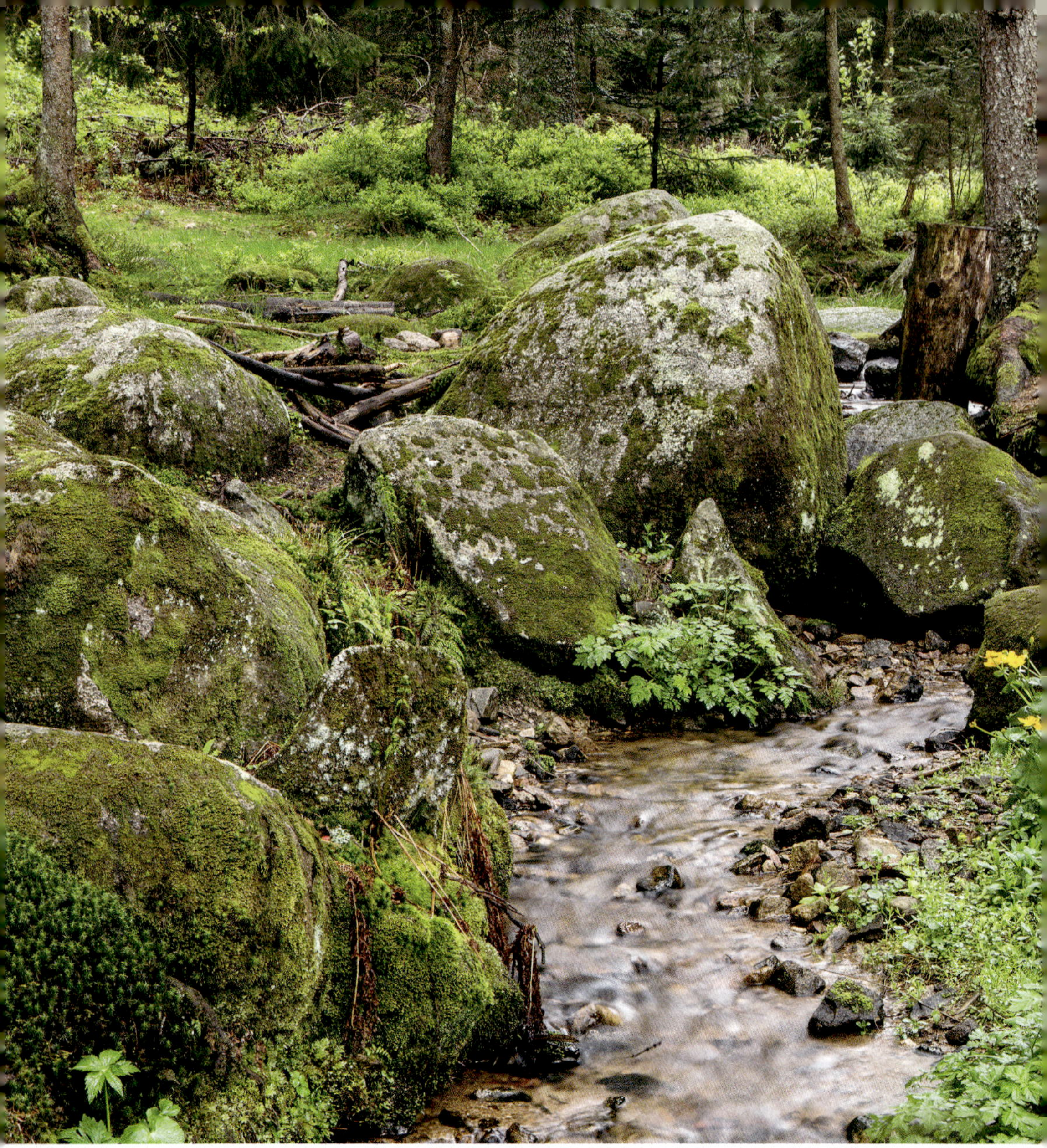

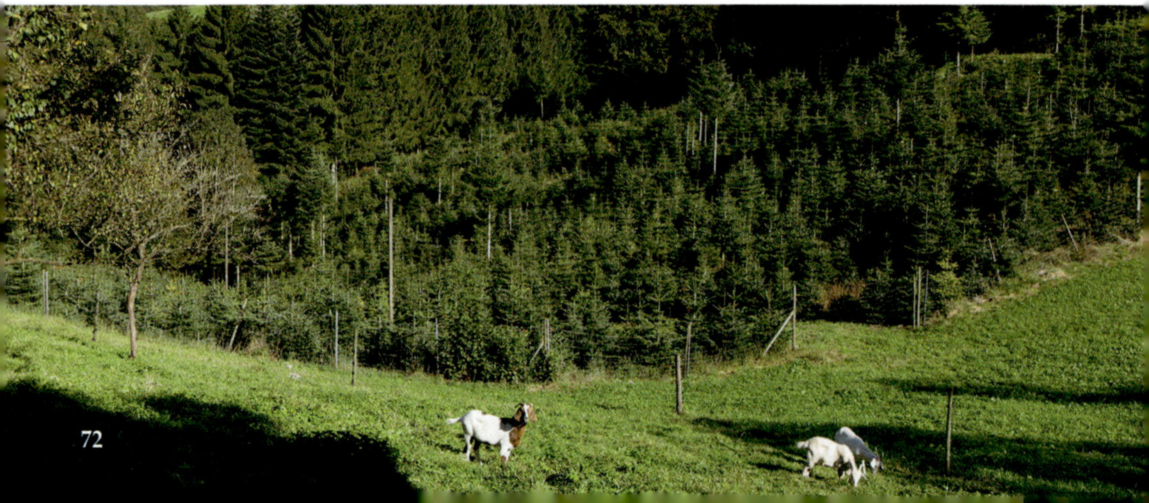

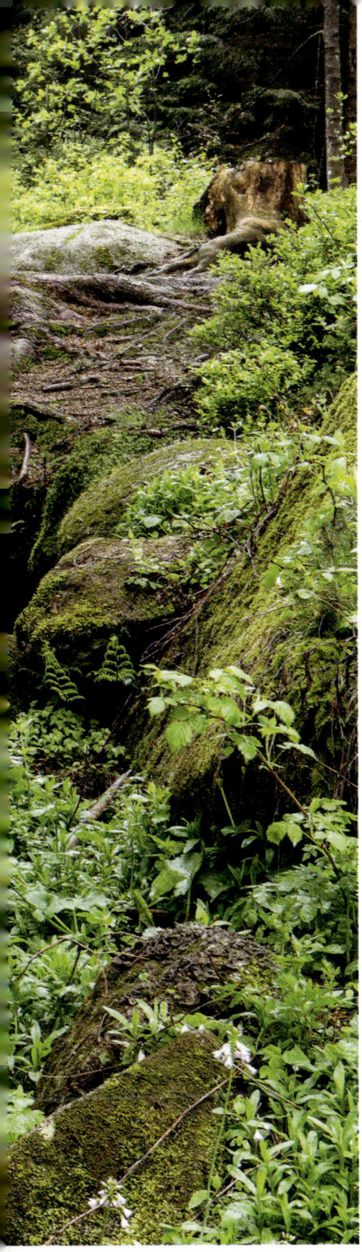

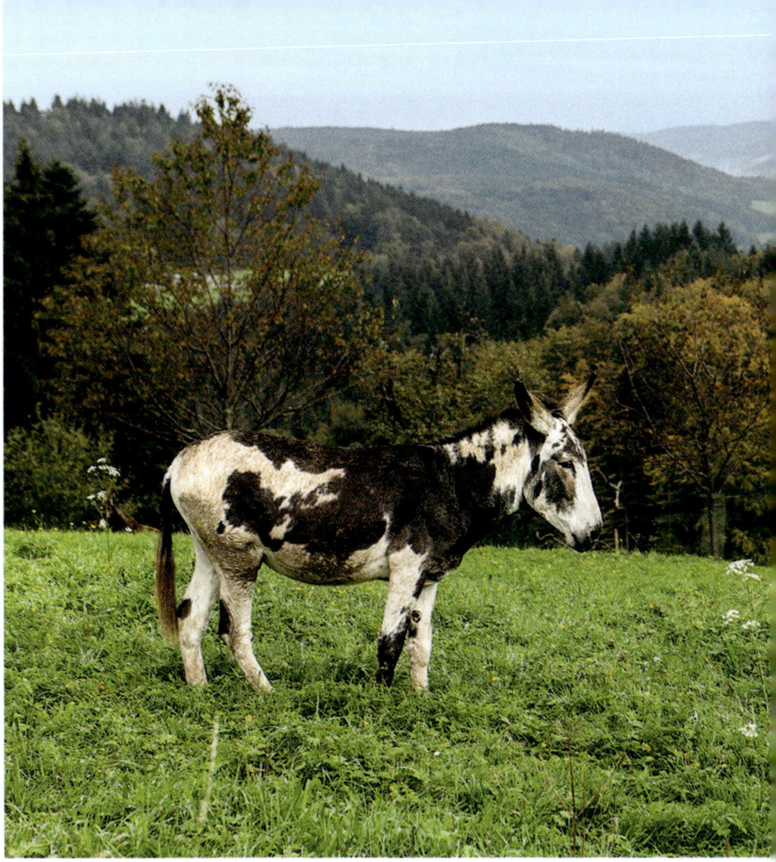

Mittlerer Schwarzwald

Wie die Elz prägen viele kleine Bäche und Flüsse den Mittleren Schwarzwald (l.o.). Ziegen helfen heute, die reizvolle Landschaft offen zu halten (l.u.). Nahe dem Hünersedel werden Wanderer von Eseln begrüßt (r.o.). An Wegrändern und auf Lichtungen fühlt sich der Adlerfarn wohl (r.u.).

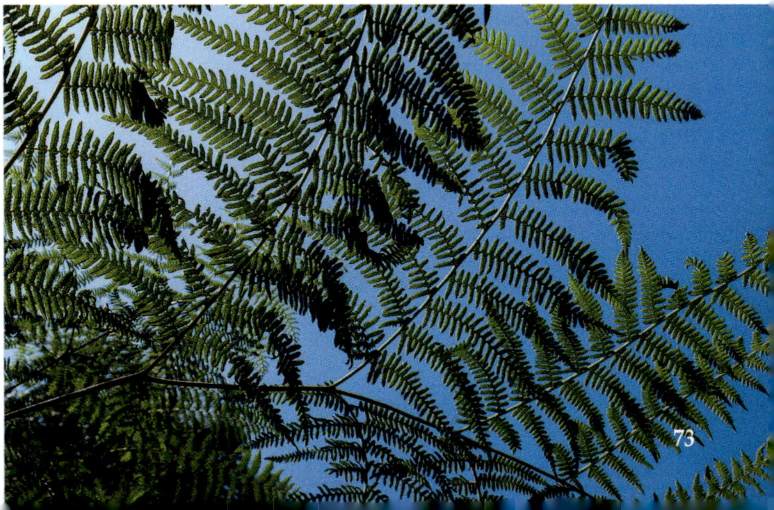

14

Wo Deutschlands erster Skilift stand

Rund um Schollach

Leicht | 11,5 km | 3.30 Std. | 310 Hm

Tourencharakter
Gemütliche Runde auf teils asphaltierten Hofzufahrten und überwiegend auf Wegen und Schotterwegen; bei wenig Schnee auch im Winter gut machbar

Ausgangs-/Endpunkt
Kirche in Schollach (955 m)

Höchster Punkt
Kuppe (1130 m) südwestlich vom Reitsattel

Anfahrt
Auto: Von der B 31 Titisee-Neustadt–Donaueschingen bei Neustadt Richtung Eisenbach auf die L 172 abfahren und zwischen Eisenbach und Hammereisenbach nach Schollach abbiegen; der Parkplatz befindet sich direkt bei der Dorfkirche. GPS-Daten: 47.98540, 8.24720
Bus & Bahn: Es gibt Busverbindungen ab Neustadt und Eisenbach zur Haltestelle »Schollach/Sonne«.

Gehzeiten
Kirche in Schollach – Reitsattel 1 Std. – Gasthaus Engel/Hochberg 45 Min. – Schollach 1.45 Std.; insgesamt 3.30 Std.

Einkehr
Schwarzwaldgasthaus Engel Hochberg (Di/Mi Ruhetag; www.engel-hochberg.de)

Karte
Karte des Schwarzwaldvereins 1:25 000, W248 Furtwangen

Beste Jahreszeit
April bis November

Informationen
Touristinformation Eisenbach, Tel. 07652/120 60, www.hochschwarzwald.de

Zwischen den bekannten Ferienhochburgen Titisee-Neustadt und Triberg gelegen, geht es in Schollach eher beschaulich zu – scheint es sich mit einer Höhenlage von bis zu 1143 Metern doch kaum als alpines Wintersportzentrum zu eignen. Dennoch hat der Ort vor über 100 Jahren Skigeschichte geschrieben.

Der Ausgangspunkt dieser Tour befindet sich direkt bei der Ⓐ **Kirche von Schollach**. Vom Parkplatz geht es über den »Alteweg« zu einer kleinen ❶ **Kapelle** und weiter mit der gelben Raute zum Öhlerhof. Auf diesem ersten Stück der Wanderung bestimmen sanft geschwungene Wiesen, die höher gelegenen Waldränder und mächtige Laubbäume entlang der kaum befahrenen Zufahrtsstraße das Landschaftsbild.
Beim Öhlershof zweigen wir links in ein Seitental ab. Nachdem wir den Unterengenbachhof passiert haben, geht die Straße beim Oberengenbachhof in einen Schotterweg über. Glich die Wanderung bisher eher einem gemütlichen Spaziergang (der auch im Winter gut zu machen ist), treibt uns der Abschnitt hinauf zum Reitsattel erste Schweißperlen auf die Stirn. Die Bank

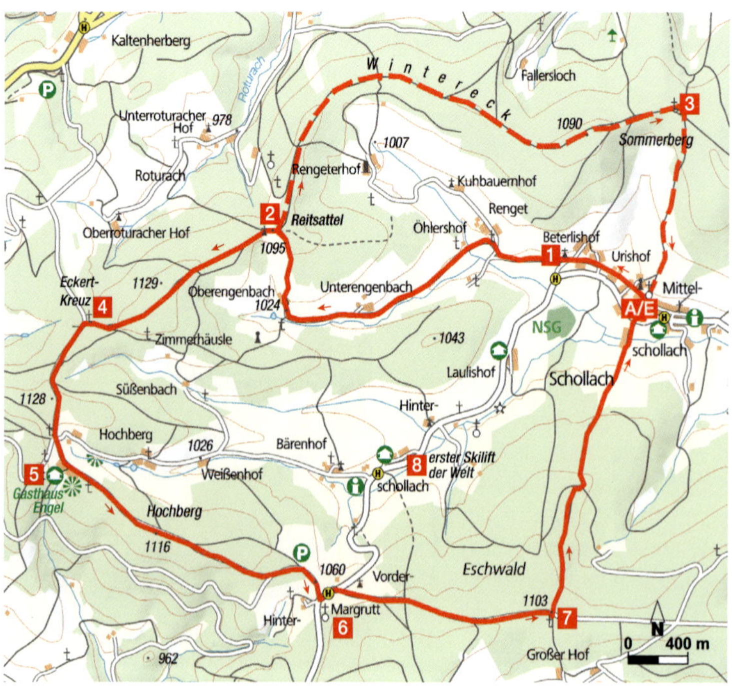

(wir hoffen, sie bleibt erhalten) am Waldrand kommt damit wie gerufen, um kurz zu verschnaufen.

Entlang des Waldrands kommen wir schließlich zum 2 **Reitsattel** (1093 m). Auf der Anhöhe laden weitere Bänke zu einer Rast ein. Einen Besuch ist die Kapelle auf dem Reitsattel wert. Sie wurde zwischen 1994 und 1997 zu Ehren des heiligen Judas Thaddäus errichtet und steckt voller Symbolik.

Kurze oder lange Runde? Auf dem Reitsattel haben wir die Wahl: Wer sich mit einer kurzen Runde begnügen will, passiert die Kapelle und kehrt über das Wintereck und den 3 **Sommerberg** zurück nach Schollach.

Alle anderen biegen bei der Kapelle links ab, überwinden im Wald den höchsten Punkt dieser Tour und treffen beim 4 **Eckert-Kreuz** auf den Mittelweg. Diesem folgen wir links über das Hochberg-Bildstöckle zum 5 **Gasthaus Engel** und weiter über »Käshof« bis 6 **Margrutt**. Dort verlassen wir den Fernweg und kehren über das 7 **Rote Kreuz** zurück zum Ausgangspunkt bei der E **Kirche von Schollach**.

Alternativ kann man auch zwischen den Wegweisern Käshof und Margrutt links auf die K 4903 abbiegen und auf der Kreisstraße zurück nach Schollach laufen. In diesem Fall führt der Rückweg direkt am Schneckenhof und dem Standort des 8 **ersten Skilifts der Welt** (s. Kasten) vorbei.

Weltpremiere im Quellgebiet der Donau

Als die Elektrizität bereits zu ihrem Siegeszug angesetzt hatte und zum Verschwinden der Mühlen beitrug, kam der damalige Wirt des Schneckenhofs, Robert Winterhalder, auf eine brillante Idee: Um den Berganstieg mit dem Rodel oder mit Schneeschuhen zu erleichtern, baute er die Zuganlage seiner Mühle so um, dass er seine Gäste mit Hilfe der Wasserkraft und einem Drahtseil den Berg hochziehen konnte. Die Bergstation war 280 m von der Mühle entfernt, der Höhenunterschied betrug 32 m. 1908 nahm Robert Winterhalder die Anlage in Betrieb – seine Konstruktion war damit der erste Skilift weltweit. Die Freude über die technische Errungenschaft währte aber nur kurz: Im Ersten Weltkrieg wurde der Lift in seine Einzelteile zerlegt, wegen der Materialknappheit eingeschmolzen und im Folgenden nicht wieder aufgebaut.

Sanft geschwungene Wiesen und einzeln stehende Schwarzwaldhöfe prägen Schollach.

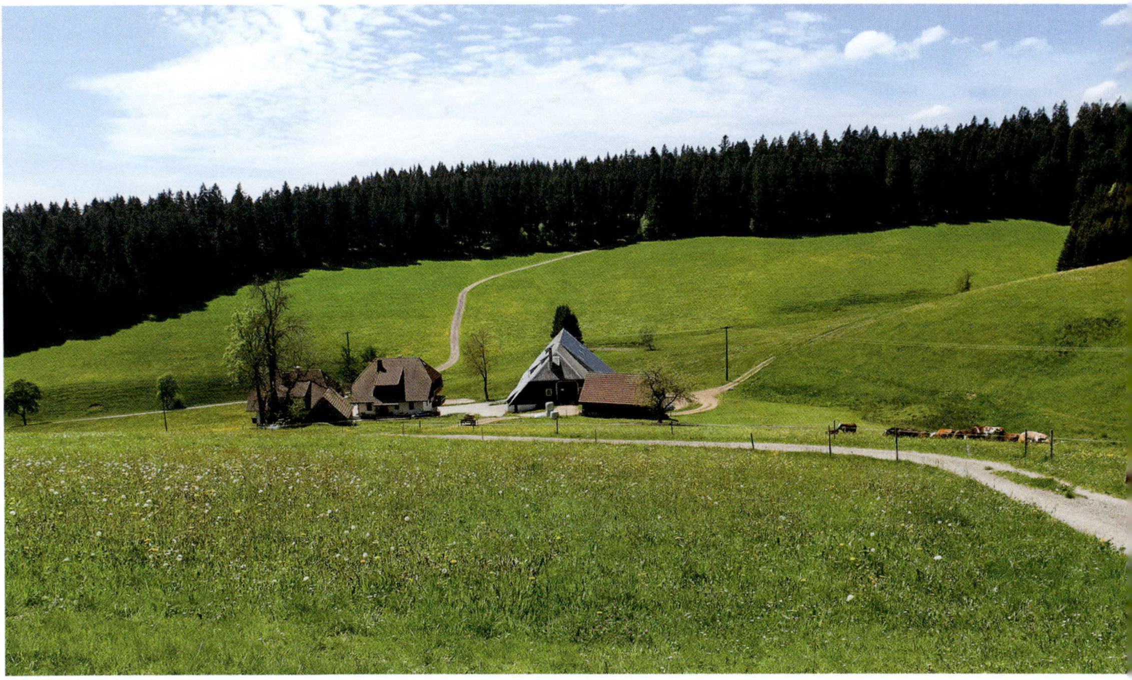

15

Geniale Ingenieurskunst – damals und heute

Linachtalsperre bei Hammereisenbach

Leicht | 11 km | 3.30 Std. | 350 Hm

Tourencharakter
Überwiegend ruhige Runde auf Schotterwegen und Waldwegen mit mehreren reizvollen Ausblicken; bei Schneemangel auch im Winter gut möglich

Ausgangs-/Endpunkt
Kohlbrücke (780 m)

Höchster Punkt
Auf der Streiche (1010 m)

Anfahrt
Auto: Von der B 500 Triberg–Titisee-Neustadt bei Furtwangen auf die L 173 Richtung Vöhrenbach abzweigen, ab Vöhrenbach weiter über die L 172 Richtung Hammereisenbach und bei der Kohlbrücke zur Linachtalsperre abbiegen. GPS-Daten: 48.01450, 8.31900
Bus & Bahn: Es bestehen Busverbindungen ab Donaueschingen und Vöhrenbach zur Haltestelle »Unterlinach/Kohlbrücke«.

Gehzeiten
Kohlbrücke – Burgruine 45 Min. – Auf der Streiche 45 Min. – Linachtalsperre 1 Std. – Kohlbrücke 1 Std.; insgesamt 3.30 Std.

Einkehr
Unterwegs keine; einige Bänke ab der Burgruine Neufürstenberg

Karte
Karte des Schwarzwaldvereins 1:25 000, W248 Furtwangen

Beste Jahreszeit
März bis November

Informationen
Stadtverwaltung Vöhrenbach, Tel. 07727/50 10, www.voehrenbach.de

Seit Jahrhunderten ist die Arbeit der Menschen im Schwarzwald eng mit der Kraft des Wassers verbunden. Waren es früher Mühlen, Sägen und Hammerschmieden, welche die regenerative Energie direkt am Bach nutzten, prägen heute Talsperren vielerorts das Landschaftsbild. Ein echtes Unikat steht im Linachtal.

Von der Ⓐ **Kohlbrücke** sind es auf direktem Weg nur zweieinhalb Kilometer bis zur Talsperre. Bevor wir aber auf das Ingenieurskunstwerk zusteuern, folgen wir zunächst dem Bregtalweg bis zum Winterhof. Bei der Weggabelung halten wir uns rechts, wandern auf dem Schotterweg hoch in den Wald und wechseln beim Sandbruch auf den Schlosshaldenweg. Rund 500 Meter weiter ist mit der ❶ **Burgruine Neufürstenberg** das erste Ziel des Tages erreicht. Es wird vermutet, dass die Burg zwischen 1275 und 1350 auf einer älteren Anlage errichtet wurde. Die exponierte Lage auf einem Felssporn ermöglichte es, die Verbindungsstraße zwischen dem Breisgau und der Baar zu sichern und den Transport und die Verarbeitung des Erzvorkommens im Eisenbachtal zu kontrollieren. Zugleich war es für Angreifer unmöglich, die nur von der Talseite her zugängliche Burg zu erstürmen. Das galt bis zum Bauernkrieg von 1525 – dann kamen Aufständische, auch unter dem Namen »Klettgauer Haufen« bekannt, und brannten die Festung nieder.

Zur Linachtalsperre Direkt oberhalb der Burgruine beschreibt der Wanderweg eine Rechtskurve, und eine Bank lädt zu einer ersten Rast ein. Wenige

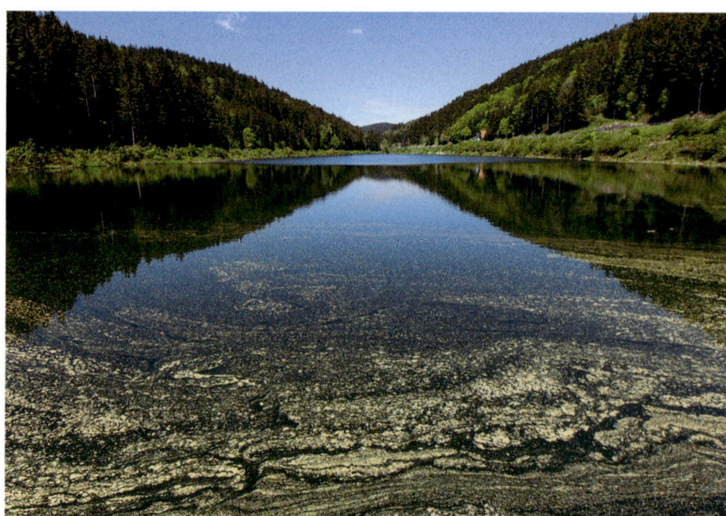

Blick über die aufgestaute Linach

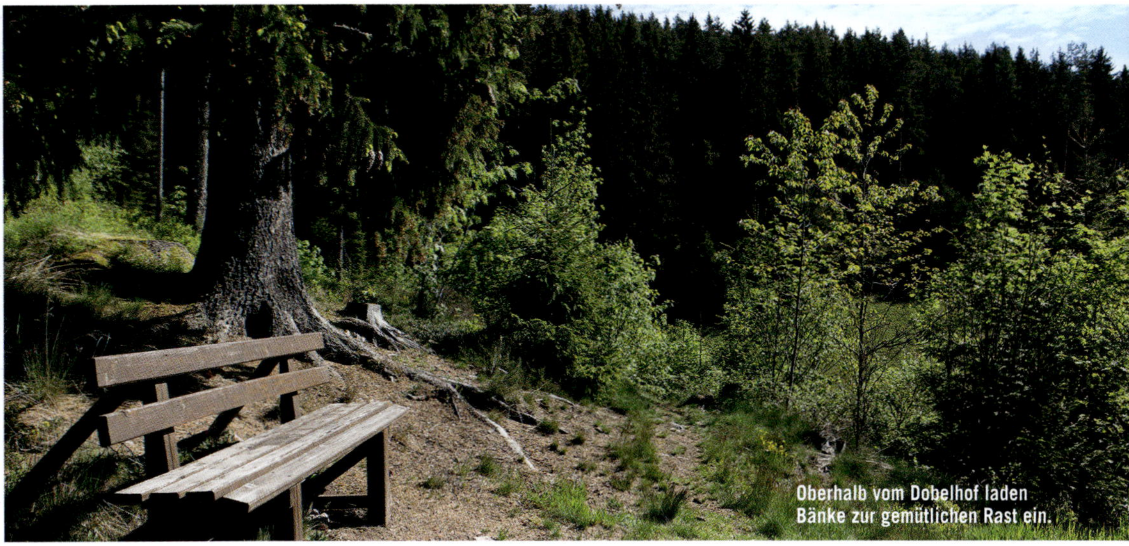

Oberhalb vom Dobelhof laden Bänke zur gemütlichen Rast ein.

Schritte weiter biegen wir beim **2 Dobelhof** scharf rechts ab, folgen dem mit Gras bewachsenen Pfad an den Waldrand und lassen uns, nachdem wir eine weitere Bank mit Sicht auf Hammereisenbach passiert haben, von der gelben Raute über die Obere Rütte zum Wegweiser **3 »Auf der Streiche«** leiten.

Hier haben wir den höchsten Punkt der Wanderung erreicht und können nun ohne größere Anstrengung über Gfäll und mit dem Wegweiser am **4 Prinz-Eugen-Joachim-Weg** hinunter zur **5 Linachtalsperre** wandern. Sobald der Wald die Sicht freigibt, wird deutlich, worin sich die 1925 fertiggestellte Staumauer von allen anderen im Schwarzwald unterscheidet: Anstelle einer massiven Mauer wurden für die Linachtalsperre 13 halbkreisförmige Gewölbe zusammengesetzt. Damit benötigte man nur ein Fünftel an Material. Durchgesetzt hat sich dieser Bautyp dennoch nicht.

Nachdem wir die Staumauer überquert haben, steigen wir anschließend auf der anderen Seite über den Pfad hinunter zum Parkplatz und kehren entlang der Linach zum Wegweiser am **4 Prinz-Eugen-Joachim-Weg** zurück. Über den Wasserkraftlehrpfad geht es dann zurück zur **E Kohlbrücke** und zum Wasserkraftwerk an der Linach.

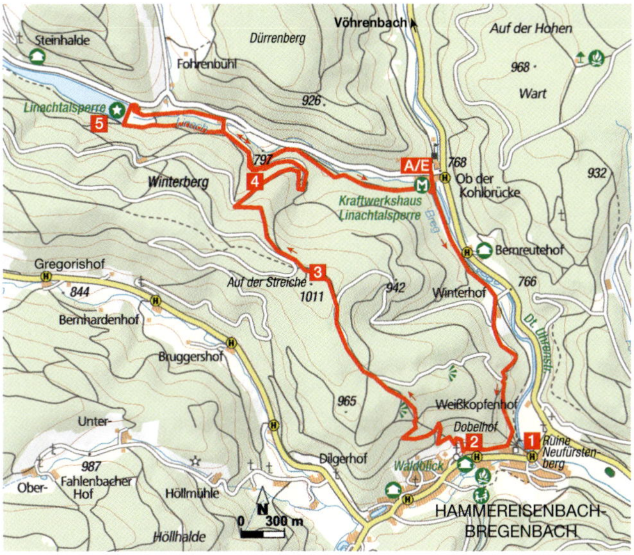

Linachtalsperre

Die Staumauer im Linachtal ist Deutschlands einzige Gewölbereihenstaumauer mit schräg liegender Wasserseite. Nach der Fertigstellung dauerte die erste Betriebszeit bis 1969. Dann beschloss man, notwendige Renovierungsmaßnahmen aus Kostengründen zu unterlassen und die 143 m lange und 25 m hohe Mauer dem Verfall preiszugeben. Ende der 1990er-Jahre besann man sich dann eines Besseren und führte umfangreiche Sanierungs- und Wiederinstandsetzungsarbeiten durch. 1998 wurde das Kraftwerk an der Linach wieder in Betrieb genommen.

16

Auf Müllers Spuren

Malerische Runde bei Simonswald

Leicht | 9,2 km | 3 Std. | 270 Hm

Tourencharakter
Entspannte Tour entlang und oberhalb der Wilden Gutach und der Haslach; der Aufstieg im Bereich Wehrlehofmühle erfordert etwas Kondition.

Ausgangs-/Endpunkt
Sägplatz Simonswald (353 m)

Höchster Punkt
Höllkopf (560 m)

Anfahrt
Auto: Von der B 294 Freiburg–Haslach i. K. bei Gutach i. B. nach Simonswald abfahren und auf der L 173 bis zum Sägplatz nahe dem Rathaus. GPS-Daten: 48.10040, 8.05460
Bus & Bahn: Es bestehen Busverbindungen ab Waldkirch und Furtwangen zur Haltestelle »Simonswald/Rathaus«.

Gehzeiten
Sägplatz – Ölmühle 35 Min. – Wehrlehofmühle 45 Min. – Schwanenmühle 40 Min. – Sägplatz 1 Std.; insgesamt 3 Std.

Einkehr
Hugenhof (Mi–So ab 18:30 Uhr), www.hugenhof.de; in Simonswald

Karte
Karte des Schwarzwaldvereins 1:25 000, W247 Freiburg

Beste Jahreszeit
März bis Oktober

Informationen
Touristinformation Simonswald, Tel. 07685/194 33, www.zweitaelerland.de

Der Simonswälder Mühlenweg ist ein bequemer Themenweg, der den Wanderer zu sechs Mühlen im Tal von Wilder Gutach und Simonswälder Haslach führt. Mit einem Spaziergang sollte man die Wanderung dennoch nicht verwechseln, denn auf dem Rundweg sind zwei ordentliche Steigungen zu bewältigen.

Direkt beim Ausgangspunkt am Ⓐ **Sägplatz** stehen die ersten beiden Mühlen des Rundwegs: die ❶ **Kronenmühle** und, links davon, die ❷ **Schlossmühle**. Die Kronenmühle wurde um das Jahr 1800 gebaut und nach dem Gasthof Krone-Post benannt. Sie gehörte zum Adamhof bei St. Märgen und war bis in die 1950er-Jahre als eine der letzten Mühlen im Schwarzwald überhaupt noch in Betrieb. Danach wurde sie als Stall genutzt und drohte zu verfallen. Nachdem sich bereits viele Teile der Mühle in einem derart schlechten Zustand befanden, dass sie sich nur noch als Vorlage für den Nachbau eigneten, wurde sie restauriert und in Simonswald wieder aufgebaut.

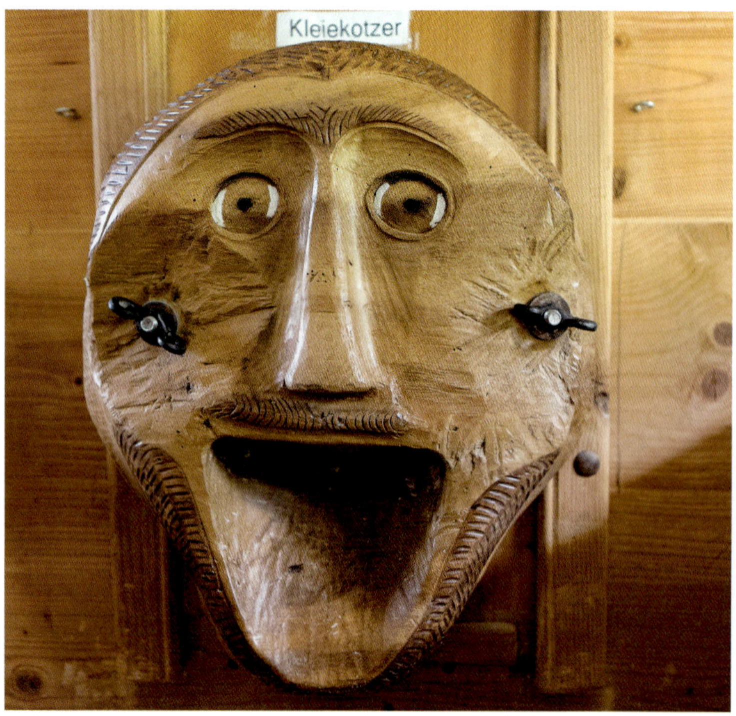

Kleiekotzer galten früher auch als Schutzgeister der Mühlen.

Mehl, Wein und Brot Ein ganzes Stück älter ist die Schlossmühle. Die älteste bekannte Erwähnung der Schlossmühle geht auf das Jahr 1678 zurück, allerdings wurde sie 1743 als »Kundenmühle« neu aufgebaut. Im Gegensatz zu den Hofmühlen besaß der Kundenmüller das Recht, seinen Kunden auch Wein und Brot zu reichen, wie es der Volksschriftsteller Heinrich Hansjakob in seinen Erzählungen beschreibt.
Wie die Kronenmühle ist auch der Erhalt der Schlossmühle einigen wenigen Bürgern zu verdanken. Nachdem die Trachtenkapelle und die Freiwillige Feuerwehr noch um das Jahr 1970 zünftige Feste in der Mühle feierten, musste sie 1980 einem Neubaugebiet weichen. Dazu wurde sie fachgerecht abgebaut und durch den Kronenwirt beim Simonshof eingelagert. Erst 2004 begann der Wiederaufbau der Schlossmühle auf dem Sägplatz. Besonders schön ist die Schlossmühle an Fronleichnam anzusehen, wenn direkt davor ein Blumenteppich gelegt wird.

Eisgekühltes Bier Nach den ersten schönen Eindrücken geht es links an den beiden Mühlen vorbei zur Wilden Gutach. Dort biegen wir links ab und folgen dem Zweitälersteig zur Ochsenbrücke, bei der die Gemeinde Altsimonswald 1907 ein E-Werk bauen ließ. Auf der anderen Seite der Brücke kommen wir zum Eiskeller. Im Gegensatz zum E-Werk, von dem nur noch die Grundmauern zu sehen sind, ist dieser noch erhalten. Der Eiskeller wurde 1880 in den Fels geschlagen und war breit genug, dass ein Pferdefuhrwerk hineinfahren konnte. Für die nötige Kühlung wurden in der Nähe mehrere Eisweiher angelegt. Sobald sich im Winter eine ausreichend starke Eisdecke auf den Weihern gebildet hatte, wurde das Eis gestochen und in Blöcken in den Keller gebracht. Zur zusätzlichen Eisgewinnung legte man auf den Wiesen sogenannte Eisgumpen an. Der Keller diente

Im Bauerngarten hat jede Pflanze ihre Funktion, als Nahrung oder Blumenschmuck.

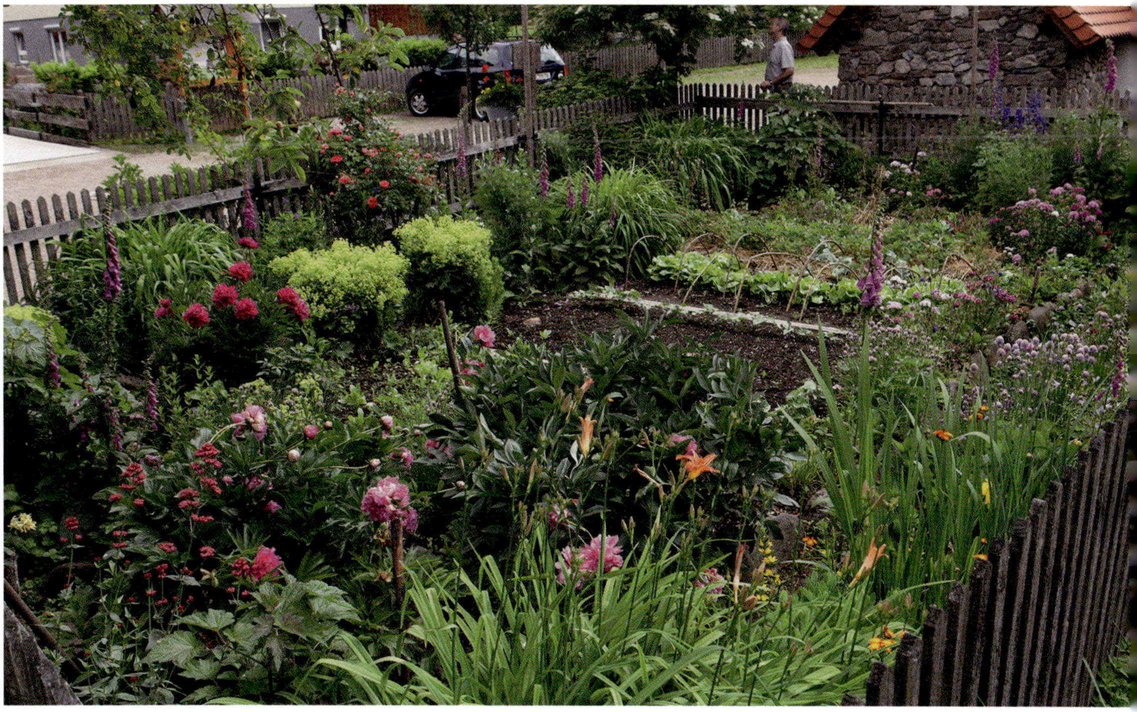

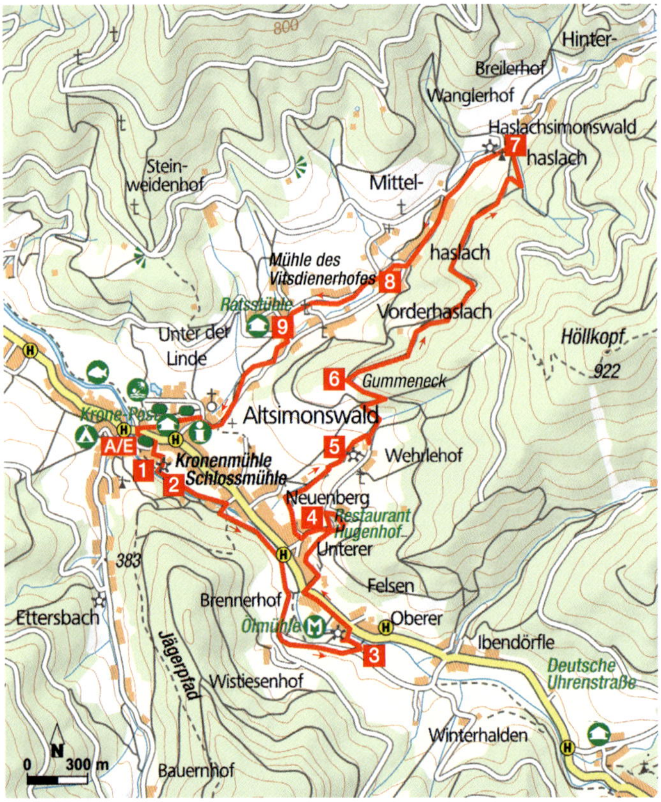

damals vor allem der Kühlung von Bier, das beim Gasthaus Ochsen gebraut wurde. Leider ist der Eiskeller geschlossen. Wer sich direkt vor den vergitterten Eingang stellt, spürt aber immer noch einen kühlen Luftzug.

Walnussöl und Speck Weiter geht es auf dem Zweitälersteig vorbei an der Brennerbrücke. Dort schwenkt der Wanderweg nach Süden und steigt kurz an, bis er in den asphaltierten Hornweg mündet. Hier biegen wir links ab und bleiben damit noch ein kurzes Stück auf dem Zweitälersteig. Auf halbem Weg von der Brennerbrücke zum Ibendörfle zweigen wir jedoch in Sichtweite der **3** **Ölmühle** zweimal links ab und überqueren den Mühlenkanal. Durch den Mühlengarten gelangen wir schließlich zur Ölmühle.

Sie wird auf das Jahr 1712 zurückdatiert und war bis Mitte der 1950er-Jahre in Betrieb. Nachdem auch ihr zeitweilig der Verfall drohte, wurde sie ab 1974 restauriert. Als Besonderheit bietet der Brauchtumsverein Simonswäldertal in der Ölmühle Walnussöl an. Die Mühle kann von Ostern bis Allerheiligen donnerstags und samstags von 10–15 Uhr besichtigt werden. Auf Wunsch wird auch ein Vesper mit Speck und Hausmacherwurst angeboten oder man kann ganz einfach Kaffee und Kuchen genießen (Anmeldung erforderlich).

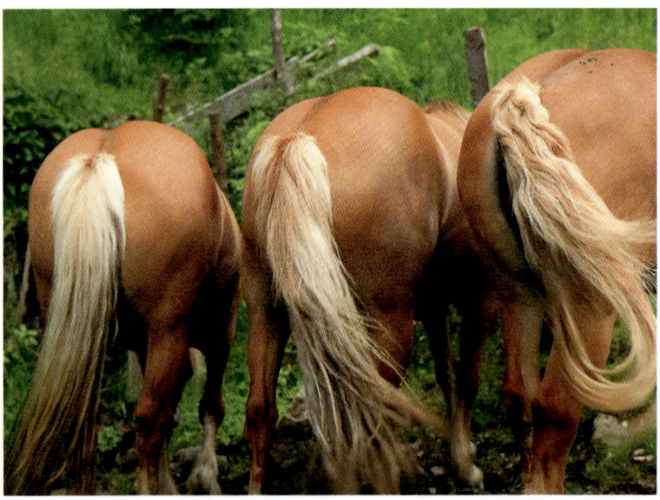

Sie wollten sich einfach nicht umdrehen …

Zur Wehrlehofmühle Von der Ölmühle folgen wir dem Mühlenweg über die Wilde Gutach zur Durchgangsstraße. Dort biegen wir links ab und passieren die Haltestelle »Simonswald/Oberer Felsen«. Sobald die Brennerbrücke links zu sehen ist, geht es vor dem Malerhüsli rechts ab und entlang einer Wiese zum Fallerhof. Vor dem auffallenden alten Bauernhof biegen wir erneut links ab und kommen nahe dem **4** **Restaurant Hugenhof** zum Wegweiser »Neuenberg«. Hier folgen wir zunächst der Beschilderung Richtung Brennerbrücke, biegen bei der nächsten Gelegenheit (Am Neuenberg 6–10) aber schon wieder rechts ab und folgen dem Mühlenweg damit über schmale Pfade zum Dobelbächle.

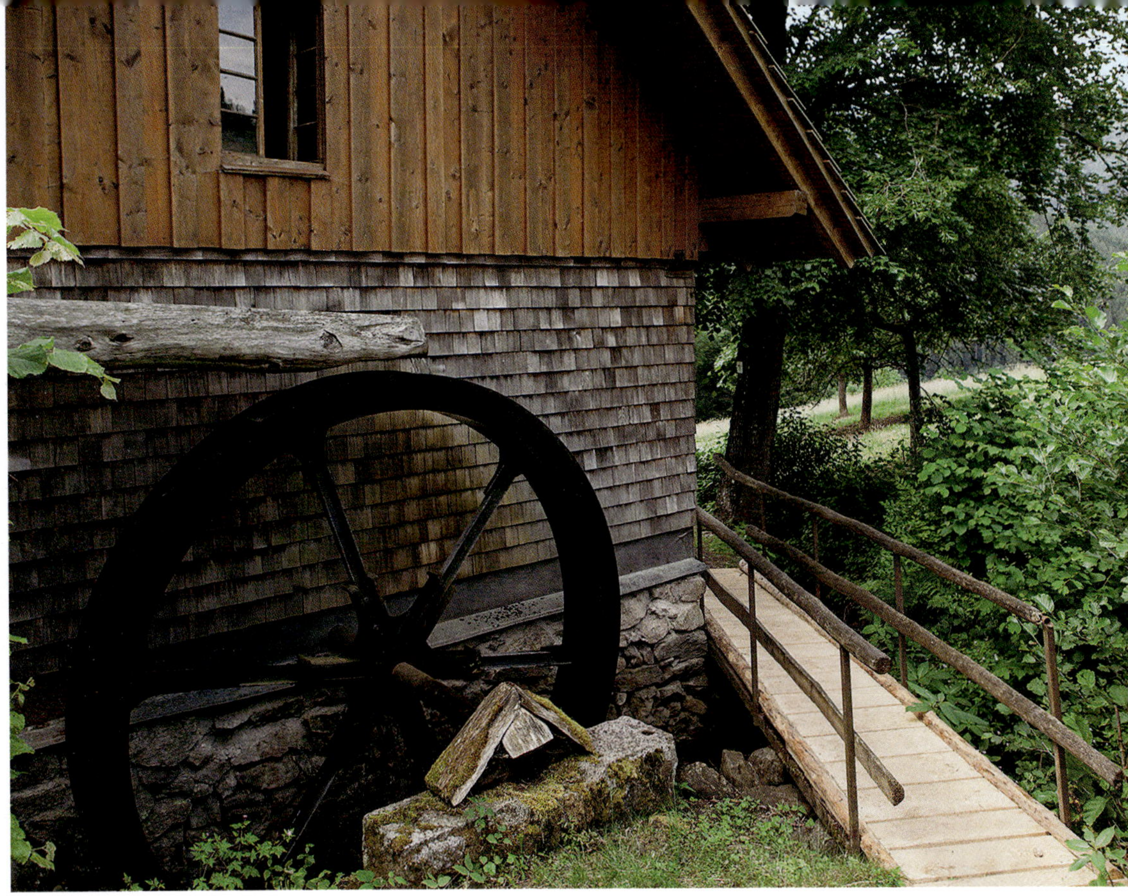

Die Wehrlehofmühle besitzt ein oberschlächtiges Wasserrad.

Der nächste Abschnitt führt durch eine bewaldete Schlucht hinauf zur **5** **Wehrlehofmühle**. Wie die Ölmühle steht auch sie noch an ihrem ersten Standort. Weil das Dobelbächle häufig nur wenig Wasser führt, wurde oberhalb der Mühle ein Spannteich angelegt. Dadurch konnte das oberschlächtige Mühlrad auch während Trockenperioden mit geringem Niederschlag betrieben werden.

Gummeneck und Schwanenmühle Oberhalb vom Wehrlehof geht es über einen kurzen Stich sowie über Waldwege hinauf zum **6** **Gummeneck** und von dort (rechts) erst mit der gelben Raute Richtung Hinterhaslach, dann bei einer Weggabelung (nach ca. 1400 m ab dem Gummeneck) links hinunter nach Haslachsimonswald. Bei dem stattlichen Hof Zum Schwanen passieren wir mit der **7** **Schwanenmühle** die unauffälligste Mühle des Themenwegs. Wann die typische Bauernmühle in Betrieb genommen wurde, ist nicht bekannt. So wurde zwar im Einschütttrichter die Jahreszahl 1862 eingemeißelt, es wird jedoch vermutet, dass die Schwanenmühle wesentlich älter ist.

Der letzte Abschnitt der Wanderung führt durch das Tal der Simonswälder Haslach nach Altsimonswald. Auf dem Weg dorthin kommen wir an der **8** **Mühle des Vitsverdienerhofs** vorbei, die etwas unterhalb des Mühlenwegs steht. Einen kräftigen Steinwurf weiter passieren wir das als Garni-Hotel geführte **9** **Gasthaus Ratsstüble**. Dort treffen wir dann auch wieder auf den Zweitälersteig, dem wir nun bequem zurück zum Ausgangspunkt am **E** **Sägplatz in Simonswald** folgen.

17

Durch das Moor am Blindensee

Bilderbuch-Runde bei Schonach

Leicht | 12 km | 3.30–4 Std. | 320 Hm

Das 28 Hektar große Gebiet rund um den Blindensee zählt zu den ersten Moorgebieten, die im Mittleren Schwarzwald unter Naturschutz gestellt wurden. Seit 1960 kann sich hier die Natur ungestört entwickeln. Für Wanderer wurde ein Holzsteg durch das Moor angelegt, der herrliche Einblicke in diesen empfindlichen Lebensraum ermöglicht.

Der Blindensee war auch schon Ziel unseres Wanderführers »Mystische Pfade im Schwarzwald«. Um den Einstieg zu dieser schönen Runde zu erleichtern, haben wir den Ausgangspunkt in die Ortsmitte des Wintersportorts Ⓐ **Schonach** gelegt, sodass er sowohl mit dem Auto als auch mit öffent-

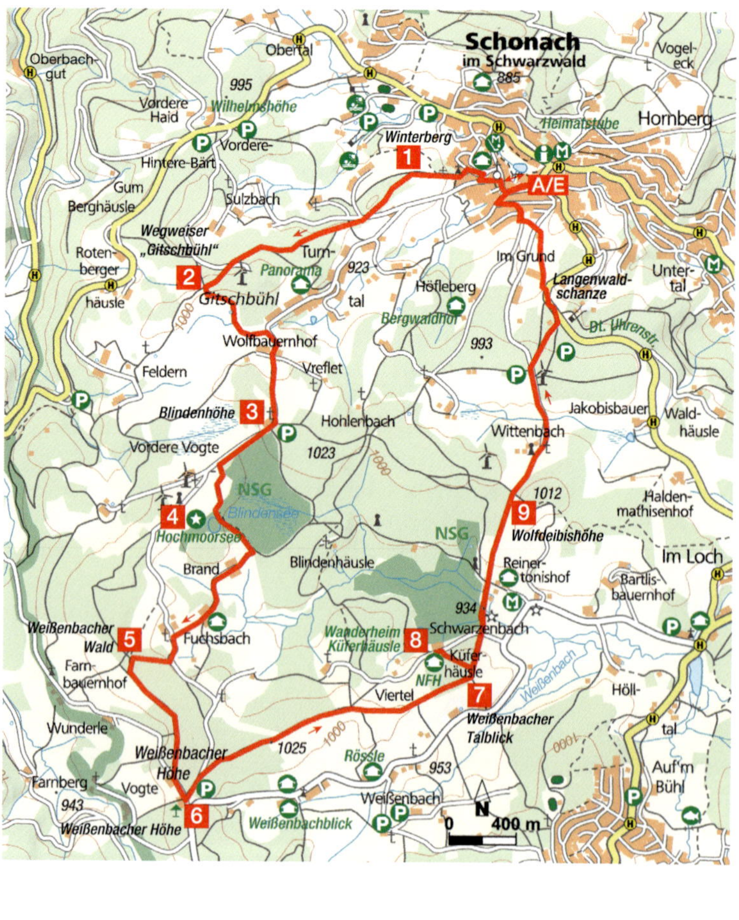

Tourencharakter
Leichte Wanderung mit wenigen Steigungen zu Beginn und am Ende der Tour; auch im Winter bei niedriger Schneedecke und Frost reizvoll

Ausgangs-/Endpunkt
Haus des Gastes in Schonach (880 m)

Höchster Punkt
Weißenbacher Höhe (1025 m)

Anfahrt
Auto: Von der B 500 Titisee-Neustadt–Triberg in Triberg auf die L 109 Richtung Schonach und in Schonach über die Hauptstraße zur Touristinfo und zum Haus des Gastes fahren. GPS-Daten: 48.1420, 8.19790
Bus & Bahn: Es bestehen Busverbindungen ab Triberg und Schönwald zur Haltestelle »Schonach/Haus des Gastes«.

Gehzeiten
Haus des Gastes – Blindensee 1.15–1.30 Std. – Weißenbacher Höhe 45 Min. – Haus des Gastes 1.30–1.45 Std.; insgesamt 3.30–4 Std.

Einkehr
Etwas abseits der Strecke das Naturfreundehaus Küferhäusle (Sa/So ab 11 Uhr); am Blindensee schön platzierte Bänke

Karte
Karte des Schwarzwaldvereins 1:25 000, W248 Furtwangen

Beste Jahreszeit
Ganzjahrestour

Informationen
Ferienland im Schwarzwald GmbH, Tel. 07722/86 08 31, www.hochschwarzwald.de

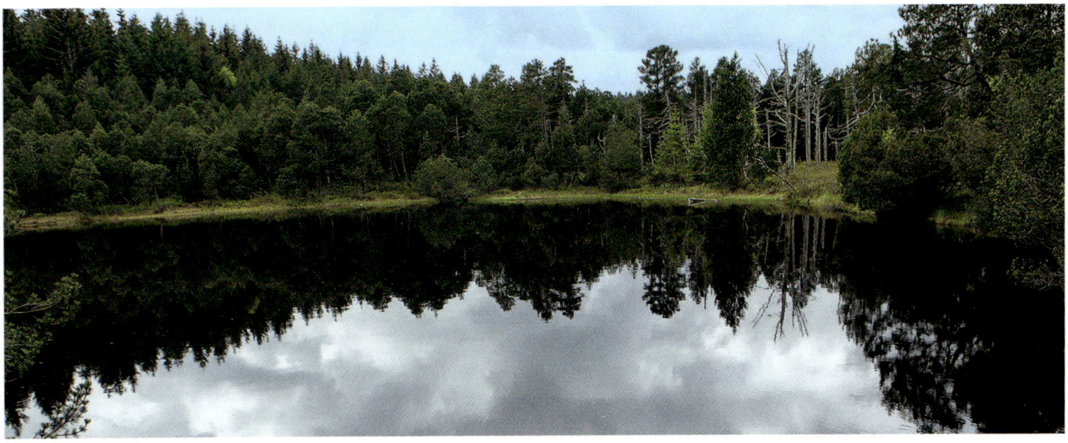

Um den Blindensee ranken sich mehrere Sagen.

lichen Verkehrsmitteln gut zu erreichen ist. Vom Parkplatz bzw. der Bushaltestelle beim Haus des Gastes sind es damit nur wenige Schritte bis zum Wegweiser bei der Sparkasse. Hier biegen wir erst rechts in die Hauptstraße, dann vor der Kirche links in die Turntalstraße und einen Katzensprung weiter wiederum rechts auf die Verbindung zum Friedhof ab. Wir befinden uns damit auf dem Ortenau-Baar-Weg, dessen blauer Raute wir bergan auf den im Sommer beweideten 1 Winterberg folgen. Wo sich die Wanderwege am Waldrand gabeln, halten wir uns links, sodass wir auf dem Querweg den Gitschbühl passieren.

Alter Bekannter, neue Wegführung Nach 2,3 Kilometern (ab dem Haus des Gastes) kreuzt der Ortenauquerweg beim 2 Wegweiser »Gitschbühl« den Westweg. Hier biegen wir links ab und wandern auf dem ältesten Fernwanderweg des Schwarzwalds über die 3 Blindenhöhe zum 4 Blindensee.

Wer den Westweg – oder zumindest die achte Etappe – vor 2010 abgelaufen ist und sich stur an der roten Raute orientiert hat, erlebt hier eine Überraschung: Früher verlief der Westweg in diesem Bereich auf der Straße, und der Blindensee blieb damit außen vor. Nachdem ein Bohlenweg angelegt wurde, änderte sich die Streckenführung, sodass wir heute in den Genuss dieser einzigartigen Naturlandschaft rund um den Blindensee kommen. Der Bohlenweg bewahrt uns dabei vor nassen Füßen und die empfindliche Moorvegetation vor Trittschäden. Im Bereich des Sees laden mehrere Bänke zu einer Rast ein.

Sagenumwobener Blindensee

Einer Legende nach soll einst ein Bauer sein Ochsengespann im Suff in das Moor gelenkt haben. Tiere, Wagen und Lenker versanken im Morast. Drei Tage später soll das Gespann bei Kehl am Rhein wieder aufgetaucht sein.

Eine andere Sage berichtet von zwei zerstrittenen Bauern: Nachdem ein Blitz die Höfe der Streithammel vernichtet hatte, soll sich die dabei entstandene Senke mit Wasser gefüllt haben.

Auch hört man in Schönwald von zwei Vermessern, welche die Größe des Sees vermessen wollten. Als sie ihr Boot in die Mitte des Gewässers lenkten, drohte ihnen eine Stimme: »Willst du mich messen, so muss ich dich fressen.« Sie brachen ihr Vorhaben ab und retteten sich ans sichere Ufer.

Rückweg über die Weißenbacher Höhe Anschließend geht es auf dem Westweg über Brand und den 5 Weißenbacher Wald zur 6 Weißenbacher Höhe. Auf der Anhöhe trennen sich die Wege. Während der Westweg rechts zur Katharinenhöhe abzweigt, biegen wir links ab und wandern über »Ob dem Rössle« und den 7 Weißenbacher Talblick zur 9 Wolfdeibishöhe. Dazwischen lädt das 8 Wanderheim Küferhäusle zu einer gemütlichen Einkehr ein, bevor es ab der Wolfdeibishöhe auf einem gelb beschilderten Nebenweg zurück nach E Schonach geht, wo diese kurze und schöne Runde endet.

18

Ursprung von Elz und Donau

Die Bregquelle bei Schönwald

Mittel 13,6 km 4.30–5 Std. 400 Hm

Tourencharakter
Überwiegend bequeme Höhenwanderung auf Wegen und Pfaden, kurze Abschnitte auf der wenig befahrenen Kreisstraße; fordernder Anstieg zum Ende der Runde

Ausgangspunkt/Endpunkt
Furtwangen-Escheck (1050 m)

Höchster Punkt
Auf dem Brend (1150 m)

Anfahrt
Auto: Der Ausgangspunkt befindet sich auf einer Anhöhe direkt an der B 500 Titisee-Neustadt–Triberg zwischen Schönwald und Furtwangen. GPS-Daten: 48.08810, 8.19790
Bus & Bahn: Es bestehen Busverbindungen ab Triberg und Furtwangen zur Haltestelle »Furtwangen/ Escheck«

Gehzeiten
Escheck – NSG Briglirain 1–1.15 Std. – Bregquelle 45 Min. – Auf dem Brend 45 Min. – Escheck 2–2.15 Std.; insgesamt 4.30–5 Std.

Einkehr
Gasthaus Kolmenhof; Naturfreundehaus Brend; Berggasthof Brend; Gasthof Zum Kreuz

Karte
Karte des Schwarzwaldvereins 1:25 000, W248 Furtwangen

Beste Jahreszeit
April bis November

Informationen
Ferienland im Schwarzwald GmbH, Tel. 07722/86 08 31, www.hochschwarzwald.de

Als zweitlängster Fluss Europas verbindet die Donau zehn Staaten miteinander – das ist Rekord. Fragt man nach der Quelle, so denken viele an den Quelltopf des Donaubachs oder den Zusammenfluss von Brigach und Breg. Die Breg ist der größere der beiden Bäche, und ihre Quelle ist daher der hydrologische Donauursprung, unser Ziel auf dieser Wanderung.

Es besteht kein Zweifel: Die Donau besitzt neben ihrer wirtschaftlichen Bedeutung als Wasserstraße auch einen immensen touristischen Wert. Dies lässt sich allein an den vielen Flusskreuzfahrten und geführten Bootswanderungen ablesen, die von den Veranstaltern beworben werden.
1981 entstand auf ehemaligen Treidelpfaden in Österreich der Donauradweg. Die zunächst nur auf 36 Kilometern beschilderte Strecke hat sich binnen drei Jahrzehnten bis zur Mündung ins Schwarze Meer sowie zur Quelle in Baden-Württemberg ausgedehnt. Seit 2010 gibt der Donausteig dem Donautourismus in Bayern und Österreich weitere Impulse.
So genießt der Begriff »Donau« also einen hohen Markenwert. Wen wundert es da, dass bis heute um den offiziellen Status der Donauquelle gerungen wird? Politisch durchgesetzt hat sich offenbar Donaueschingen. So wurde das Landesvermessungsamt Anfang der 1980er-Jahre angewiesen, die Bregquelle in den amtlichen Karten nicht mehr als »Donauquelle« einzu-

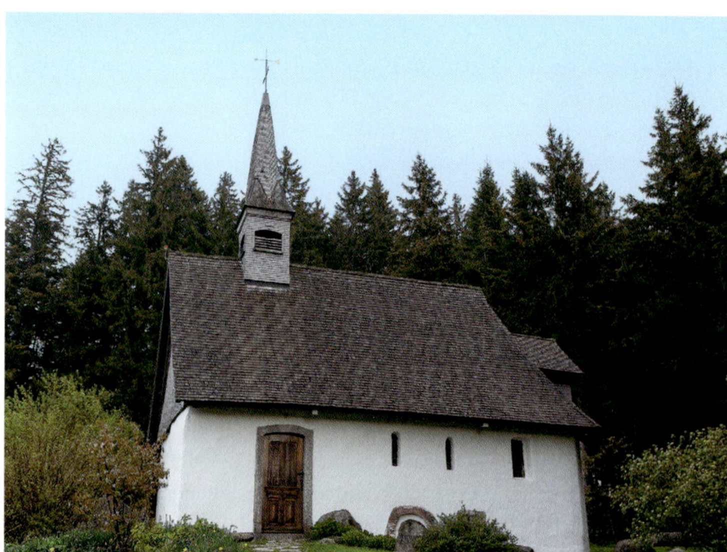

Die Martinskapelle steht auf der Wasserscheide zwischen Rhein und Donau.

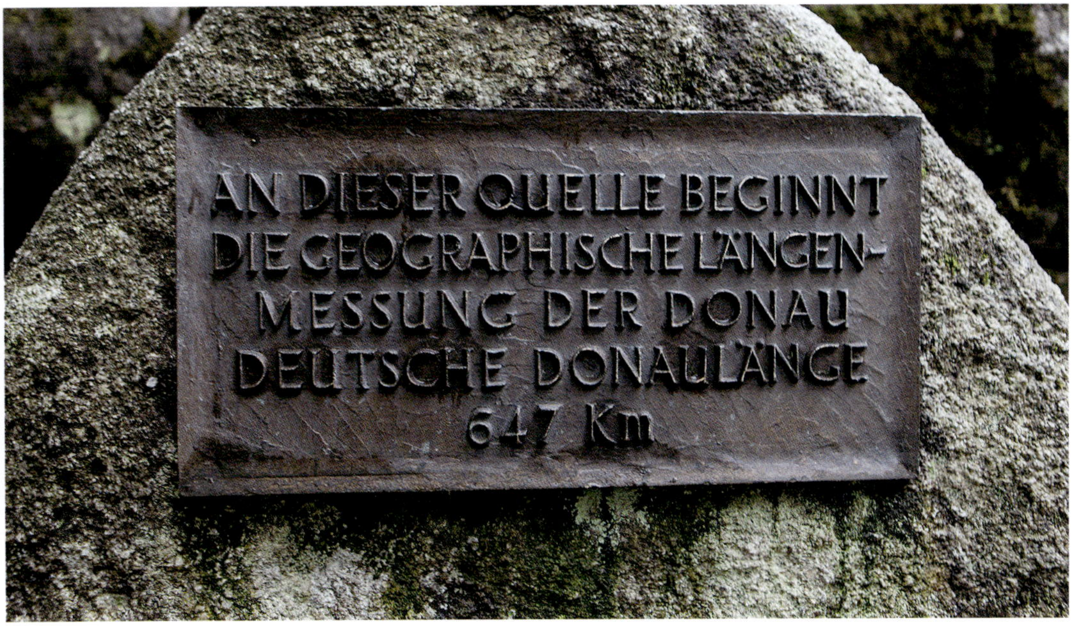

tragen. Genauso könnte man aber auch behaupten, die Erde sei eine Scheibe. Andererseits erklärte 1982 der damalige Minister für Landwirtschaft und Forsten in einem Schreiben, dass die Donauquelle in Donaueschingen aus hydrologischer und geografischer Sicht sicher nicht die Quelle der Donau sei: »Die Breg kann als Hauptquellfluss der Donau bezeichnet werden.« Für uns heißt das: Ja – wir wandern zur Donauquelle!

Die Donauquelle – ein Politikum

Seit dem 16. Jh. wurde um die Quelle der Donau gestritten. 1538 erklärte Sebastian Münster (sein Porträt zierte von 1960–1988 den Hundertmarkschein) die Schlossquelle in Donaueschingen zur Quelle der Donau. 1544 widersprach ihm der Professor Heinrich Loriti Clareanus und setzte sich für die Quellflüsse Brigach und Breg ein. 1702 erklärte der österreichische General Marsigli, dass die Breg der Mündung am weitesten entfernt und deshalb die wahre Quelle sei. Als guter Schwabe erklärte hingegen Vicarius Breuninger 1719, dass die Urquelle am Hirzwald im Ursprungsgebiet der Brigach – also in Württemberg – zu suchen sei. Johann Jakob Scheuchzer sah als Schweizer Naturforscher in der Quelle des Inns in Graubünden den Donauursprung, da diese am höchsten gelegen ist.

Über die Katharinenhöhe ins NSG Briglirain

Vom **A** **Wanderparkplatz am Escheck** geht es mit der blauen Raute rechts am **1** **Gasthof Zum Kranz** vorbei auf die **2** **Katharinenhöhe**. Das erste kurze Stück verläuft auf der Zufahrtsstraße zur Rehabilitationsklinik, dann wechseln wir nach 200 Metern jedoch auf einen Schotterweg. Am Wegweiser »Bei der Escheck« halten wir uns rechts, sodass wir durch den Wald bzw. parallel zur Zufahrt weitergehen. Etwas unterhalb der Klinik treffen wir nochmals auf die asphaltierte Straße, der wir rechts an den Klinikgebäuden vorbei zum Waldrand bzw. zu einer Christusfigur folgen. Von dort geht es mit der blauen Raute durch den Wald Richtung Weißenbacher Höhe.

Wo der Weg in die K 5730 mündet, biegen wir links ab, verlassen die wenig befahrene Straße nach knapp 200 Metern aber schon wieder nach rechts und gelangen auf dem Elztalweg in das Naturschutzgebiet Briglirain. Das Schutzgebiet besteht aus einem Moorkomplex aus Hang-, Nieder-, Übergangs- und Hochmoorflächen und ist Lebensraum einiger bedrohter Pflanzen und Pflanzengesellschaften. Zwischen den Seggen und Binsen wachsen Trollblumen

Oben: Hinweistafel an der Quelle der Breg, dem längeren der Donauquellflüsse

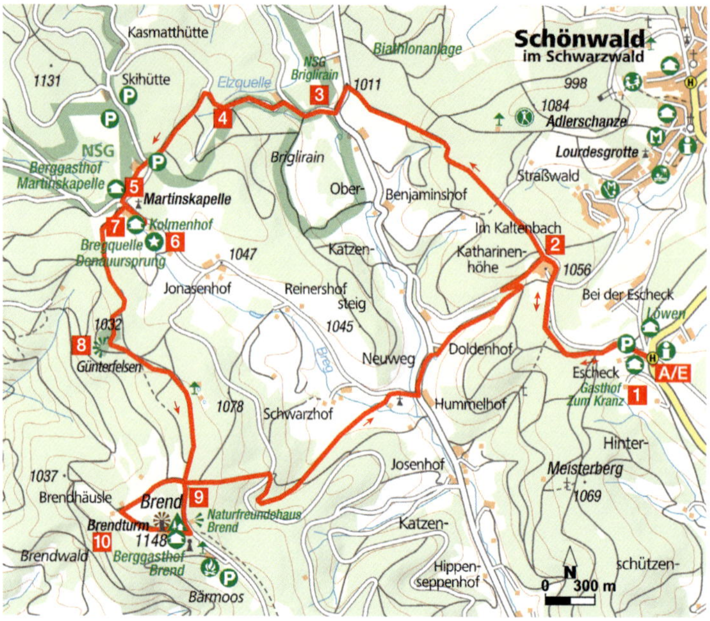

und Sumpf-Veilchen, das weiß blühende Herzblatt, aber auch der giftige Quirl-Weißwurz.

Die Elz zieht um, die Donau entspringt Mit diesen schönen Eindrücken zweigen wir bei der Weggabelung rechts ab, sodass wir wenige Schritte weiter beim Wegweiser **3** **»NSG Briglirain«** auf den Westweg treffen. Hier biegen wir links ab und folgen der roten Raute bergauf zur **4** **Elzquelle**.

Der mit einer Tafel versehene Stein, den wir beim Zusammenfluss mehrerer Quellbächlein sehen, stand ursprünglich 125 Meter weiter unten. 1964 hatte die Ortsgruppe Waldkirch-Kandel vom Schwarzwaldverein die vermeintliche Quelle der Elz gefasst – ein Irrtum, wie sich später herausstellte. Tatsächlich hatte man am Hang austretendes Sickerwasser gefasst. Dieses stammte vom Mühlenkanal, der vom Elzquellengebiet hinunter zum Furtwängler Hof führt. Der feierliche »Umzug« der Elzquelle erfolgte 2013.

Zur Bregquelle Weiter geht es auf dem Westweg über das »Forsthaus Zur Martinskapelle« zur **5** **Martinskapelle**. Das kleine Gotteshaus steht etwas abseits vom Westweg bei der Donauquelle und erinnert an die Kreuzigung Christi unter der Regierung des römischen Kaisers Tiberius. Dieser hatte vor über 2000 Jahren – vor seiner Zeit als Kaiser – nach dem Donauursprung geforscht.

Gleich nach der Kapelle lädt der **6** **Kolmenhof** zur Einkehr ein. Von der Einfahrt des Höhengasthauses führt links ein Weg über mehrere Treppen hinunter an die **7** **Bregquelle**. Sie befindet sich 100 Meter von der europäischen Wasserscheide zwischen dem Rhein und der Donau entfernt und ist die mündungsfernste Quelle der Donau. Über den Fluss und den jahrhundertelangen Streit um seine Quelle informieren vor Ort mehrere Tafeln.

Günterfelsen und Brendturm Nach dem kurzen Studium der Infotafeln kehren wir zurück zum Westweg, dem wir jetzt links über das Kolmenkreuz zum **8** **Günterfelsen** folgen. Er ist Namensgeber für ein 1,7 Hektar großes Naturschutzgebiet, das aus einem flach geneigten Höhenrücken und aus erratischen Felsblöcken besteht.

1,2 Kilometer weiter erreichen wir mit dem **9** **Naturfreundehaus Brend** die nächste Möglichkeit zur Einkehr. Wer noch genug Kondition hat, sollte sich den Abstecher zum **10** **Brendturm** nicht entgehen lassen. Ansonsten kann man auch direkt beim Wegweiser vorm Naturfreundehaus links abbiegen und der gelben Raute über die Piuskapelle zurück zur **2** **Katharinenhöhe** folgen. Der letzte, kurze Abschnitt führt dann über den bereits bekannten Weg von der Klinik hinunter zum **E** **Wanderparkplatz am Escheck**.

Rechts: An kalten Tagen taucht Nebel den Wald in ein mystisches Licht.

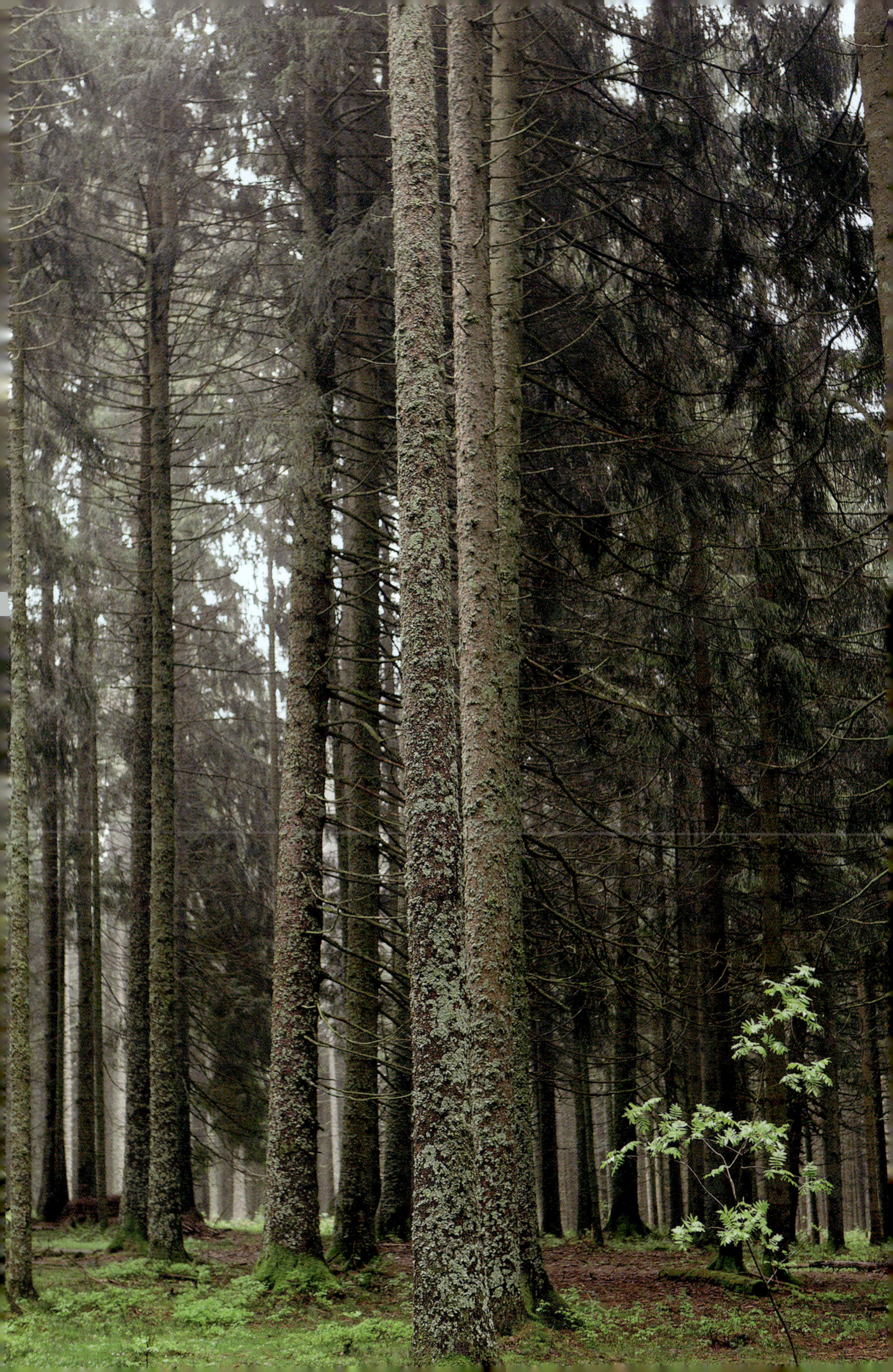

19

360°-Panorama im Mittleren Schwarzwald

Der Hünersedel bei Freiamt

Mittel | 10,7 km | 3 Std. | 360 Hm

Tourencharakter
Bis auf den Anstieg zu Beginn und auf den Hünersedel bequem zu wandernde Tour mit reizvollen Ausblicken über den Mittleren Schwarzwald

Ausgangs-/Endpunkt
Wanderparkplatz »Brettental« (446 m)

Höchster Punkt
Hünersedel (744,5 m)

Anfahrt
Auto: Von der B 3 Ettenheim–Freiburg bei Malterdingen oder Denzlingen nach Freiamt abbiegen und über die L 113 bzw. L 110 und K 5137 nach Brettental; der Parkplatz befindet sich am Ortsende rechts bei der Wassertretstelle. GPS-Daten: 48.19060, 7.94480
Bus & Bahn: Es bestehen Busverbindungen ab Emmendingen-Bahnhof zur Haltestelle »Brettental/ Ludinmühle«.

Gehzeiten
Brettental – Hünersedel 1.20 Std. – Wanderheim 30 Min. – Brettental 1.10 Std.; insgesamt 3 Std.

Einkehr
Vesperstube Luegemol; Bergkiosk Wandertreff; Wanderheim Kreuzmoos (Sa/So ab 12 Uhr, Mo/Di, Fr ab 15 Uhr)

Karte
Karte des Schwarzwaldvereins 1:25 000, W247 Freiburg

Beste Jahreszeit
April bis November

Informationen
Touristinformation Freiamt, Tel. 07645/910 30, www.freiamt.de

In vorigen Jahrhunderten wurde der Hünersedel als Weidberg genutzt, weshalb er noch um das Jahr 1900 herum baumfrei war. Die Aussicht soll damals herrlich gewesen sein. Später diente ein hölzerner Vermessungsturm Waghalsigen als provisorische Aussichtsplattform – die Idee eines touristischen Aussichtsturms war geboren.

In Brettental sind die wenigen Parkflächen fast alle privat – doch davon sollte man sich nicht abschrecken lassen, denn auch an Tagesausflügler und Wanderer haben die Bürger in dem beschaulichen Ort gedacht. Der Ⓐ **Wanderparkplatz »Brettental«** befindet sich in der Bildsteinstraße, direkt bei einer Kneipp-Anlage. Von dort sind es nur wenige Schritte zurück zur Durchgangsstraße bzw. bis zum Wegweiser »Silberloch«.

Auf den Schönwasen Der Hünersedel ist bei dieser Gabelung zu zwei Seiten hin ausgeschildert. Wir wählen hier die linke Variante und folgen der Silberloch-Straße über zwei Serpentinen durch einen Waldstreifen. Während auf der Hangseite Sandsteinfelsen offen zu Tage treten, eröffnet sich zur anderen Seite bald ein schöner Blick über das Tal.
Nach 600 Metern ist das oberste Haus erreicht, und die Straße geht in einen wasserdurchlässig befestigten Weg über. Auf diesem passieren wir einen typischen Bauerngarten, ehe wir nach einer engen Linkskurve die nächste Weggabelung erreichen. Links zweigt der örtliche Rundweg Nr. 1 ab; wir indes halten uns diesmal rechts, sodass wir der gelben Raute an den Wald-

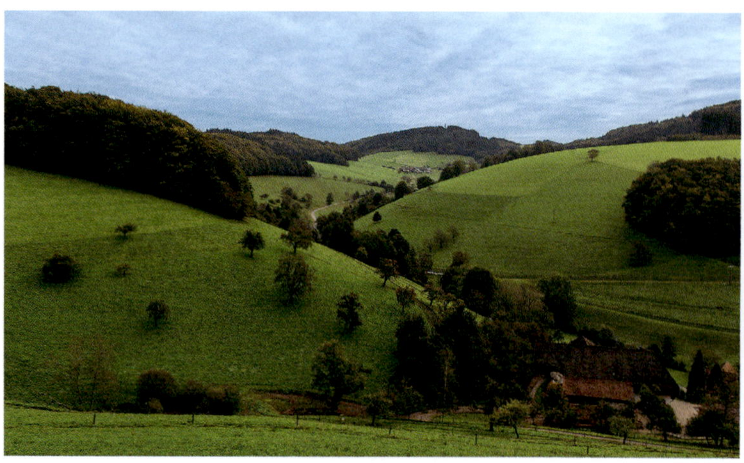

Wiesen und Wälder im idyllischen Brettental

rand weiter hinauf auf den ❶ **Schönwasen** folgen. Das Ziel des Tages, der Aussichtsturm auf dem Hünersedel, ist hier – oberhalb vom Waldshutbachtal – schon zu sehen. Auf der Anhöhe zwischen dem Brettental und dem Schuttertal befindet sich eine Weide für Esel und Hühner.

Bequem oder steil zum Hünersedel Einen Katzensprung weiter treffen wir beim Schönwasen-Grenzstein auf den Ortenau-Baar-Weg. Auf ihm geht es

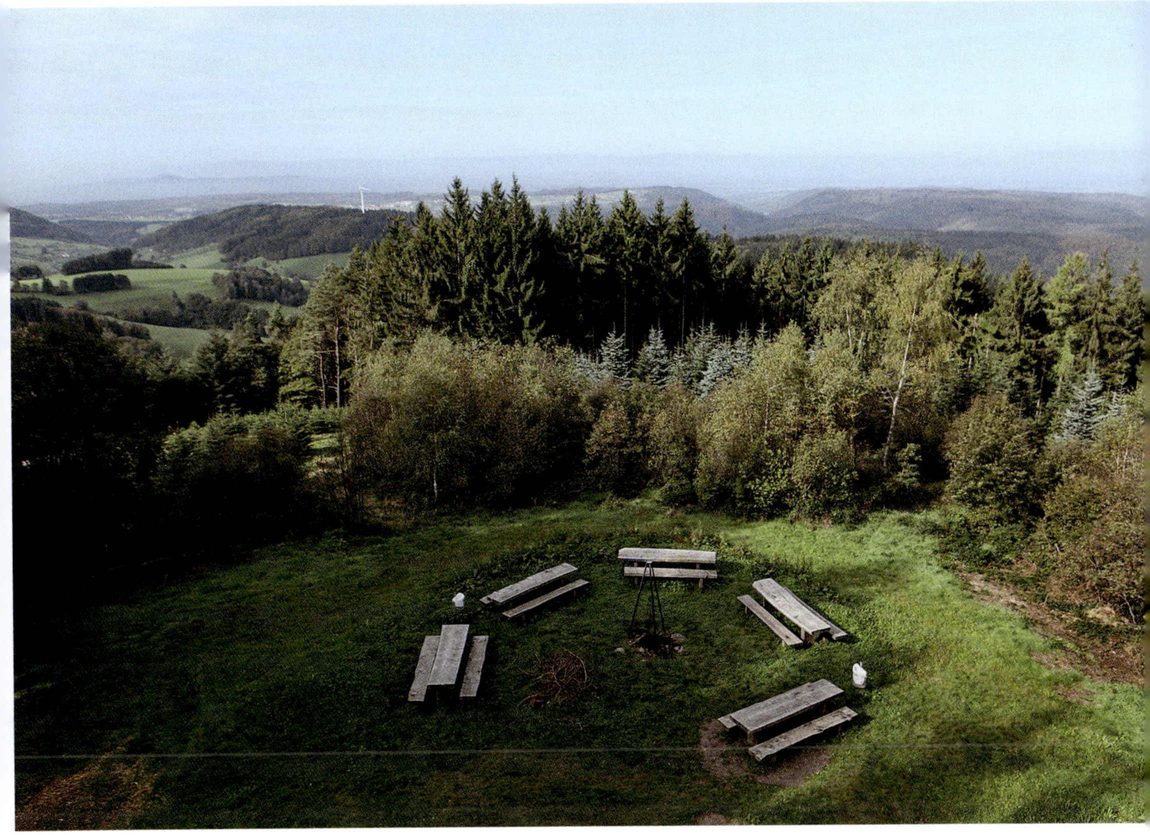

Rastplatz auf dem Hünersedel

leicht bergan durch den Wald bis zu einem Steinbruch, dort rechts und weiter über »Heiberich« zum ❷ **Brettentaler Eck**.

Vom Eck sind es gut 100 Meter entlang des hier mit Ginster gesäumten Wegs bis zu einer Bank. Hier haben wir die Wahl: Entweder laufen wir noch ein Stück geradeaus und nehmen damit den »bequemen Aufstieg«, oder wir bleiben auf dem Ortenau-Baar-Weg. In diesem Fall wechseln wir direkt bei der Bank links auf einen steil ansteigenden Pfad, der sich in mehreren Serpentinen durch den Wald windet. Wo der Pfad in einen breiteren Forstweg übergeht, treffen beide Aufstiegsmöglichkeiten wieder zusammen. Und 150 Meter weiter ist auch schon der ❸ **Hünersedel** erreicht. Neben dem Aussichtsturm laden ein großzügig angelegter Grillplatz und die Ankele-Hütte zum Verweilen ein.

Aussichtsreicher Turm Der 28,7 Meter hohe Hünersedelturm wurde im Oktober 2004 eingeweiht und bietet drei Aussichtsplattformen. Diese befinden sich 8,4, 16,8 und 25,2 Meter über dem Grund. Bereits die untere Plattform eröffnet uns eine gute Sicht nach Südwesten hin über den Kaiserstuhl und den Rheingraben bis zum Grand Ballon in den Vogesen. Von der obersten Plattform sind dann sowohl die Gipfel des Hochschwarzwalds als auch einige Hochlagen im Mittleren und im Nordschwarzwald zu sehen – so der Gschasikopf bei Elzach (s. Tour 20) und der Brandenkopf (s. Tour 24). Zu allen Seiten erleichtern Panoramatafeln die Bestimmung der einzelnen Berge. Den Aufstieg auf den Turm kann man sich übrigens mit dem Studium der Mitglieder des Fördervereins Aussichtsturm Hünersedel und der wichtigsten Geldgeber vertreiben. Ihre Namen stehen auf den 126 Stufen sowie auf den Stützen und Balken der luftigen Konstruktion. Schwindelfreiheit ist beim Aufstieg natürlich von Vorteil, aber durch die angenehme Bauweise nicht unbedingt notwendig.

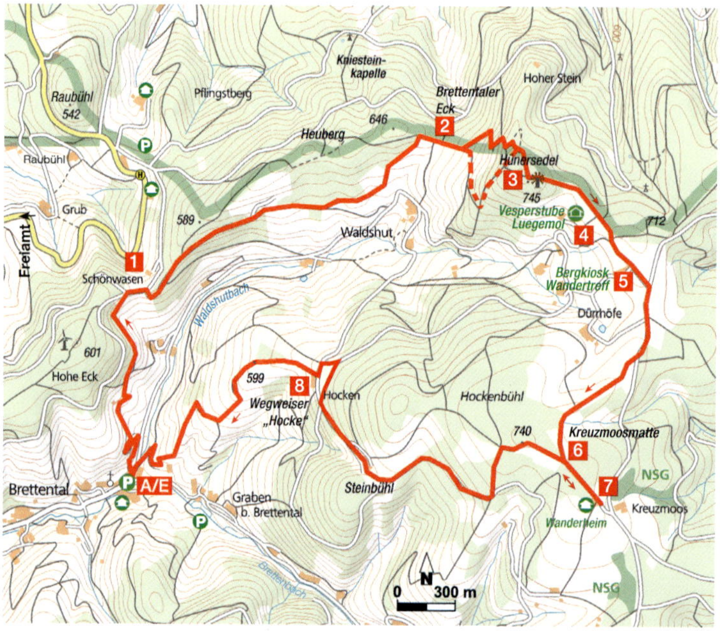

Zünftige Einkehr Nachdem wir uns sattgesehen haben, geht es auf dem Ortenau-Baar-Weg weiter zum Dürrhöfe-Parkplatz. Auf dem Abschnitt dorthin passieren wir die etwas abseits vom Weg liegende **4** **Vesperstube Luegemol** und den **5** **Bergkiosk Wandertreff**.

Beim Parkplatz treffen wir dann auf den Kandelhöhenweg und auf den Zweitälersteig. Auf diesem geht es über die **6** **Kreuzmoosmatte** bis zum **7** **Wanderheim Kreuzmoos**. Wer nicht selbst ein Vesper eingepackt hat, bekommt damit kurz nacheinander drei Möglichkeiten, sich entsprechend zu versorgen oder es sich bei einem zünftigen Hüttengericht gut gehen zu lassen – wenn nicht gerade Montag oder Dienstag ist und alle drei geschlossen haben.

Rückweg über die Kreuzmoosmatte Gut gestärkt, kehren wir schließlich auf demselben Weg vom Wanderheim zurück zur **6** **Kreuzmoosmatte**. Diesmal verlassen wir bei dem Wegkreuz die bekannten Fernwanderwege und wandern auf dem Nebenwanderweg (gelbe Raute) über Hockenbühl und Hocke hinunter nach Brettental-Silberloch. Der Wanderweg führt uns dabei zwischen den Wegweisern Hockenbühl und Hocke über das bewaldete Eierhölzle. Wo wir den Wald verlassen, geht es über die mit Feldern geprägte Lichtung links am Hof vorbei. Sowie wir diesen passiert haben, geht es nochmals kurz durch den Wald. Wo wir wieder an den Waldrand kommen, zweigen wir rechts ab, eh wir beim Bolzdobel links hinunter zum **8** **Wegweiser »Hocke«** laufen (dort ebenfalls links, vor dem nächsten Haus rechts).
Mit schöner Sicht bis zu den Vogesen nutzen wir ab da den Feldweg hinunter zum Ausgangspunkt am **E** **Wanderparkplatz Brettental**. Dort können wir auf eine am Anfang etwas anstrengende, dann aber doch sehr schöne Runde mit einer erfrischenden Abkühlung bei der Kneipp-Anlage abschließen.

Rechts: Luftig, aber sicher: der Aussichtsturm auf dem Hünersedel

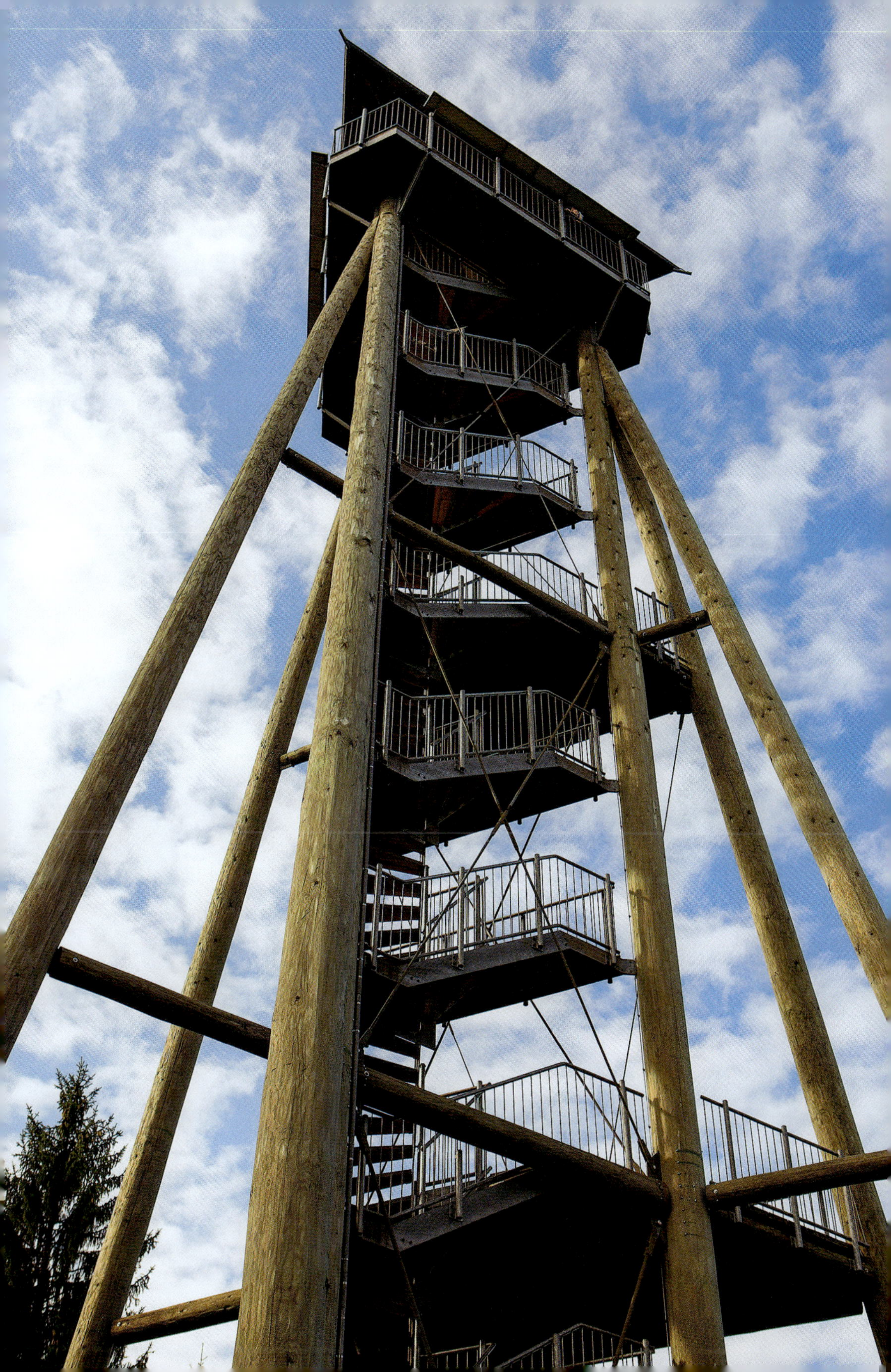

20

Elztalweg, Gschasikopf und Kapf

Runde um das Obere Elzachtal

Mittel | 13,6 km | 5 Std. | 400 Hm

Tourencharakter
Durch den gestreckten Anstieg entlang der Elz und durch den Wald eignet sich die Runde gut zum Start in die Wandersaison. Im oberen Bereich entschädigen schöne Ausblicke für die lange Passage im Wald.

Ausgangs-/Endpunkt
Oberprechtal-Dorf (459 m)

Höchster Punkt
Gschasikopf (1040 m)

Anfahrt
Auto: Von der B 294 Freiburg–Haslach i. K. nördlich von Elzach auf die L 107 Richtung Gutach (Schwarzwaldbahn); der Ausgangspunkt befindet sich bei der Kirche Maria Krönung. GPS-Daten: 48.21380, 8.14220
Bus & Bahn: Es bestehen Busverbindungen ab Elzach zur Haltestelle »Oberprechtal/Kirche«.

Gehzeiten
Oberprechtal – Im Grund 1 Std. – Gschasikopf 2.15 Std. – Oberprechtal 1.45 Std.; insgesamt 5 Std.

Einkehr
Kapfhütte (Mai bis Ende Okt. an Sonn- und Feiertagen; www.schwarzwaldverein-oberprechtal.de)

Karte
Karte des Schwarzwaldvereins 1:25 000, W248 Furtwangen

Beste Jahreszeit
Mai bis Oktober

Informationen
ZweiTälerLand Tourismus, Tel. 07685/194 33, www.zweitaelerland.de

Wer beim Wandern viele Bäume sehen will, sollte sich diese Runde merken – denn nach dem Auftakt im Elztal verläuft die Runde kilometerweit durch dichte Wälder. Wem es hingegen um schöne Aussichten geht, muss sich hier etwas in Geduld üben. Erst wenn der anstrengendste Teil der Wanderung geschafft ist, genießt man traumhafte Ausblicke.

Das idyllische Oberprechtal bietet Wanderern nur wenige Parkmöglichkeiten. Andererseits gibt es – wenn unsere Beobachtungen dem Normfall entsprechen – auch nicht allzu viele Wanderer, die hier starten.
Wie auch immer, von der Dorfmitte von **Ⓐ Oberprechtal-Dorf** geht es erst an der katholischen Kirche, dann am Gasthof Hirschen und am alten Sportplatz vorbei bis zur Minigolfanlage. Dort verlassen wir die Triberger Straße

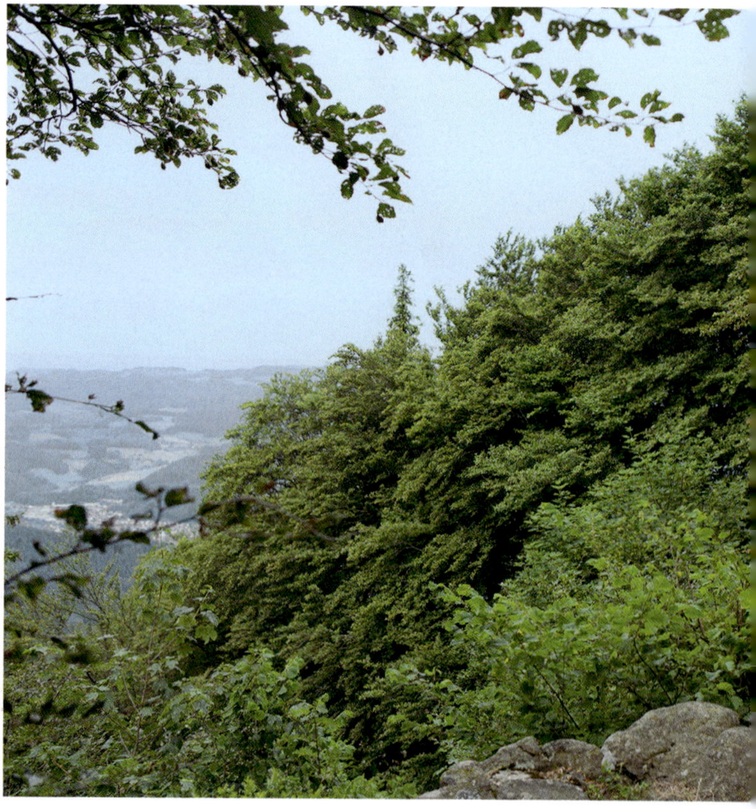

Nach viel Wald öffnet sich beim Gschasifelsen die Sicht über das Elztal.

und wandern mit der blauen Raute auf dem Elztalweg nach ❶ Vor dem Wittenbach.
Neben den landschaftlichen Eindrücken blickt man am Elztalweg auch zurück in die Geschichte. So erfährt der belesene Wanderer vor Ort, dass es im Elztal vor 1939 eine Birkenbesenfabrikation gab. Außer den Birkenzweigen wurden auch die hier häufig vorkommenden Ginster zu Besen zusammengebunden. Aus geraden Haselstecken fertigten die Arbeiter Faschinenwellen, die in den Flüssen der Bachbetterosion entgegenwirkten. Weitere Produkte dieser Zeit waren Reifen für Bottiche und Fässer, Körbe, Holzschuhe und Holzsandalen. Die Produktion war damals darauf ausgerichtet, möglichst viele Gebrauchsgegenstände in der Region selbst herzustellen. Für viele Höfe und Kleinbauern war dies ein wichtiger Zuerwerb.

Wer den Pfennig nicht ehrt ... Bei Vor dem Wittenbach trifft der Elztalweg auf den Zweitälersteig. Während dieser auf der anderen Seite der Brücke rechts abbiegt, bleiben wir auf dem Elztalweg und wandern leicht bergan über den Hänslehof zur ❷ Laufer Säge. Sowohl beim Hänslehof als auch beim Sägewerk wechseln wir die Seite der Elz, ehe wir bei Im Grund Richtung Forellenhof abbiegen.
Nachdem wir ein weiteres Sägewerk (auf der anderen Seite der Elz) passiert haben, führt der Wanderweg an einer Hütte vorbei. Leider ist diese verschlossen und die Tür mit einem »Betreten verboten!«-Balken gesichert. Warum dies so ist, erklärt ein Aushang der Stadt Elzach: »Die Hütte ... wurde des Öfteren von unbekannten Vandalen verwüstet, die Einrichtung

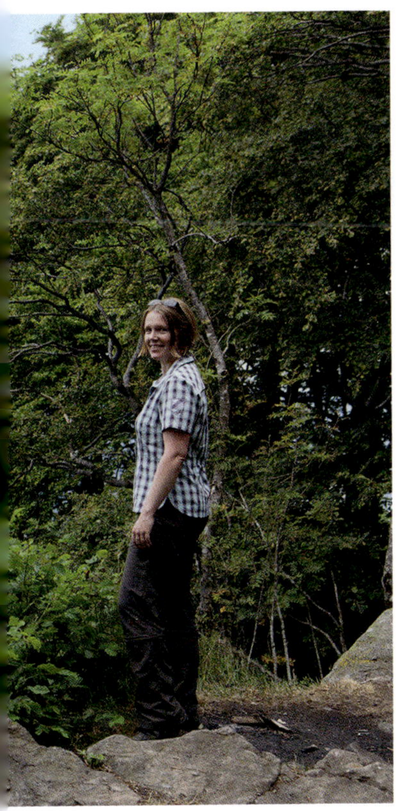

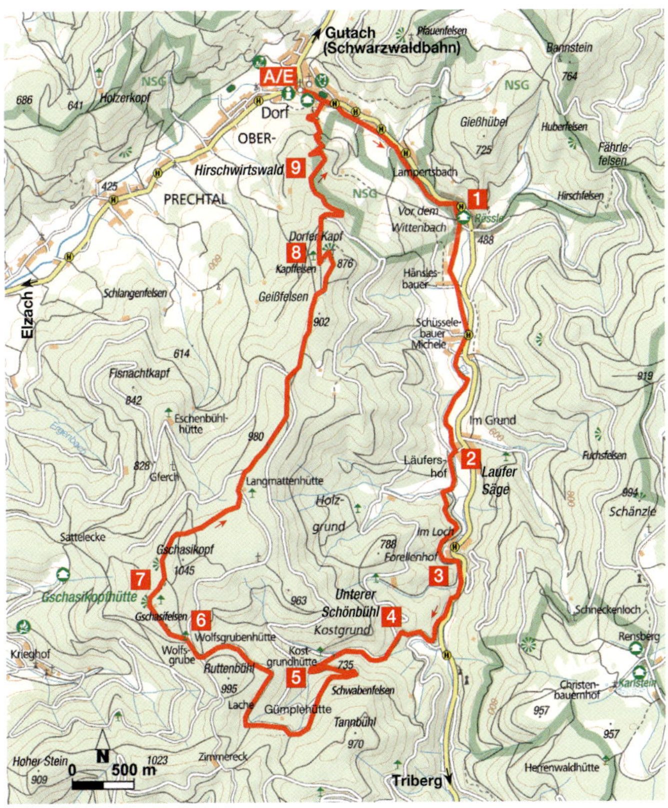

beschädigt oder entwendet, das umliegende Gelände als Mülldeponie ... missbraucht.« Ob die beschriebenen Vandalen heute noch ihr Unwesen treiben würden, halten wir hingegen für unwahrscheinlich. So heißt es weiter, dass man die Hütte dennoch in Anspruch nehmen könne; gegen Kaution in Höhe von »200 DM«, so das Schreiben aus dem Jahr 1996 ... Die frei zugängliche und überdachte Veranda eignet sich aber gut für eine erste Pause.

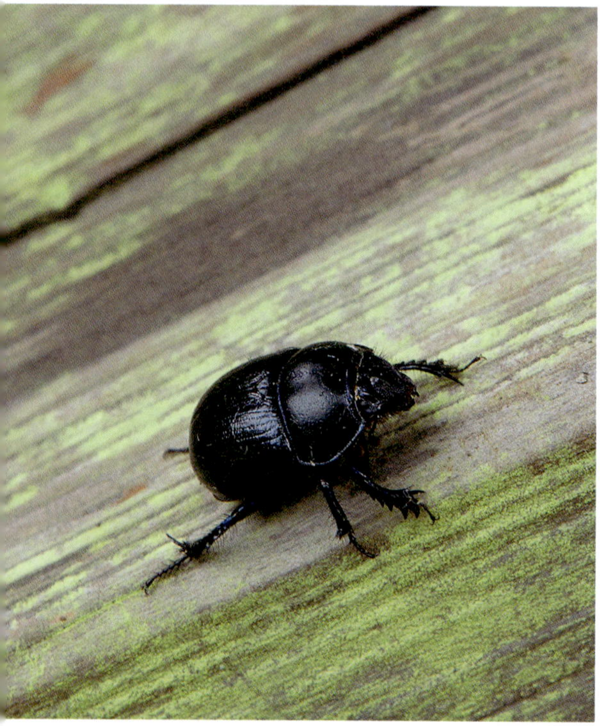

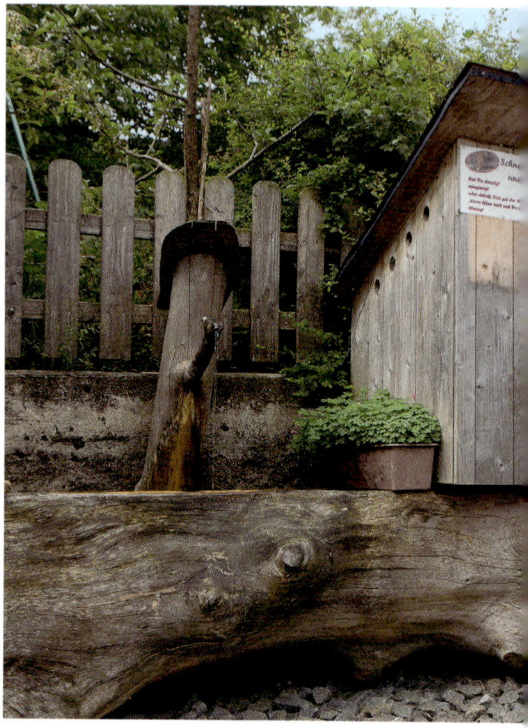

Oben: Waldmistkäfer zählen zu den häufigen Arten in Buchenwäldern.

Mitte: Immer wieder schön: Brunnenkiosk zur Selbstbedienung

Viel Zeit für ergiebige Gespräche Oberhalb der Hütte überqueren wir **3 Beim Forellenhof** und beim **4 Unteren Schönbühl** zweimal kurz nacheinander die Landstraße. Hier verlassen wir den Elztalweg, überqueren die Kostgrundbrücke und folgen jetzt der gelben Wegmarkierung durch den Wald zur Wolfsgrube. Oder besser gesagt: den laaangen, breiten Weg bergan über die etwas abseits vom Wanderweg stehende **5 Kostgrundhütte** und den Tannenbühlweg auf den Höhenzug mit Rüttenbühl (996 m), Eugensruhe (1017 m) und Gschasikopf (1046 m).
Auf diesem Abschnitt gibt es außer der über 250 Jahre alten, als Naturdenkmal geschützten Kostgrundtanne gegenüber der Hütte kaum etwas zu sehen. Deshalb empfehlen wir, sich schon vorher ein ergiebiges Thema für den breiten Schotterweg aufzusparen – Zeit, um dieses gründlichst zu beackern, bleibt genug. Ansonsten eignet sich die gleichmäßige Steigung noch als gutes Fitnessprogramm für den Beginn der kommenden Wandersaison.

Aussichten, so weit das Auge reicht Beim Wegweiser »Wolfsgrube« treffen wir dann wieder auf den Zweitälersteig. Diesmal folgen wir dem noch »jungen« Fernwanderweg rechts über den Rast- und Grillplatz bei der **6 Wolfs-**

grubenhütte sowie auf dem schmalen Gschasikopfweg zur 7 Gschasikopfhütte. Die auf einem exponierten Felsen errichtete Schutzhütte versöhnt uns mit einem herrlichen Blick über das Elztal und bietet mit der Fentzlingbank eine weitere Möglichkeit zur Rast.

Gleich danach überqueren wir am Gschasikopf den höchsten Punkt der Wanderung und wandern auf dem Zweitälersteig über die private Langmattenhütte und die Schwiegrube zur 8 Kapfhütte. Die Schutzhütte steht

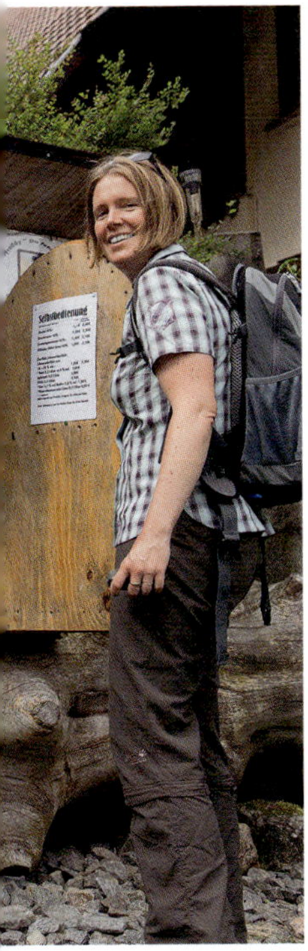

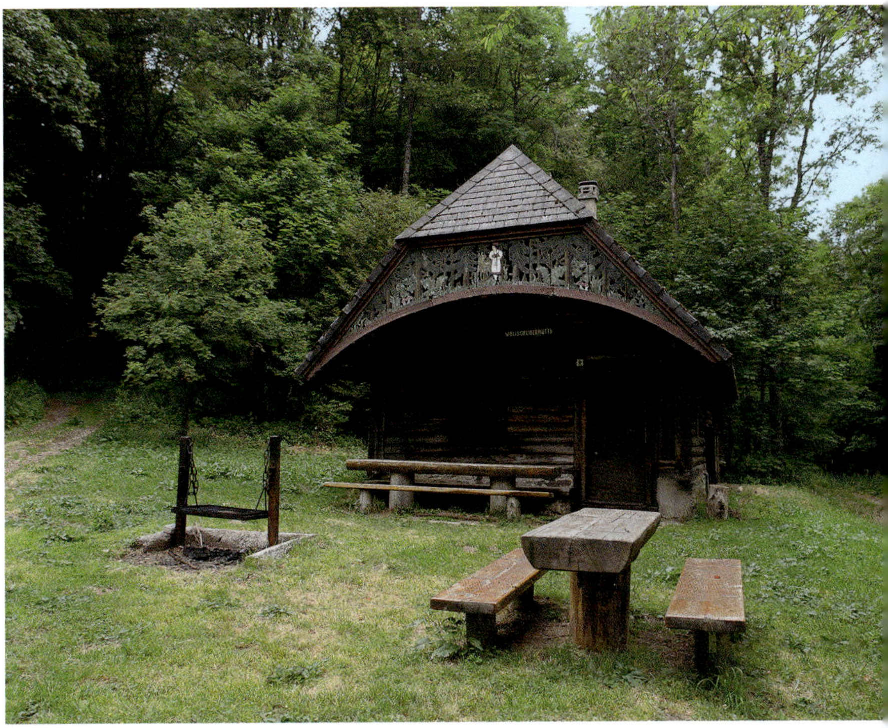

Grillplatz bei der Wolfsgrubenhütte

für Wanderer das ganze Jahr über offen und wird von Mai bis Ende Oktober an Sonn- und Feiertagen bewirtet. Für Gruppen ist die Bewirtung zudem auf Anfrage möglich. Doch auch so lohnt es sich, bei der Hütte einige Zeit zu verbringen und den traumhaften Blick über Elztal und Kinzigtal bis zur Hornisgrinde im Nordschwarzwald auf sich wirken zu lassen. Bei klarer Luft sind im Westen außerdem die Vogesen mit dem Kleinen und dem Großen Belchen zu sehen. Die Panoramatafel beim Kreuz neben der Hütte zeigt außerdem die Richtungen und Entfernungen zu einigen deutschen und europäischen Großstädten an.

Mit diesen schönen Eindrücken und der Festigung unserer geografischen Kenntnisse wechseln wir schließlich vom Zweitälersteig auf den Georg-Blum-Weg und folgen der blauen Raute über den steil abfallenden Waldpfad und durch den 9 Hirschwirtswald zurück nach E Oberprechtal-Dorf.

Schorben und Rüttifeuern

Noch bis in die 1950er-Jahre hinein praktizierten die Landwirte im Elztal das Schorben und Rüttifeuern. Ziel dieser Brand-Feld-Wechselwirtschaft war es, zusätzliches Ackerland für den Getreidebau zu schaffen. Bei dem aufwendigen Verfahren wurde in einem ersten Schritt das Gebüsch entfernt und in Wellen gebündelt. Später wurden Reisig und gestochene bzw. getrocknete Rasenziegel zusammen verbrannt und vor der Aussaat im Herbst gleichmäßig in den Boden eingearbeitet. Nach der Getreideernte konnte sich das Reutfeld als Weideland bis zu drei Jahrzehnte lang erholen, ehe die Prozedur wiederholt wurde.

21

Käther und die Hornberger Schlossfelsen

Grandiose Felsenlandschaft bei Gremmelsbach

Mittel | 13,3 km | 4.30 Std. | 400 Hm

Tourencharakter
Bis auf den Aufstieg auf die Schlossfelsen gut machbare Tour über die Zufahrt nach Oberrötenbach, dann über Wege und Pfade mit schönen Aussichten in Täler und über Hochflächen

Ausgangs-/Endpunkt
Gremmelsbach-Dorf (685 m)

Höchster Punkt
Bereich Holops (ca. 900 m)

Anfahrt
Auto: Von der B 33 St. Georgen–Hausach beim Outdoor-Outlet Triberg auf die K 5726 abbiegen und der Kreisstraße bis Gremmelsbach folgen. Parken bei der Kirche. GPS-Daten: 48.15830, 8.25680
Bus & Bahn: Es bestehen Busverbindungen ab Triberg Bhf. zur Haltestelle »Gremmelsbach Rößle«.

Gehzeiten
Gremmelsbach – Oberer Schlossfelsen 1.30 Std., Schlossfelsen – Dieterle Bauern-Höhe 1–1.15 Std., Bauern-Höhe – Holops 1–1.15 Std., Holops – Gremmelsbach 0.45 Std.; insgesamt: 4.30 Std.

Einkehr
Auf der Strecke keine

Karte
Karte des Schwarzwaldvereins 1:25 000, W248 Furtwangen

Beste Jahreszeit
Mai bis Oktober

Informationen
Touristinformation Triberg, Tel. 07722/86 64 90, www.triberg.de

Rechts: Auf bequemen Waldwegen geht es zum Oberen Schlossfelsen.

Keine Frage, als Ortsteil von Triberg steht Gremmelsbach natürlich im Schatten der berühmten Triberger Wasserfälle. Wer aber dem Trubel entgehen möchte, sollte sich diese Runde gut merken – sie bietet mit Ruhe, sagenhaften Felsen und Bilderbuch-Ausblicken alles, was das Wandererherz begehrt. Nehmen Sie ein Vesper mit!

Bis 1974 war Gremmelsbach noch selbstständig, und trotz der Eingemeindung blieb in dem knapp 500 Einwohner zählenden Dorf ein eigenständi-

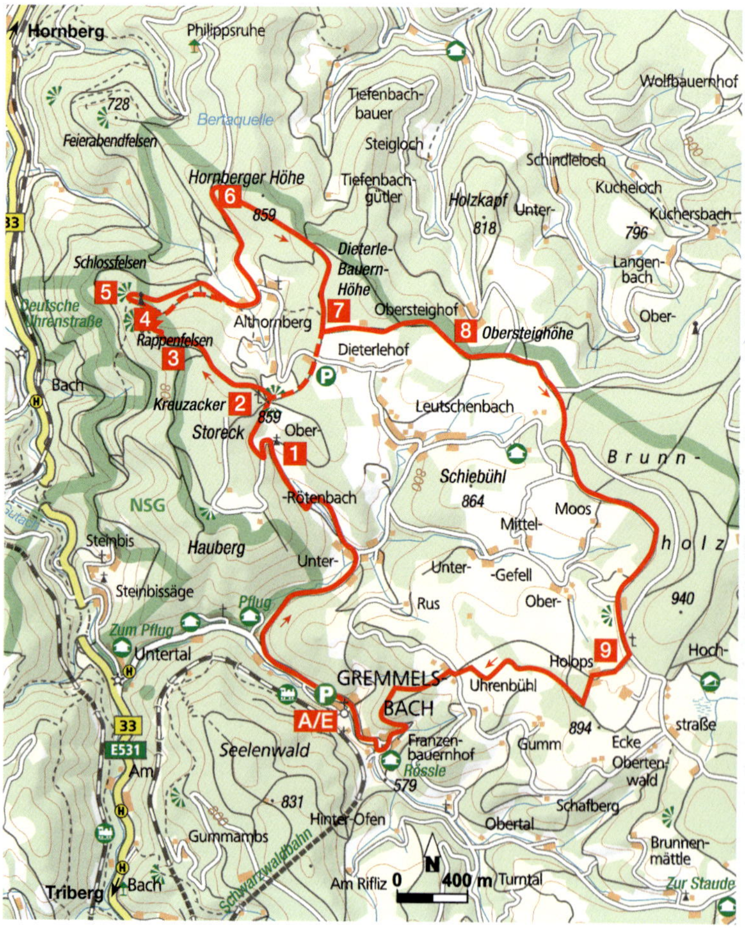

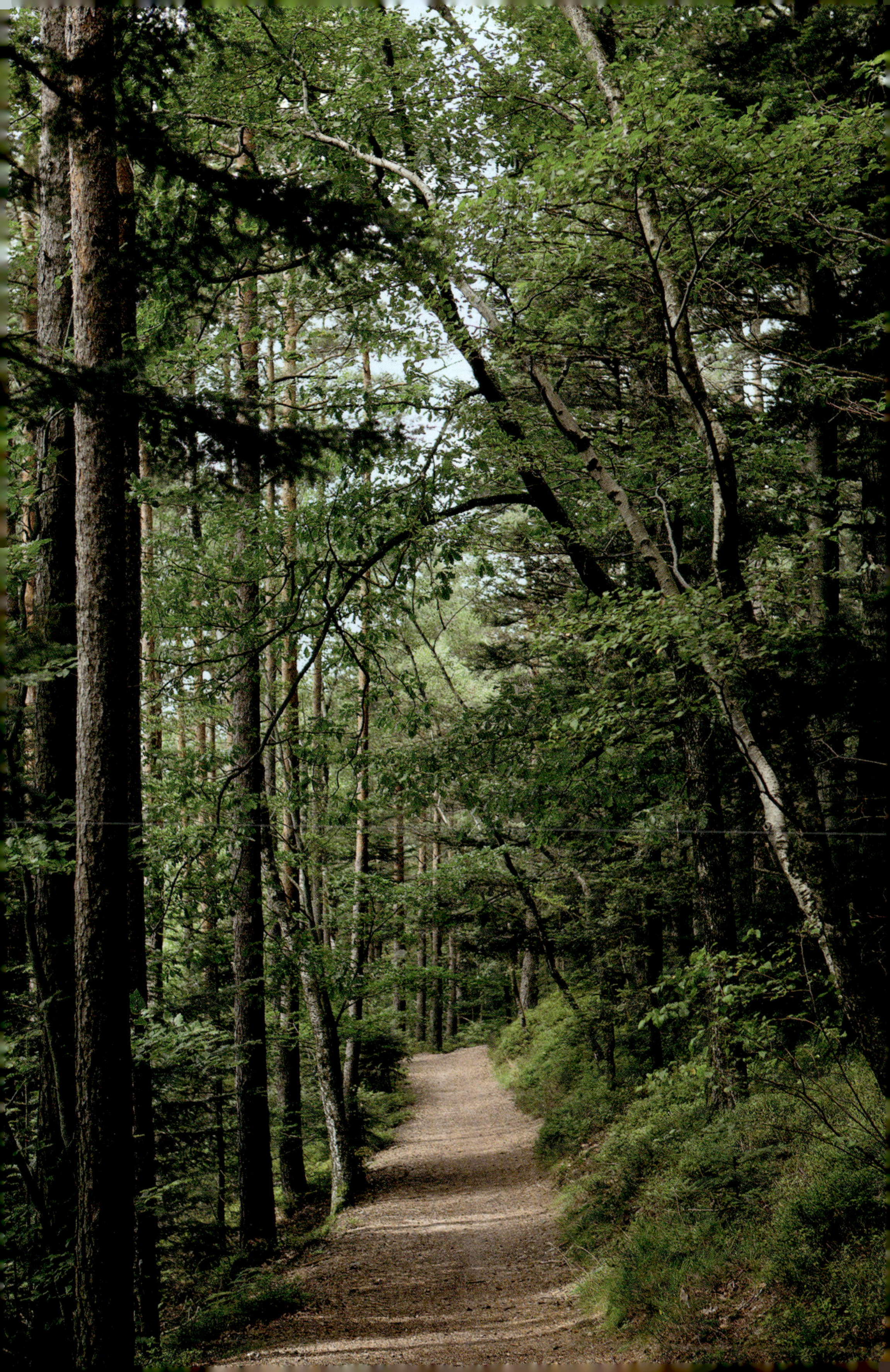

ges Gemeinwesen erhalten. So ist der Dorfbrunnen ein beliebter Treffpunkt für die Einwohner im Ort, und die Vereine bereichern das Dorfleben mit Veranstaltungen und Festen.
Diesem, aber auch der idyllischen Landschaft hat es Gremmelsbach zu verdanken, dass es 2001 als eines der schönsten Dörfer in Baden-Württemberg ausgezeichnet wurde. Zugleich befindet sich Gremmelsbach trotz seiner

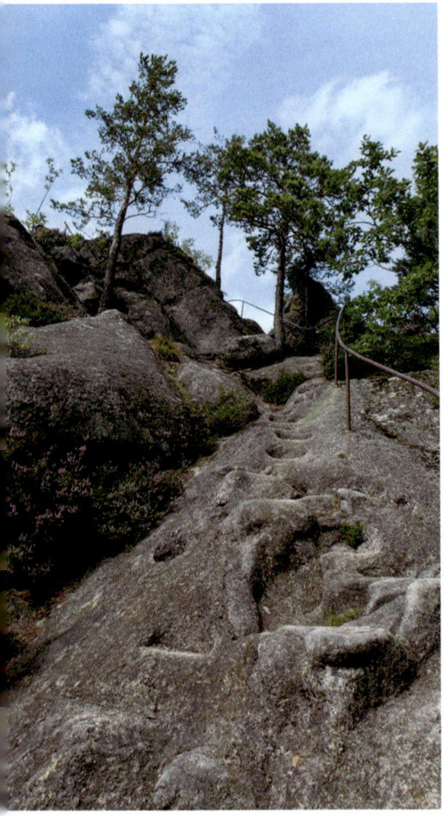

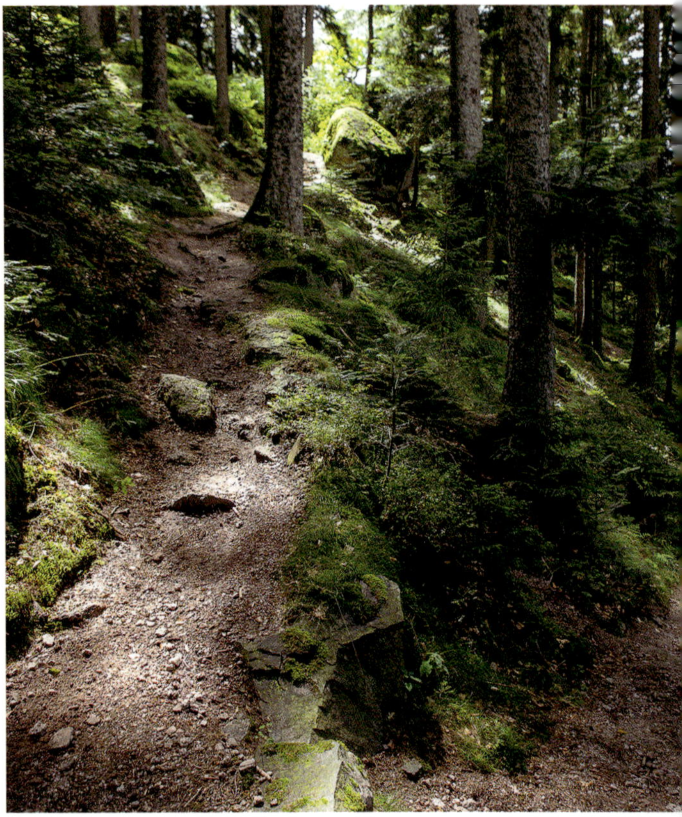

Oben: In den Fels gehauene Stufen führen auf den Oberen Schlossfelsen.

Mitte: Im Zickzack geht es hinunter zum Unteren Schlossfelsen.

Nähe zu Triberg abseits der viel befahrenen Durchgangsstraßen und der Bahnlinie der Schwarzwaldbahn, sodass Wanderer in dem tief eingeschnittenen Tal in aller Ruhe durchatmen und die Schwarzwaldlandschaft auf sich wirken lassen können.

Auf dem »Historischen Wanderpfad« Vom **A Parkplatz** bei der Pfarrkirche St. Josef laufen wir hinunter zur nahen Bushaltestelle bzw. zum Wegweiser »Gremmelsbach-Dorf«. Die ersten 150 Meter der Wanderung verlaufen links auf der Untertalstraße, dann zweigen wir rechts auf den leicht ansteigenden, mit Gras bewachsenen Pfad ab.
Dieser ist Teil des »Historischen Wanderpfads« von Gremmelsbach. Nacheinander erinnern Schilder an das Wirken bekannter Persönlichkeiten, so u. a. auch an Ferdinand Hammer: Den Lehrer und Schulleiter (1886–1906) zeichnete eine unnachgiebige Strenge aus, mit der er seine Schützlinge zu einer besonders sauberen Handschrift erzog. »Bei seinen Schülern blieb er deswegen über Generationen hinweg unvergessen.« Weitere Personen sind Ludwig Advokat (der sich im 18. Jahrhundert als Lehrer, Ratsschreiber,

Holzhändler, Wirt – und auch als Revolutionär einen Namen machte), die Gremmelsbacher Missionare und der italienische Steinbruchbetreiber Rudolf Antonini.

Zum Hornberger Schlossfelsen Nach einer Rechtskurve mündet der Pfad in die Straße Richtung Leutschenbach. Dieser folgen wir bergauf nach Unter-

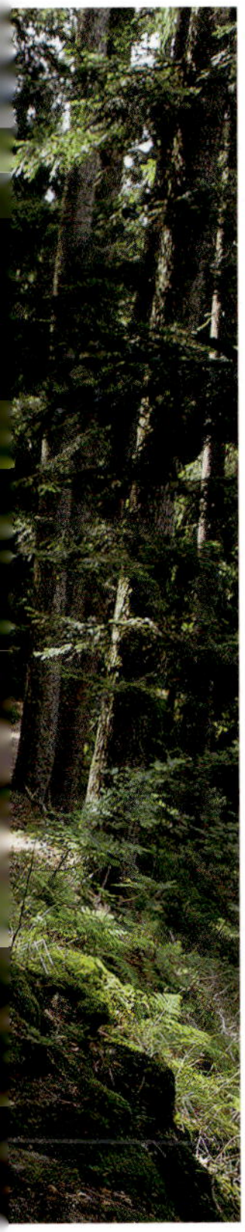

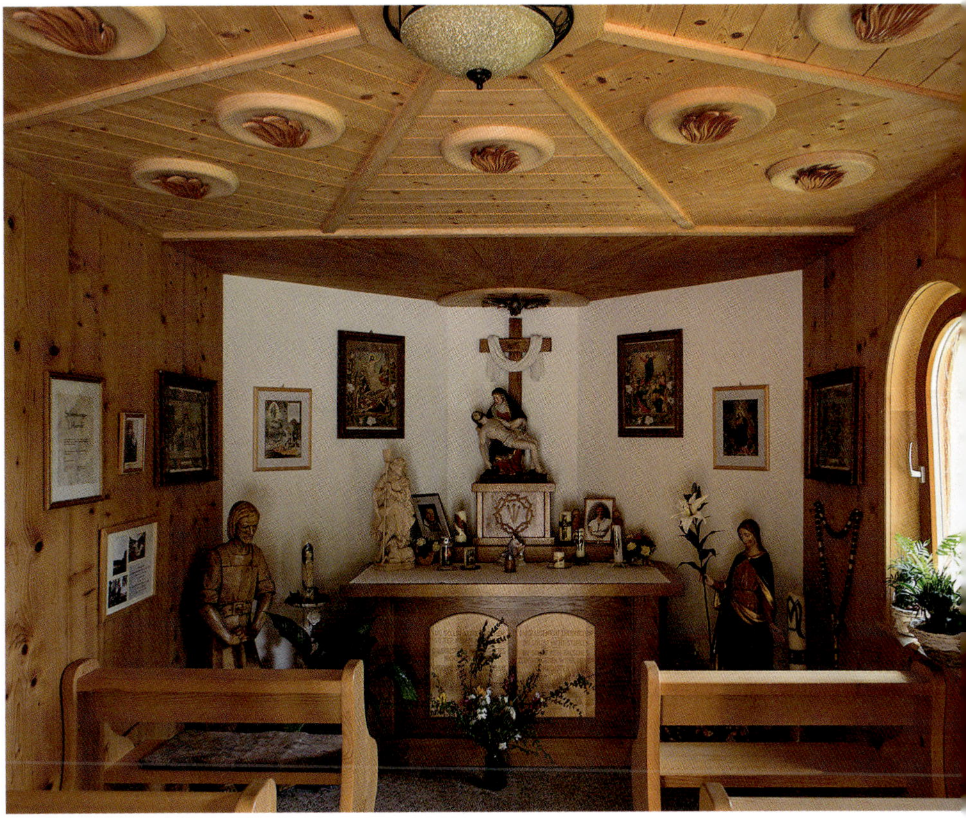

Blick in die Oberrötenbachkapelle

rötenbach, halten uns dort links und wandern weiter zur 1 **Oberrötenbachkapelle**. Ein Blick in den mit Holz ausgekleideten Innenraum der Kapelle lohnt sich.
Oberhalb vom Hof Oberrötenbach geht die Straße in einen Schotterweg über. Auf diesem geht es um den Hof herum bis zur nächsten Abzweigung, dann rechts durch den Wald auf den 2 **Kreuzacker**.
Wer nur eine kurze Runde wandern möchte, kann hier von der Anhöhe geradeaus weiter zur Dieterle-Bauern-Höhe laufen und damit den Abschnitt mit den Schlossfelsen auslassen.
Alle anderen biegen am Kreuzacker links ab und folgen dem kürzeren der beiden ausgewiesenen Wege zum 3 **Rappenfelsen**. Er ist der südlichste von mehreren zum Gutachtal hin steil abfallenden Felsen. 300 Meter weiter ist dann der 4 **Obere Schlossfelsen** erreicht. Vom Wanderweg führt eine steile, in den Stein gehauene Treppe auf den Felsen. Oben öffnet sich dann eine schöne Aussicht über das Tal bis zu den gegenüberliegenden Bergen. Wenn es einigermaßen windstill ist, ist der Obere Schlossfelsen zugleich der ideale Platz für eine erste längere Rast.

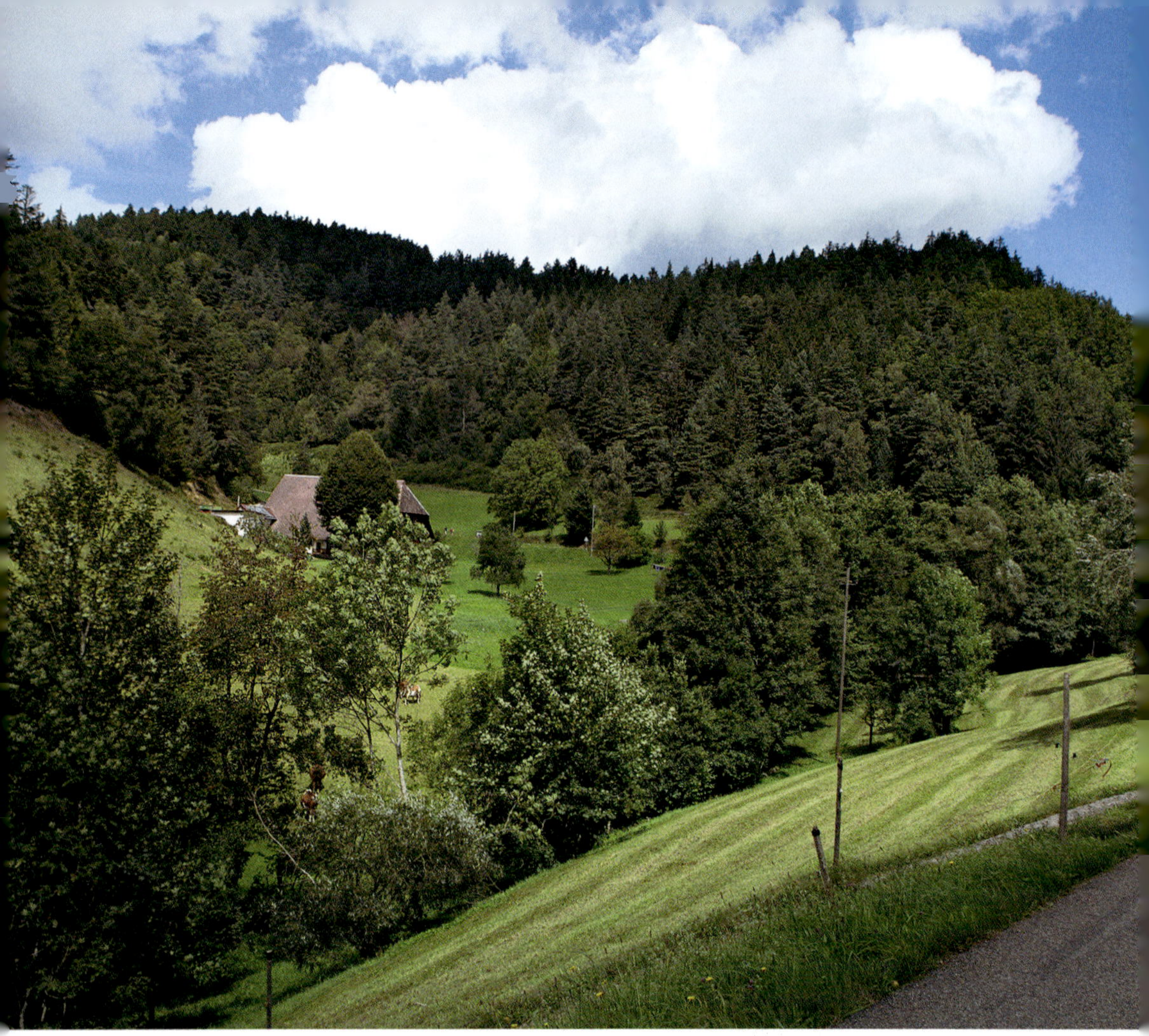

Nach Oberrötenbach folgt der Wanderweg der Zufahrt zu den Höfen.

Schwer zugänglicher Standort Anschließend geht es über einen Waldweg und dann nach 100 Metern scharf links auf einem Pfad zum 5 Unteren Schlossfelsen. Der schwer zugängliche Granitfelsen war einst der Standort der Burg Alt-Hornberg, die um 1100 durch Adalbert von Ellerbach errichtet wurde. Der Bau der Festung wird in der Erschließung des Mittleren Schwarzwalds gesehen. Nachdem die zu dem Zeitpunkt längst aufgegebene Burg im Dreißigjährigen Krieg von den Schweden und Franzosen zerstört wurde, zeugen heute nur wenige Überreste von der Festung. Dazu zählen eine zwei Meter tiefe Wasserzisterne oben auf dem Felsen und Balkenlager und Mauersockel sowie mit Moos bewachsene Trümmerhalden am Fuß des Felsens. 2011 wurde anlässlich der ersten urkundlichen Erwähnung der Burg vor 900 Jahren die Stufenanlage auf den Unteren Schlossfelsen erneuert.

Küsse für die Stallmagd Der Legende nach soll es auf Alt-Hornberg sehr übermütig zugegangen sein. So ließen die Schlossherren eine lederne Brücke vom Schlossfelsen über das Gutachtal spannen, um darüber hinweg auf den Schanzenberg zu reiten. Allzu doll trieben sie es am Heiligen Abend vor der Christnacht: Auf einem Ball sollte das Gesinde ohne Klei-

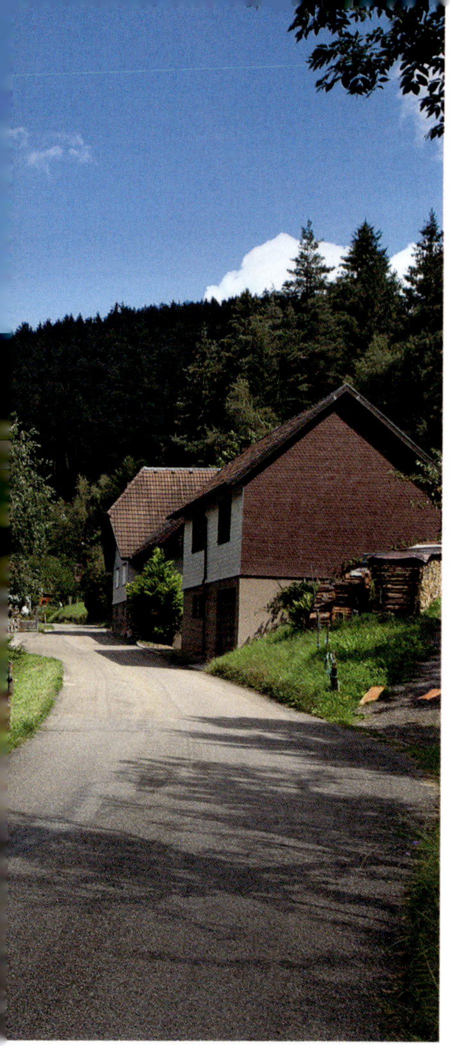

Triberg und seine Superlative

»Deutschlands höchste Wasserfälle« – mit diesem markigen Slogan lockt Triberg seit Jahrzehnten Touristen aus aller Welt in den Schwarzwald. Immerhin: Die sieben Hauptstufen der Gutach kommen zusammen auf eine Fallhöhe von 163 m. Allerdings liegt die Fallhöhe damit immer noch über 300 m unter der des Röthbachfalls südlich des Königssees ... Und tatsächlich gibt es in den Bayrischen Alpen noch sieben weitere Wasserfälle, die zwischen 200 und 300 m in die Tiefe stürzen. Für die Triberger Wasserfälle bleibt damit nur der neunte Rang. Aber wer wirbt schon gern mit »Deutschlands neunthöchste Wasserfälle«?

der tanzen, und anstelle von Schuhen musste es ausgehöhlte »Batzenwecken« an den Füßen tragen. Als ein Unwetter aufzog, versuchte die Stallmagd Käther, die Feiernden zu warnen. Doch der Schlossherr erklärte ihr, dass der Herrgott offenbar mit ihnen feiere und musiziere. Kurz darauf schlug der Blitz in das aus Holz gebaute Schloss ein. In dem auflodernden Feuer kamen alle ums Leben bis auf Käther – allerdings muss sie seitdem wehklagend durch die Wälder geistern, in der Hoffnung, dass sie ein junger Mann mit drei Küssen erlöst.

Rückweg über die Obersteighöhe Nach dem Abstecher auf den Schlossfelsen folgen wir der gelben Raute durch den Wald in ein offenes Tal (am Waldrand rechts) zu den wenigen Häusern von Alt-Hornberg.
Nach dem ersten Haus verläuft der Wanderweg bis zu einer scharfen Rechtskurve auf der Straße. Direkt in dieser Kurve wechselt der Wanderweg links auf einen Feldweg. Einen Katzensprung weiter ist dann auch wieder die gelbe Raute zu sehen, die uns zum 6 **Wegweiser »Hornberger Höhe«** führt.
Dort treffen wir auf den Querweg Lahr–Rottweil, auf dem wir rechts über die 7 **Dieterle-Bauern-Höhe** zur 8 **Obersteighöhe** wandern. Auf dem Weg dorthin verlassen wir den Wald. Damit eröffnet sich uns eine weitreichende Sicht über die Wiesen von Leutschenbach und Mittel-Gfell zu den umliegenden Kuppen des Mittleren Schwarzwalds.
Weiter geht es auf dem Querweg Lahr–Rottweil bis 9 **Holops**. Dort biegen wir rechts ab und folgen der gelben Raute bergab zurück zum E **Parkplatz** bei der Kirche in Gremmelsbach, wo zum Ende dieser schönen Runde ein paar wenige Einkehrmöglichkeiten auf uns warten.

22

Bilderbuchrunde bei Mühlenbach

Über das Büchereck zum Landwassereck

Mittel | 16 km | 5-5.30 Std. | 600 Hm

Tourencharakter
Mit einigen Anstiegen garnierte, aussichtsreiche Runde auf meist gut zu begehenden Wegen

Ausgangs-/Endpunkt
Sonnenparkplatz in Mühlenbach (262 m)

Höchster Punkt
Anhöhe Landwassereck (ca. 670 m)

Anfahrt
Auto: Der Sonnenparkplatz befindet sich direkt an der B 294 Freiburg–Haslach i. K. in der Ortsmitte von Mühlenbach. GPS-Daten: 48.25330, 8.11050
Bus & Bahn: Es bestehen Busverbindungen ab Haslach, Elzach und Hausach zur Haltestelle »Mühlenbach/Kirche«.

Gehzeiten
Mühlenbach – Auf der Platte 1.30 Std. – Büchereck 0.45–1 Std. – Landwassereck 0.45–1 Std. – Mühlenbach 2 Std.; insgesamt 5–5.30 Std.

Einkehr
Gasthaus Zum Landwassereck (Do–Di ab 11:30 Uhr; www.gasthaus-landwassereck.de)

Karte
Karte des Schwarzwaldvereins 1:25 000, W248 Furtwangen

Beste Jahreszeit
April bis Oktober

Informationen
Schwarzwald Tourismus Kinzigtal, Tel. 07834/ 238 00 90, www.schwarzwald-kinzigtal.info

In einem Seitental der Kinzig bietet Mühlenbach das, was sich Feriengäste im Mittleren Schwarzwald wünschen: ein beschauliches, kleines Dorf mit altem Ortskern, eine reiche Blumenpracht in den Gassen und ringsherum romantische Täler, die sich bis auf die Höhen des mittleren Kinzigtals erstrecken.

Vom Ⓐ **Sonnenparkplatz** geht es die ersten Schritte über den Mühlenbacher Talbach und die B 294 zum Rathaus und weiter entlang des Bücherner Bachs zum Wegweiser »Hochenhof«. Dort zweigen wir links ab und gewinnen auf der im unteren Bereich asphaltierten Straße rasch an Höhe. Bald schon öffnet sich vor uns ein herrlicher Blick über das idyllisch in die Berglandschaft eingebettete Mühlenbach. Gern nutzen wir dies, um den Aufstieg zu unterbrechen und unseren Blick über die Ortsmitte mit der Kirche und den roten Dächern schweifen zu lassen.

Am Adalbert-Oehler-Weg Sobald der Weg dann in den Wald eintaucht und in einen anderen Weg mündet, biegen wir links ab und folgen der gelben Raute über »Ebles Winterberg« zum ❶ **Guller**. Nach der Aussicht über das Tal vom Bücherner Bach fällt der Blick jetzt über das mit Höfen, Feldern und

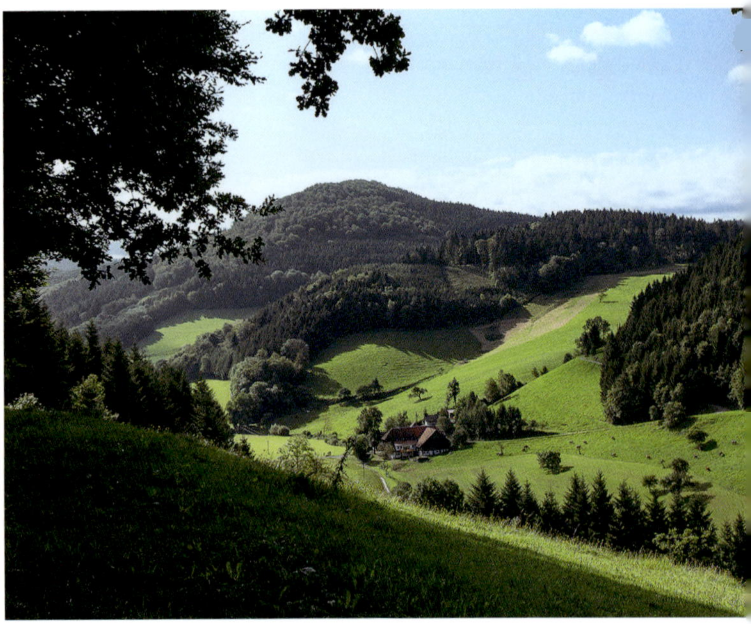

Romantischer Ausblick über das Bücherner Tal

Wiesen reich strukturierte Bärenbachtal.

Bei dem breiten Wegkreuz am Guller halten wir uns schräg rechts, sodass wir den längeren Weg über **2** **Auf der Platte** zum Schmieders Kreuz wählen (alternativ kann man auch geradeaus weiter über den Hausenbühl zur Platte wandern). Der Abschnitt führt über den Adalbert-Oehler-Weg, der an den ehemaligen Forstrevierleiter (1950–1989) von Mühlenbach erinnert. Als Schwerpunkt seiner Arbeit hat er sich der Planung und dem Ausbau von Waldwegen in den Privatwäldern gewidmet. Als Wanderer profitieren wir durch das in diesem Bereich sehr gut ausgebaute, wenn auch für unseren Geschmack etwas zu breit angelegte Wanderwegenetz davon. Sei's drum, die Ausblicke in immer wieder andere Täler sind es wert.

Trachtenmuseum in Haslach

Das Schwarzwälder Trachtenmuseum (www.haslach.de) befindet sich im Alten Kapuzinerkloster und zeigt in Großvitrinen über 100 Schwarzwälder Originaltrachten. Diese sind gemäß ihrer Herkunft nach Nordschwarzwald, Mittlerer Schwarzwald, Südschwarzwald, Schwarzwald-Randgebiete, Ried sowie Breisgau und Markgräflerland eingeteilt. Neben den geografischen gibt es auch vier thematische Abteilungen: »Brautkronen und Schäpel«, »Hauben und Hüte«, »Bürgerliche Kleidung« und »Werktagskleidung«. Zudem beinhaltet die Sammlung Gegenstände aus dem bäuerlichen Leben. Das Gebäude selbst gilt als die einzige komplett erhaltene barocke Klosteranlage des Kapuzinerordens im süddeutschen Raum.

Vom Schmieders Kreuz zum Büchereck Beim **3** **Schmieders Kreuz** haben wir die Wahl: Entweder biegen wir halb rechts ab und bleiben der gelben Raute bis zum Landwassereck treu – damit kämen wir nach knapp 200 Metern oder einer Links- und einer Rechtskurve an den Waldrand und hätten auf dem nächsten kurzen Abschnitt einen schönen Blick über die Wiesen oberhalb vom Vusenhof.

Oder wir laufen geradeaus weiter, bis wir auf den Westweg treffen; in diesem Fall müssen wir dann beim Wegweiser »Am Schorenkopf« rechts auf den Fernwanderweg abbiegen. Bei dieser Variante kommen wir zum aussichtsreichen und großzügig gestalteten Grill- und Rastplatz bei der

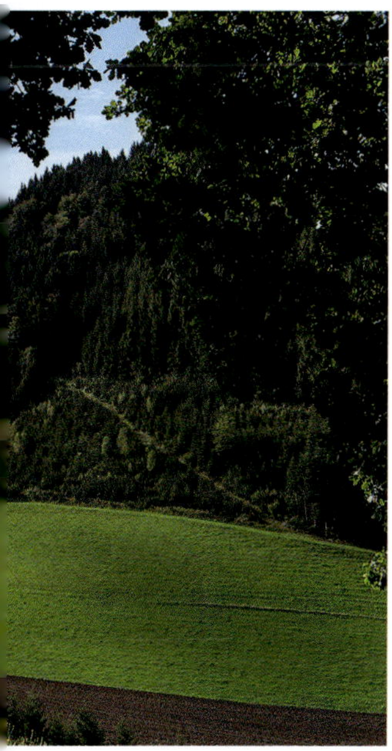

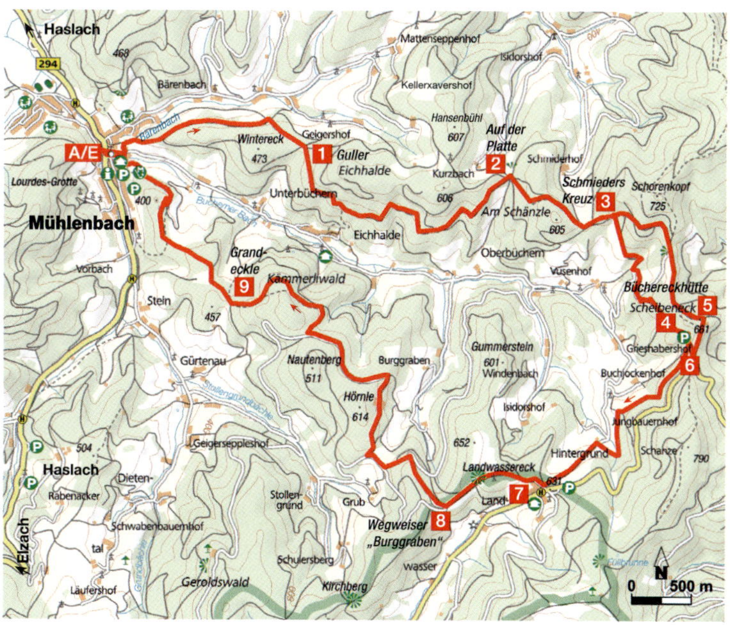

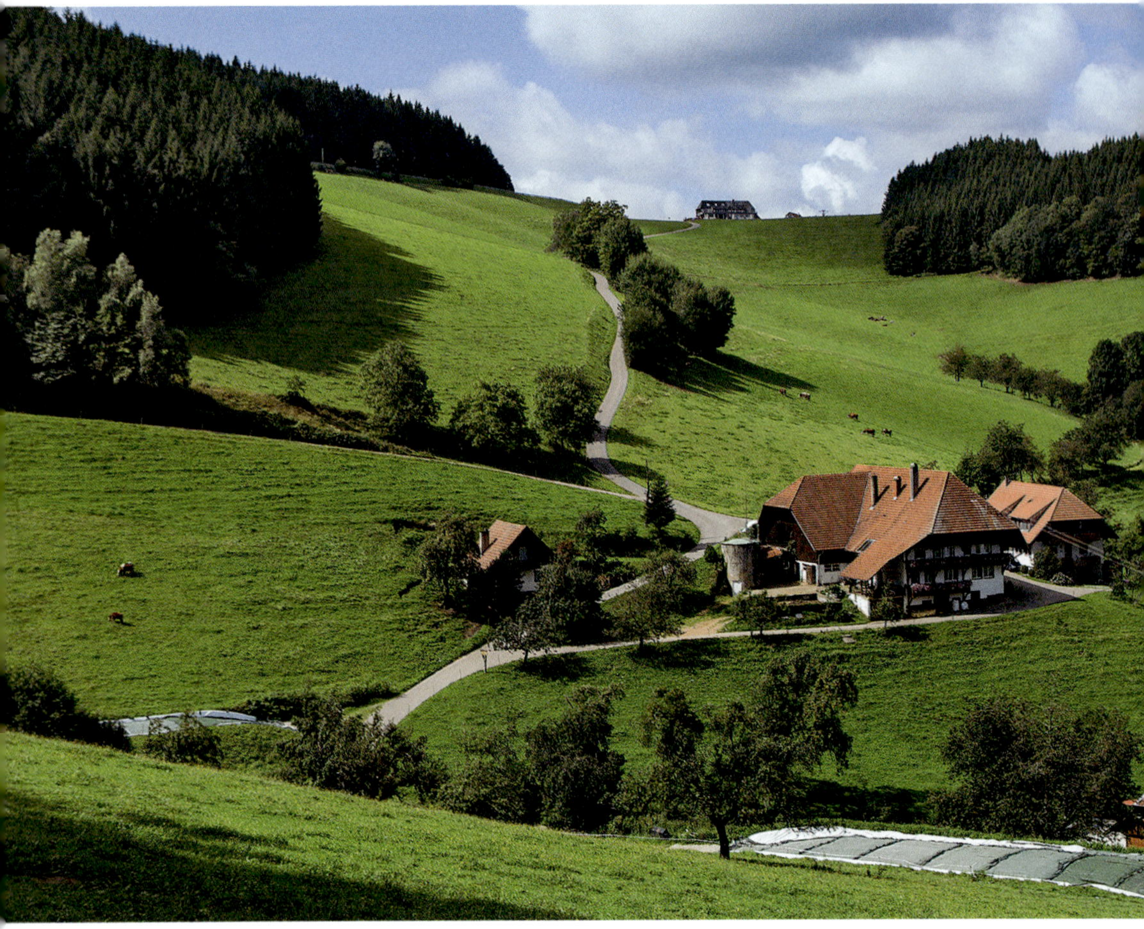

Oben: Blick über den Prinzbachshof zum Landwassereck

Rechts: Sonnenstrahlen verzaubern den Wald am Wintereck.

5 **Büchereckhütte**. Um von dort auf »unseren« Wanderweg zurückzukehren, biegt man dann beim 6 **Parkplatz Büchereck** scharf rechts ab. Bei 4 **Unterm Büchereck** treffen beide Wege wieder zusammen.

Stelldichein der Wanderwege Leicht bergab geht es schließlich in einem weiten Bogen erst durch den Wald, dann am Waldrand um den Buchjockenhof herum. Kurz bevor der landwirtschaftliche Weg in einer Rechtskurve nach Norden zur Zufahrt des Hofs schwenkt, müssen wir in einem rechten Winkel nach Süden, in diesem Fall also nach links, abbiegen. (Wer den Abzweig verpasst, sei getröstet: Auch wir sind prompt daran vorbeigelaufen, sodass wir wieder 50 Meter zurücklaufen mussten.)

Vom Abzweig geht es dann in Sichtweite der nächsten Höfe hoch aufs 7 **Landwassereck**. Auf der Anhöhe kann es durchaus lebhaft zugehen. So steuern neben unserem ruhigen Wanderweg auch der Zweitälersteig, der Querweg Lahr–Rottweil, der Europäische Fernwanderweg E 1 von Schweden nach Umbrien und der Pilgerweg Rottenburg–Thann die Passhöhe an. Und bei Schnee führt ein präparierter Winterwanderweg herauf.

Als logische Konsequenz lädt hier das Gasthaus Landwassereck zur Einkehr ein. Wer selbst noch genug Proviant mit sich trägt, findet ein Stück weiter am Waldrand ein ruhiges Bänkle.

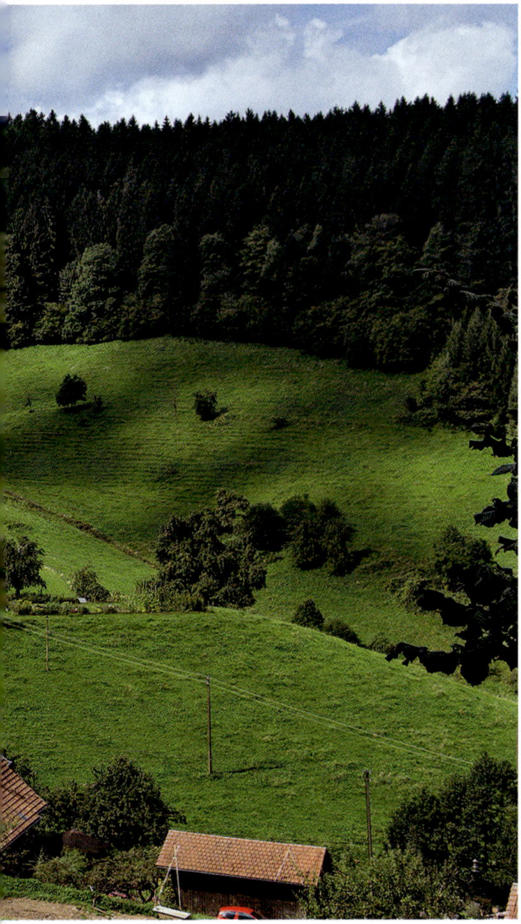 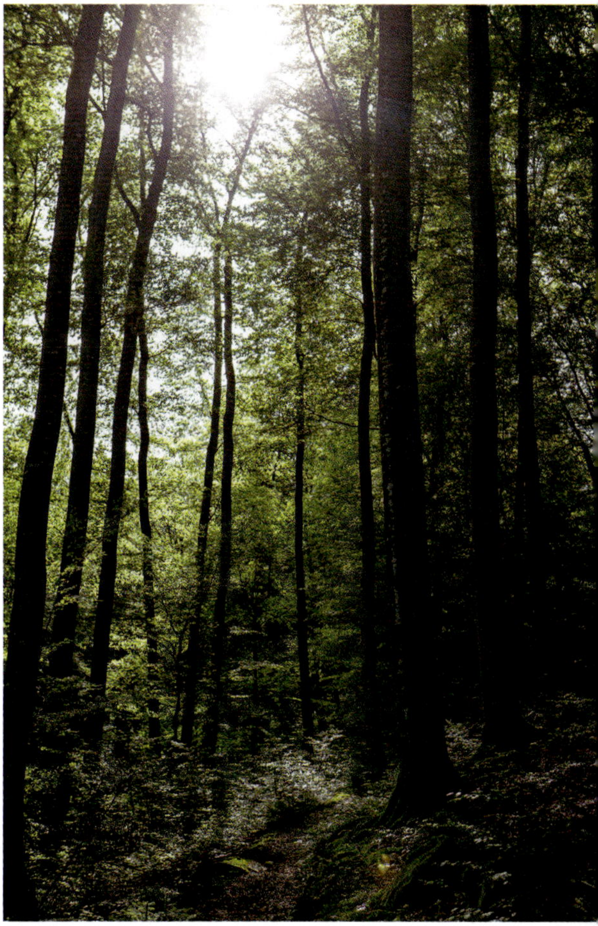

Übers Grandeckle nach Mühlenbach Anschließend folgen wir dem Zweitälersteig bis zum 8 **Wegweiser »Burggraben«**. Dort wechseln wir rechts auf den mit der blauen Raute Richtung Mühlenbach ausgezeichneten Weg, sodass wir bald auf das Gewann Dielten kommen, eine weitere Anhöhe mit freier Sicht nach Norden und Süden. Vor Ort erinnert eine Gedenktafel an die Ereignisse vom 18. März 1944: An jenem Tag rettete sich die Besatzung eines US-Airforce-Bombers mit dem Fallschirm aus ihrem abstürzenden Flieger. Darunter war auch der Bombardier Edward Schwartz. Den Menschen auf dem nächsten Hof erzählte er, dass sein Vater aus Unterharmersbach stamme und sie in der festen Überzeugung gekommen seien, Deutschland von einem schlechten System zu befreien – so, wie die Wehrmachtssoldaten meinten, für eine gerechte Sache zu kämpfen.

Nachdem wir das nächste größere Waldstück durchquert haben, erreichen wir das 9 **Grandeckle**. Nur der Vollständigkeit halber sei gesagt: Auch hier öffnet sich die Sicht in ein weiteres Tal, und eine Bank lädt zum Verweilen ein.

Die letzten zwei Kilometer geht's über den Birklesattel zurück zum E **Sonnenparkplatz** in Mühlenbach. Wer dort noch weiß, in wie viele Täler sich auf der Runde die Sicht geöffnet hat, kann sich stolz auf die Schulter klopfen – wir selbst haben es nicht gezählt.

23

Panoramasicht am Mooswaldkopf

Von Lauterbach zum Gedächtnishaus Fohrenbühl

Mittel 14,8 km 4.15–4.45 Std. 400 Hm

Tourencharakter
Nach dem Anstieg zu Beginn aussichtsreiche Wanderung über Pfade und Wege, die etwas Kondition erfordern

Ausgangs-/Endpunkt
Lauterbach, Friedhof (569 m)

Höchster Punkt
Mooswaldkopf (881 m)

Anfahrt
Auto: Von der B 33 Triberg–Hausach bei Hornberg oder der B 462 Rottweil–Schiltach bei Schramberg Richtung Lauterbach und weiter über die L 108 bis zum Parkplatz unterhalb vom Friedhof. GPS-Daten: 48.22740, 8.34550
Bus & Bahn: Es bestehen Busverbindungen ab Schramberg und Hornberg zur Haltestelle »Lauterbach/Friedhof«.

Gehzeiten
Lauterbach – Rotwasser 2–2.15 Std. – Mooswaldkopf 1 Std. – Lauterbach 1.15–1.30 Std.; insgesamt 4.15–4.45 Std.

Einkehr
Der Turm Fohrenbühl, Do bis Di ab 11 Uhr, So ab 10 Uhr, Tel. 07422/44 61, www.der-turm-fohrenbühl.de,

Karte
Karte des Schwarzwaldvereins 1:25 000, W248 Furtwangen

Beste Jahreszeit
April bis November

Informationen
Touristinformation Lauterbach, Tel. 07422/94 97 30, www.lauterbach-schwarzwald.de

Wird nach den teuersten Bauwerken im Schwarzwald gefragt, wem fiele dazu der Ausbau des Aussichtsturms auf dem Fohrenbühl ein? Doch tatsächlich flossen bis zum Ende der Arbeiten 460 000 000 000 000 Mark in die Taschen der beschäftigten Handwerker. Allein kaufen konnten sie sich mit dem vielen Geld so gut wie nichts …

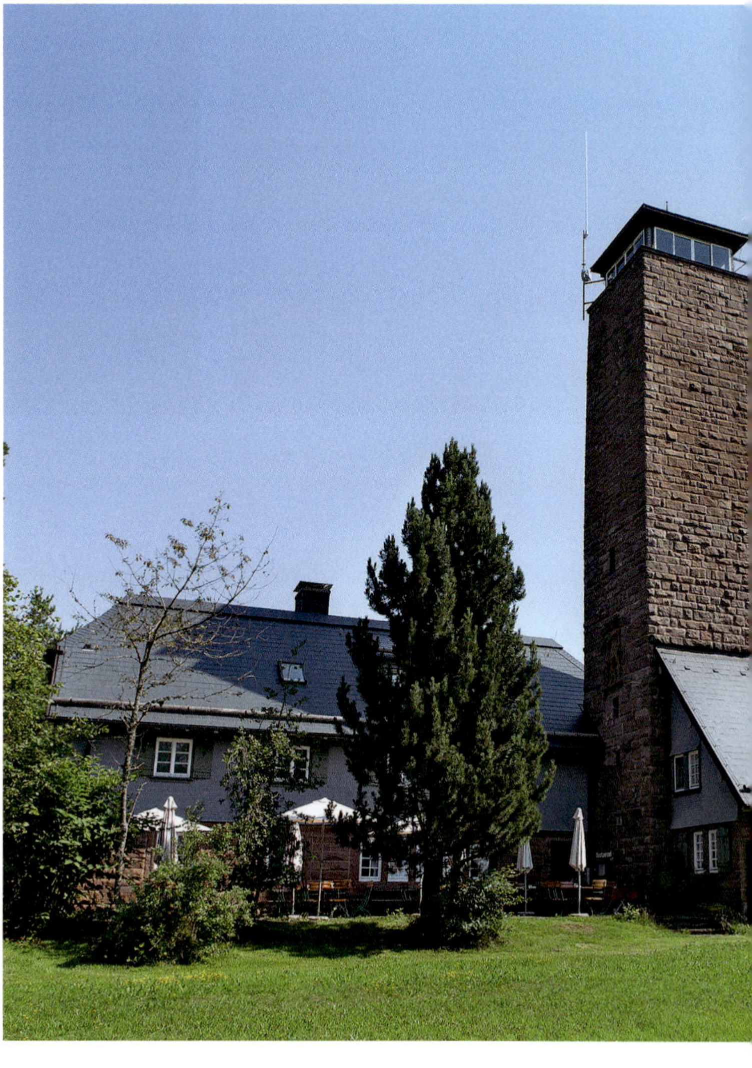

Der Mooswaldkopf wird vom Gedächtnishaus Fohrenbühl gekrönt.

Wer die vielen Nullen richtig abgezählt hat, darf sich die Zahl gern noch einmal auf der Zunge zergehen lassen: 460 Billionen(!) Papiermark musste der Schwarzwaldverein zusammenkratzen, um einen Anbau der zuvor einfachen Herberge und die Erhöhung des Aussichtsturms um fünf Meter zu stemmen. Grund für die Kostenexplosion war, dass die Grundsteinlegung am 14. Juli 1923 mitten in die grassierende Geldentwertung fiel. Erhielt ein Steinhauer zu Beginn der Bauarbeiten noch 36 000 Papiermark in der Stunde ausbezahlt, so waren es am 12. Oktober 1923 bereits 105 Millionen Papiermark. Vergleicht man die Kaufkraft des Geldes zu der Zeit vor dem Ersten Weltkrieg, sank der Stundenlohn allerdings von

Mein Tipp

Bis 1895 wurden Tannen und Fichten über die Kinzig und ihre Nebenbäche zum Rhein und weiter bis in die Niederlande geflößt. Die Geschichte des historischen Gewerbes wird auf dem 33 km langen »Flößerpfad« anschaulich erklärt. Er führt von Wolfach über Schiltach, Schenkenzell und Alpirsbach bis nach Lossburg und stellt auf Tafeln auch das Leben und Wirtschaften der Waldbauern, der Floßknechte und der Schiffer dar. Einen lebendigeren Eindruck von der Flößerei gibt die Kinzigtäler Flößerwoche, deren Höhepunkt eine Schau-Floßfahrt auf der Kinzig ist.

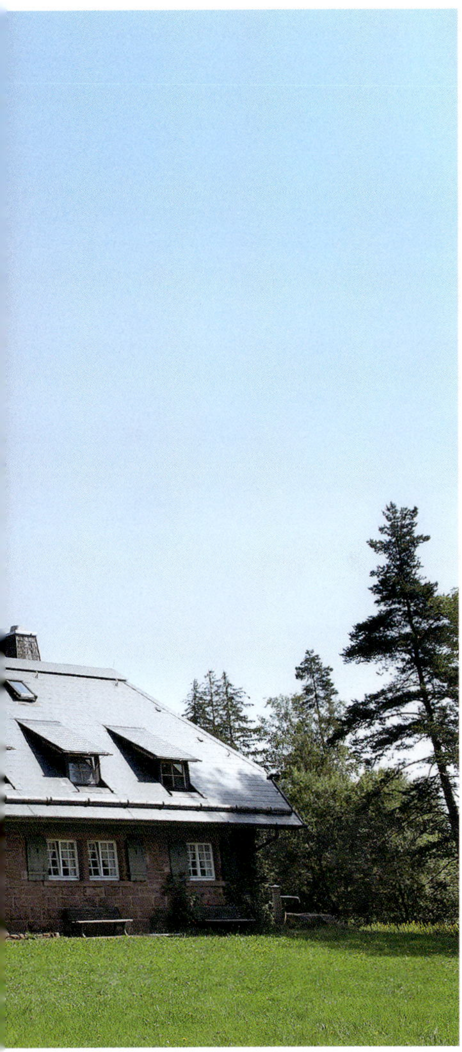

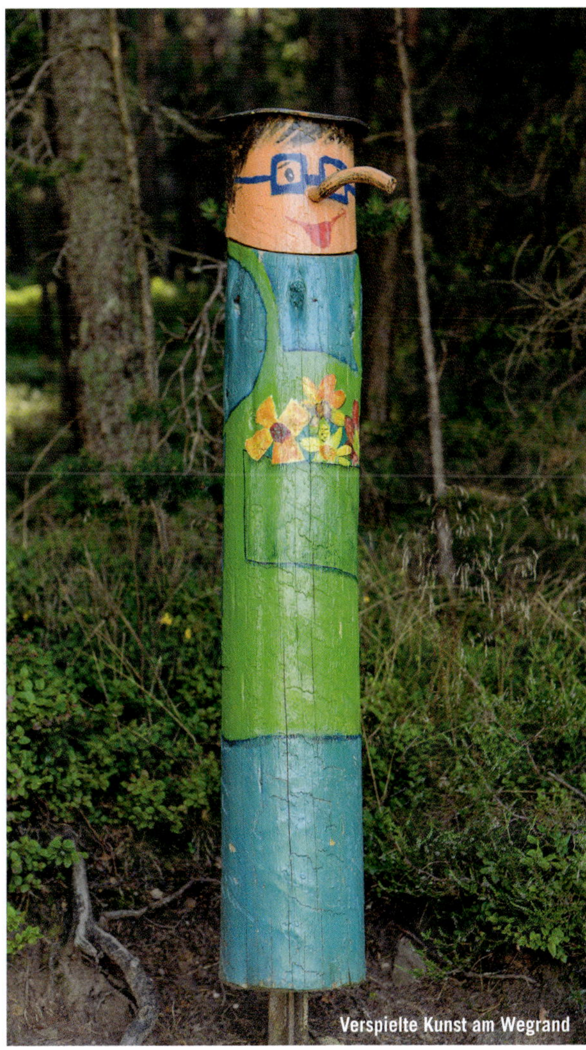

Verspielte Kunst am Wegrand

36 Pfennigen auf nur noch 11 Pfennige. Am 17. November bekam derselbe Steinhauer 356 Milliarden Papiermark oder 59 Pfennige der Vorkriegszeit pro Stunde ausbezahlt. Bereits zwei Tage zuvor wurde die Hyperinflation mit Einführung der Rentenmark gestoppt. Zu der Zeit hatten die Menschen längst begonnen, mit Geldscheinen die Wände zu tapezieren, um sich so die unbezahlbare Tapete zu sparen.

Aussichten im Doppelpack Vom Parkplatz und der Bushaltestelle unterhalb des **A** **Friedhofs** sind es 200 Meter bis zum Rathaus von Lauterbach. Dort biegen wir links in die Albert-Gold-Straße ab. Rund 150 Meter weiter zweigt rechts ein Treppenpfad hoch zum **1** **Kreuzfelsen** ab. An dem markanten Felsen oberhalb von Lauterbach wurde schon in den 1960er-Jahren geklettert. Nachdem er zeitweilig kaum noch Beachtung fand, wurde der Kreuzfelsen ab 2010 saniert, lose Steine wurden abgetragen und mit geklebten Haken 26 Kletterrouten und Varianten eingerichtet. Seit 2012 ist der Fels wieder zum Klettern freigegeben. Wanderern eröffnet der Fels immerhin eine gute Sicht über Lauterbach.
Nach dem Abstecher steigt der Pfad zu einem **2** **Aussichtspavillon** an. Nach dem steilen Auftakt ist dies eine günstige Gelegenheit, um durchzuschnaufen, ehe wir auf dem Waldweg auf die offene Hochfläche laufen und, links ab, über landwirtschaftliche Wege nach **3** **Imbrand** wandern.

Charakteristisches Kinzigtäler Haus In Imbrand biegen wir rechts auf die Ortsdurchfahrtsstraße ab und wechseln ein kurzes Stück weiter links auf den Kinzig-Neckar-Weg. Mit schönen Aussichten über die Dörfer folgen wir damit der blauen Raute über die Wegweiser »Hölzlehof«, **4** **»Wursthof«** und »Kienbronn« nach **5** **Rotwasser**.

Als Wohnhaus genutzter Schwarzwaldhof

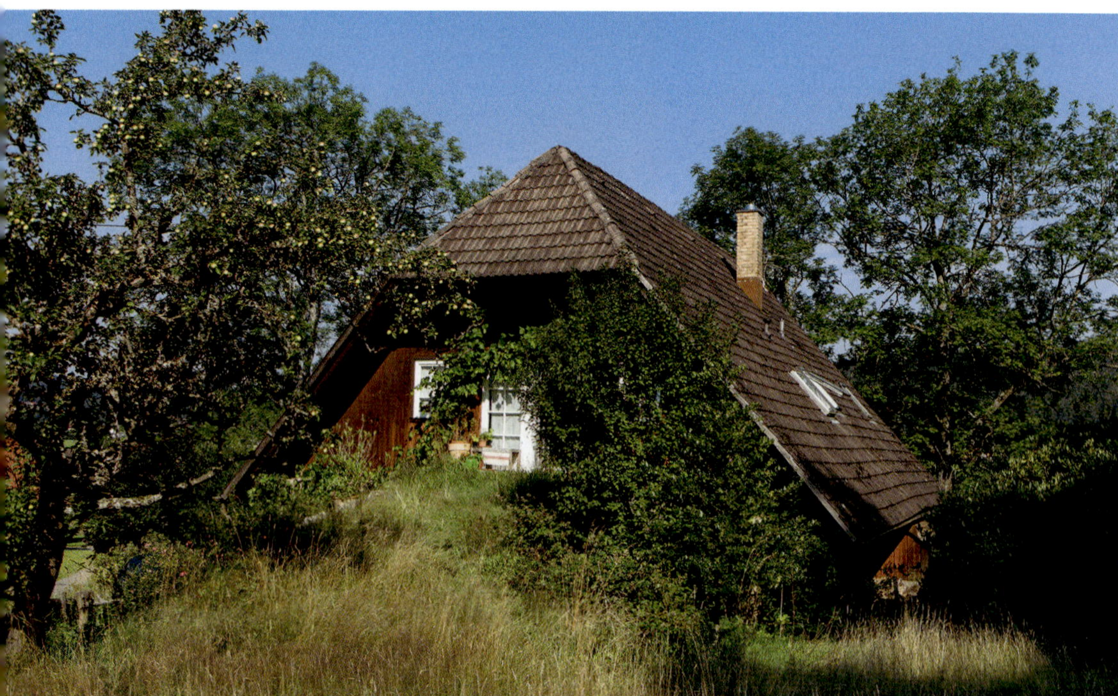

Auf dem Weg dorthin lohnt es sich, die Augen offen zu halten, denn neben der weiten Sicht über ausgedehnte Wiesen führt der Weg auch an alten Grenzsteinen und an einem hübschen Weiher vorbei, ehe eine steinerne Sitzgruppe zu einer weiteren kurzen Rast einlädt.

200 Meter nach dem Parkplatz Rotwasser kommen wir zum 6 **Kapfhäusle**. Das im Privatbesitz befindliche Gebäude gilt mit seinem strohgedeckten Satteldach als charakteristischer Vertreter des Kinzigtäler Hauses. Aufgrund der Bauweise wird davon ausgegangen, dass es im 18. Jahrhundert errichtet wurde. Zwischen dem Häusle und dem Wanderweg erfreut uns ein für den Schwarzwald typischer Bauerngarten.

Stippvisite am Mittelweg Beim Kapfhäusle treffen wir auf den Mittelweg. Auf dem Fernwanderweg geht es am nächsten Wegabschnitt teils durch den Wald, teils entlang des Waldrands über Mooswald und den 7 **Kohlplatz** (links abbiegen) hinauf zum 8 **Gedächtnishaus Fohrenbühl**. Das denkmalgeschützte Haus steht nahe der Passhöhe Fohrenbühl auf dem abgeflachten Gipfel vom 9 **Mooswaldkopf** (881 m) und erinnert an die »Gefallenen des Weltkrieges von 1914–18 vom Württembergischen Schwarzwaldverein«.

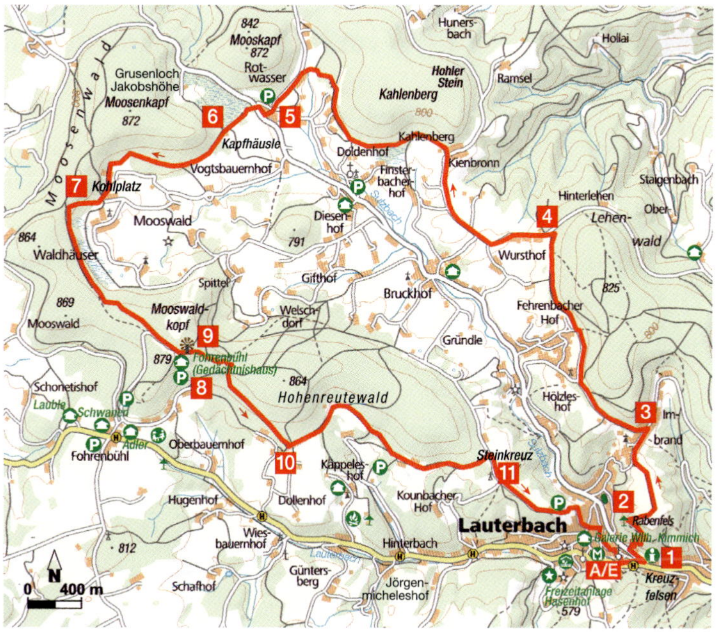

Die Geschichte des Wanderheims geht noch ein paar Jahre zurück: 1904 erbaute der Karlsruher Kunstmaler Robert Engelhorn einen 15 Meter hohen Turm samt einfacher Unterkunftshütte. Bei dem inflationär bedingt teuren Ausbau der Turmhütte zum Gedächtnishaus wurde der Turm auf 21 Meter erhöht, die Hütte vergrößert und mit einem Neubau verbunden. Nach erneuten Umbauten bietet das Wanderheim seinen Gästen heute mehrere große, modern eingerichtete Zimmer, womit es zum beliebten Etappenziel auf dem Mittelweg geworden ist.

Über Dollenhof und Steinkreuz Während der Mittelweg vor dem Turm rechts nach St. Georgen abbiegt, laufen wir geradeaus weiter, sodass wir das Gedächtnishaus auf seiner linken Seite passieren und der gelben Raute »Am Mooswaldkopf« und »Hohenreutewald« durch den Wald nach 10 **Dollenhof** folgen.

Dort biegen wir links ab und genießen auf dem Weg nach Im Weberloch nochmals die Sicht über die nun wieder offene Landschaft oberhalb von Lauterbach. Auf den letzten drei Kilometern wandert man dann über das 11 **Steinkreuz**, passiert eine auffallende Steinbank und den Sommerberg und gelangt wieder hinab zum Ausgangspunkt am E **Friedhof** in Lauterbach, wo diese abwechslungsreiche und gut machbare Runde endet.

24

Auf den Spuren von Heinrich Hansjakob

Aufstieg auf den Brandenkopf

Leicht 16 km 4.30–5 Std. 670 Hm

Tourencharakter
Zwar langer, aber gut machbarer Anstieg zum Brandenkopf über breite Wege, landwirtschaftliche Straßen und Forststraßen

Ausgangspunkt
Oberharmersbach (298 m)

Endpunkt
Birach (240 m)

Höchster Punkt
Brandenkopf (945 m)

Anfahrt
Auto: Von der B 33 Offenburg–Haslach i. K. bei Biberach Richtung Zell a. H. und weiter über die L 94 bis Oberharmersbach; an der Bahnlinie, beim Rathaus oder auf dem Chilbiplatz parken. GPS-Daten: 48.37170, 8.12820 (Chilbiplatz)
Bus & Bahn: Es bestehen Bus- und Bahnverbindungen ab Biberach (Baden) zur Haltestelle »Oberharmersbach-Dorf«. Die Rückkehr erfolgt mit Bus oder Bahn ab Birach.

Gehzeiten
Oberharmersbach – Durben 1.30–1.45 Std. – Brandenkopf 0.50 Std. – Nillhöfe 1 Std. – Birach 1.10–1.20 Std.; insgesamt 4.30–5 Std.

Einkehr
Wanderheim Brandenkopf (Mi–Mo ab 10 Uhr, www.brandenkopf.net)

Karte
Karte des Schwarzwaldvereins 1:25 000, W239 Lahr

Beste Jahreszeit
Ganzjahrestour

Informationen
Touristinformation Oberharmersbach, Tel. 07837/277, www.oberharmersbach.de

Der Brandenkopf bildet den Mittelpunkt zwischen den touristisch reizvollen Tälern der Kinzig, der Wolf und des Harmersbachs. Zugleich zählt der Berg zu denen, die schon lange auf unserer Liste möglicher Wanderziele standen und immer wieder doch nicht begangen wurden. Bei den Arbeiten zu diesem Buch hat es dann endlich geklappt.

Wer den Titel dieses Wanderführers wortwörtlich nimmt, wird sich bei dieser Tour wundern, kommt sie hinauf zum Brandenkopf doch vom ersten bis zum letzten Meter ohne Pfade aus. Wir haben sie dennoch bei den »Vergessenen Pfaden« aufgenommen – schon deshalb, weil wir selbst zwar schon oft daran gedacht, die Tour dann aber ein ums andere Mal verschoben hatten. Auf unserer persönlichen Wanderkarte blieb somit immer ein unschöner weißer Fleck zwischen dem Kinzigtal und den Wandergebieten bei Bad Peterstal-Griesbach.
Das wog umso schwerer, da der Brandenkopf selbst einer Ferienregion mit den Orten Zell am Harmersbach, Oberharmersbach, Biberach und Nord-

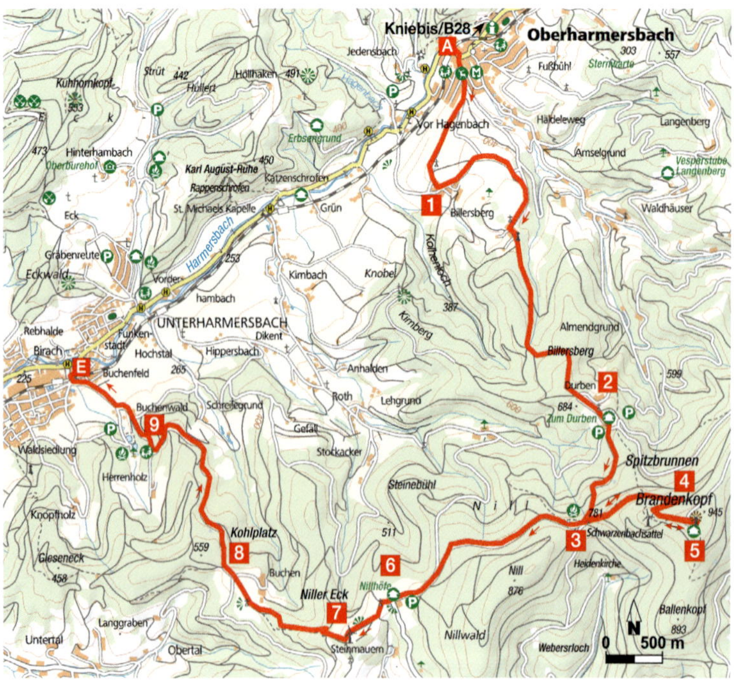

rach seinen Namen verliehen hat. Den Ausschlag gab jedoch, dass wir diese Tour so gestalten konnten, dass sie größtenteils auf dem »Hansjakobweg« verläuft: Der Volksschriftsteller Heinrich Hansjakob hat mit seinen Erzählungen insbesondere im Mittleren Schwarzwald dafür gesorgt, dass das Leben der meist einfachen Leute seinerzeit bis heute in lebendiger Erinnerung geblieben ist.

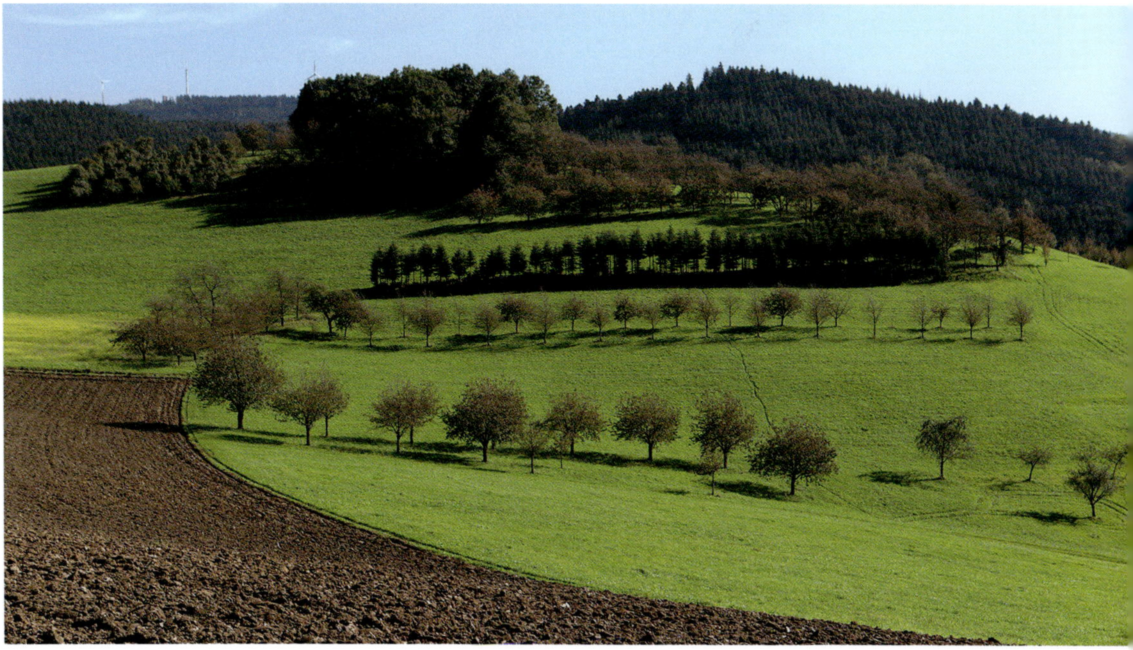

Felder, Wiesen und eingestreute Obstbäume charakterisieren das Harmersbachtal.

Über den Billersberg Von der S-Bahn-Haltestelle sind es gut 100 Meter bis zum Startpunkt beim Ⓐ **Rathaus von Oberharmersbach**. Wer auf dem Chilbiplatz geparkt hat, muss etwa das Doppelte laufen, kann aber auch über den Mühlenweg zum Wegweiser »Ehemalige Ziegelhütte« abkürzen. In beiden Fällen geht es dann auf dem mit einem Hutsymbol markierten Hansjakobweg hinauf zur Siedlung ❶ **Billersberg**.
Auf dem Weg dorthin öffnet sich bald die Sicht über das idyllische Harmersbachtal. Während im Südwesten die Kuppen der Berge jenseits der Kinzig zu sehen sind, versperren nach Nordwesten der Täschenkopf (823 m) und der Rautschkopf (782 m) den Blick ins benachbarte Nordrachtal. Zu den Höfen im Tal zählen der Kudererhof und der Lunzenhof. Während vor dem Ersten der Galgen des Harmersbacher Reichstals stand, wurde der Zweite durch den »kampfeslustigen und aufrührerischen Lunzenbur Gabriel Breig« bekannt. Er hatte einst die Bauern im Streit gegen die Zeller Bürger aufgewiegelt und angeführt.
Bei den Häusern auf dem unteren Billersberg lernen wir als Nächstes Wilhelm Pfundstein, den »Hertigsbur«, kennen. Er praktizierte seinerzeit im Leibgedinghaus des Hertighofs und machte sich als der beste Sympathiedoktor im Kinzigtal einen Namen.

Zum Schwarzenbachsattel Oberhalb der Höfe geht es über Häldele und den bewaldeten Billersberg (657 m) hinauf nach ❷ **Durben**. In dem von Wald

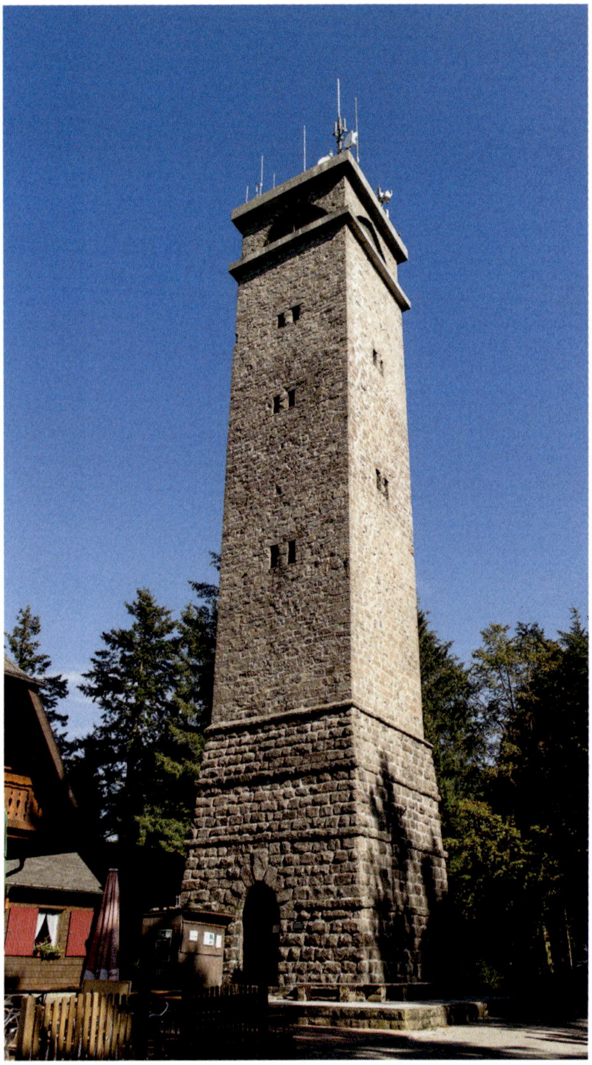

Heinrich Hansjakob

Der gebürtige Haslacher zählt bis heute zu den meistgelesenen Autoren in Baden. Während seiner schriftstellerischen Tätigkeit hat Heinrich Hansjakob 74 Bücher – darunter etliche Erzählungen und Reiseschilderungen, aber auch historische und politische Schriften – veröffentlicht. Zu den bekanntesten zählen »Wilde Kirschen«, »Waldleute«, »Bauernblut«, »Aus meiner Jugendzeit« und »Erinnerungen einer alten Schwarzwälderin«. Diese und zahlreiche weitere Werke des volksnahen Schriftstellers werden heute vom Hansjakob-Verlag der Stadt Haslach herausgegeben (Infos unter www.heinrich-hansjakob-gesellschaft.com).

umschlossenen Weiler bietet die Bergwirtschaft Zum Durben Übernachtungsmöglichkeiten und hofeigene Produkte an. Zudem öffnet sich hier die Sicht über das Rheintal bis zum Blauen Band der Vogesen.

Anschließend führt uns der Hansjakobweg auf den 3 **Schwarzenbachsattel**. Die 786 Meter hoch gelegene Passhöhe zwischen dem Brandenkopf und dem Nillkopf wird seit jeher von Wanderern und Wallfahrern, die unterwegs ins Harmersbach- und ins Kinzigtal sind, genutzt. Der Sattel markiert außerdem die historische Grenze zwischen dem Reichstal Harmersbach und den Kinzigtäler Besitzungen der Fürsten von Fürstenberg.

Auf den Brandenkopf Auf dem Sattel biegen wir links ab, passieren die Karl-Albert-Junghans-Hütte und folgen dem Hutsymbol auf Waldwegen über den 4 **Spitzbrunnen** und den Farnlehenkopf hinauf zum 5 **Brandenkopf**. Seinen Namen erhielt der Berg nach einem verheerenden Waldbrand im Jahr 1730; zuvor hieß er Varnlehenskopf.

Seit 1929 bietet der 29 Meter hohe Brandenkopfturm einen weitreichenden Rundumblick auf die Schwarzwaldlandschaft – an klaren Tagen soll die Sicht bis zu den Alpen, zu den Vogesen und zur Schwäbischen Alb reichen. Wegen dieser exponierten Lage wurde auf dem Berg der Sender Brandenkopf aufgestellt. Außerdem wird am Brandenkopf die Windkraft genutzt, was vor dem Hintergrund, dass der Wald die Anhöhe längst zurückerobert hat, vertretbar ist. Mit Verwunderung hingegen nehmen wir ein Schild zur Kenntnis, auf dem der Hausberg von Oberharmersbach zur »höchsten Erhebung im Mittleren Schwarzwald« erklärt wird. Bisher hielten wir den Kandel mit seinen 1241 Metern für den höchsten Gipfel ... Und betrachtet man die Berge nördlich der Kinzig, so wird der Brandenkopf – mit Ausnahme der Turmspitze – immer noch von der Lettstädter Höhe (966 m) übertroffen.

Umso beliebter ist dafür das als Berggaststätte geführte Wanderheim direkt neben dem Turm. Neben den Wanderwegen ist dieses auch über eine Zufahrtsstraße erreichbar.

Entscheidung auf dem Sattel Nach dem Abstecher auf den Brandenkopf geht es auf demselben Weg zurück zum 3 **Schwarzenbachsattel**. Hier haben wir die Wahl: Entweder kehren wir auf den bekannten Wegen über 1 **Billersberg** zurück nach Oberharmersbach, oder wir wählen den Abstieg nach Zell am Harmersbach.

In diesem Fall verlassen wir auf der Passhöhe den Hansjakobweg und folgen der gelben Raute über den Nillwald zu den 6 **Nillhöfen**. Der Begriff »Nill« leitet sich vom Mittelhochdeutschen »nülle« ab und steht für »Scheitel, Berggipfel«. Dieser Höhenkamm trennt das Harmersbachtal von dem Kinzigtal und bietet eine weitere schöne Aussicht, die im Süden bis zum Feldberg reicht. Der heute als Gestüt betriebene Nillhof wurde erstmals im Jahr 1313 in der Zeller Chronik erwähnt.

Beim Wegweiser unterhalb der Höfe halten wir uns dann links und spazieren über die aussichtsreiche Anhöhe zum 7 **Niller Eck**. Dort treffen wir wieder auf den Hansjakobweg, dem wir rechts über den 8 **Kohlplatz** und durch den 9 **Buchenwald** hinunter zur E **S-Bahn-Haltestelle »Birach«** folgen. Auf diesem letzten Abschnitt werden wir noch über die tragischen Ereignisse auf dem nicht mehr erhaltenen Hermeshof informiert, ehe wir uns in Birach über einen frei zugänglichen Lokomotiv-Oldtimer freuen können. Die Rückkehr nach Oberharmersbach erfolgt dann mit dem Bus oder der S-Bahn.

Links: Für den Aussichtsturm kann man ruhig etwas mehr Zeit einplanen.

In guten Jahren drohen die Apfelbäume unter der Last zusammenzubrechen.

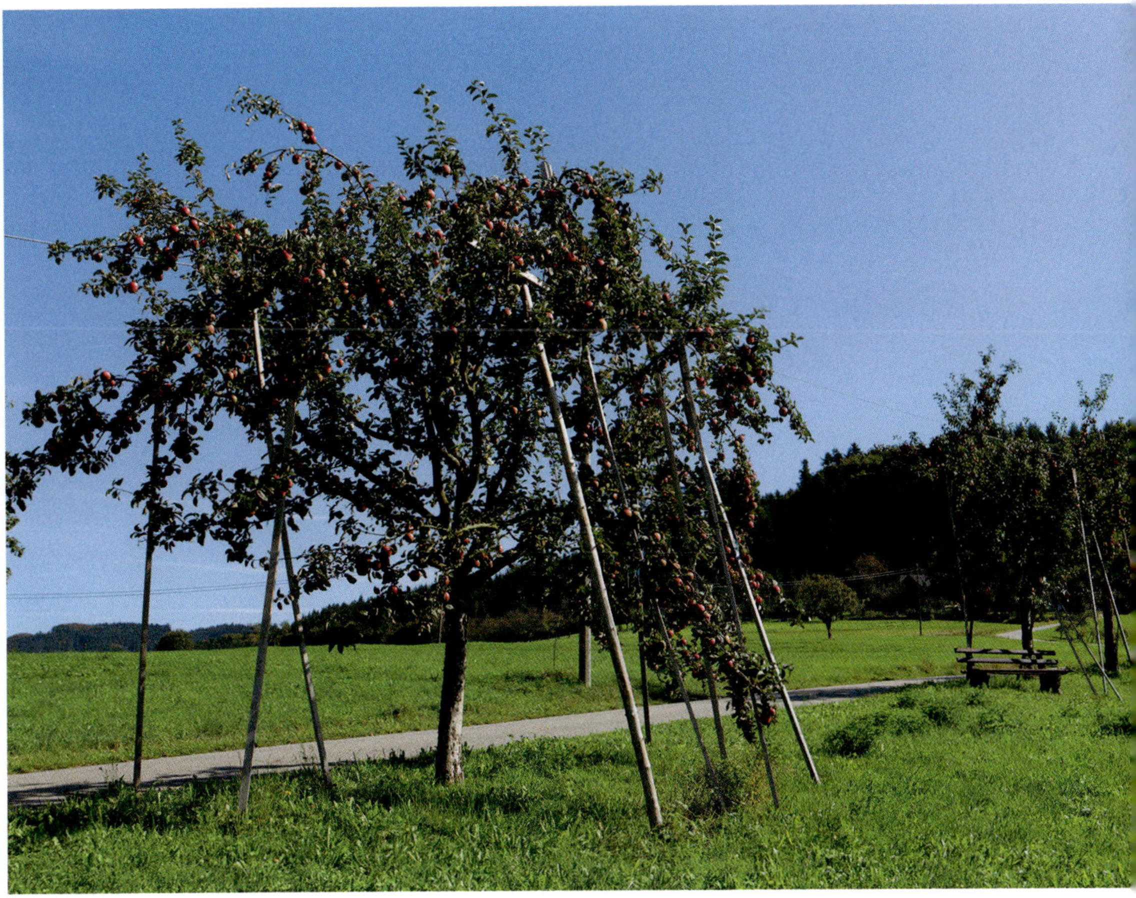

25

Von Nixen und einem versunkenen Schloss

Sagenumwobener Glaswaldsee

Mittel | 17,2 km | 5–5.30 Std. | 600 Hm

Tourencharakter
Abwechslungsreiche und ruhige Strecke über Wege, Schotterwege und Pfade; Aufstieg entlang der Teufelskanzel über Treppen

Ausgangs-/Endpunkt
Parkplatz beim Wald-Kultur-Haus in Holzwald (600 m)

Höchster Punkt
Anhöhe zwischen Seeblick und See-Ebene (960 m)

Anfahrt
Auto: Von der B 28 Oppenau–Freudenstadt bei Kniebis Richtung Bad Rippoldsau-Schapbach abbiegen und über die L 96 bis zum Parkplatz beim Wald-Kultur-Haus in Holzwald fahren. GPS-Daten: 48.44740, 8.30080
Bus & Bahn: Es bestehen Busverbindungen von Wolfach und Freudenstadt zur Haltestelle »Holzwald/Bäckerei«.

Gehzeiten
Holzwald – Hildahütte 1 Std. – Teufelskanzel 45 Min. – Glaswaldsee 1 Std. – Holzwald 2.15–2.30 Std.; insgesamt 5–5.30 Std.

Einkehr
Vesperstube & Café Alte Tränke Schmidbauernhof (www.alte-traenke.de); auf der Strecke sehr schöne Rastplätze

Karte
Karte des Schwarzwaldvereins 1:25 000, W235 Freudenstadt

Beste Jahreszeit
April bis Oktober

Informationen
Schwarzwald Tourismus Kinzigtal, Tel. 07834/238 00 90, www.schwarzwald-kinzigtal.info

Sowohl der Westweg als auch der Europäische Fernwanderweg E 1 von Schweden nach Umbrien und, seit 2011, der Renchtalsteig verlaufen oberhalb der Karwand des Glaswaldsees. Allerdings führt keiner der Fernwanderwege bis hinunter zum See. Was uns wundert, denn unten am Wasser ist es noch viel schöner!

Zugegeben, die Anfahrt durch das Wolftal kann sich ganz schön in die Länge ziehen, aber dafür bietet die Runde ab Bad Rippoldsau weit mehr, als wir uns selbst zuvor erträumt hatten.

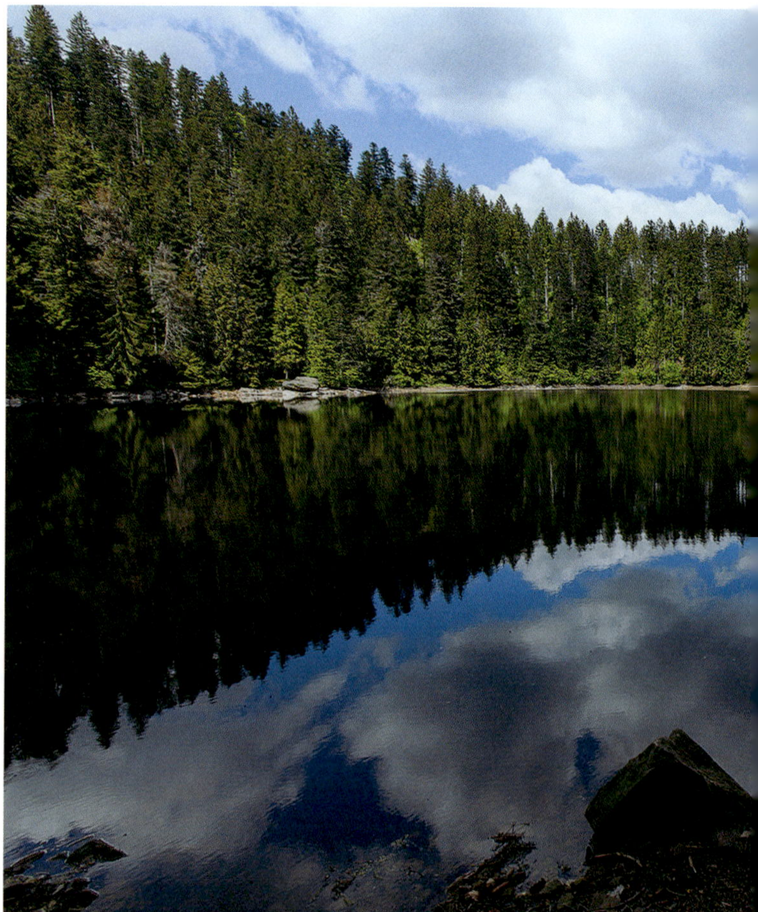

Los geht es beim **A** **Wald-Kultur-Haus** an der Landstraße, unweit der Bäckerei Holzwald. Vom Wanderparkplatz laufen wir die ersten 400 Meter auf der Holzwaldstraße über Heimele zum Parkplatz Holzwälder Höhe. Bei der Weggabelung direkt am Parkplatz halten wir uns rechts, um 100 Meter weiter scharf links abzubiegen. Damit verlassen wir die Straße und steigen mit der Markierung blaue Raute auf Wald- und Feldwegen hinauf zur **1** **Hildahütte**. Sie steht auf dem flachen Gipfel der Holzwälder Höhe und kommt nach dem drei Kilometer langen Anstieg gerade recht, um kurz innezuhalten und neue Kraft für den nächsten Abschnitt zu tanken.

Mein Tipp

In Bad Rippoldsau-Schapbach gibt der alternative Wolf- und Bärenpark Schwarzwald Bären aus schlechter Haltung ein neues Zuhause. Die Freianlage ist so gestaltet, dass sich die Tiere wieder erholen und – z. B. durch die Futtersuche, durchs Graben und Plantschen – ein Stück weit ihre natürlichen Verhaltensweisen zurückgewinnen. In der Anlage leben außerdem Wölfe, die sich allerdings seltener den Besuchern zeigen. Der Park, der sich durch Spenden, Patenschaften und die Eintrittsgelder finanziert, ist täglich von 10–16 Uhr und von März bis November bis 18 Uhr geöffnet (Infos unter www.baer.de).

Aufstieg zur Teufelskanzel Da sich die offene Hütte direkt am Westweg und auch am Renchtalsteig befindet, trifft man hier häufig auf andere Wanderer. So kamen wir selbst bald ins Gespräch mit einer Männergruppe, die auf ihrer

Links: So schön kann Wasser sein.

Unten: Treppen erleichtern den Aufstieg entlang der Teufelskanzel.

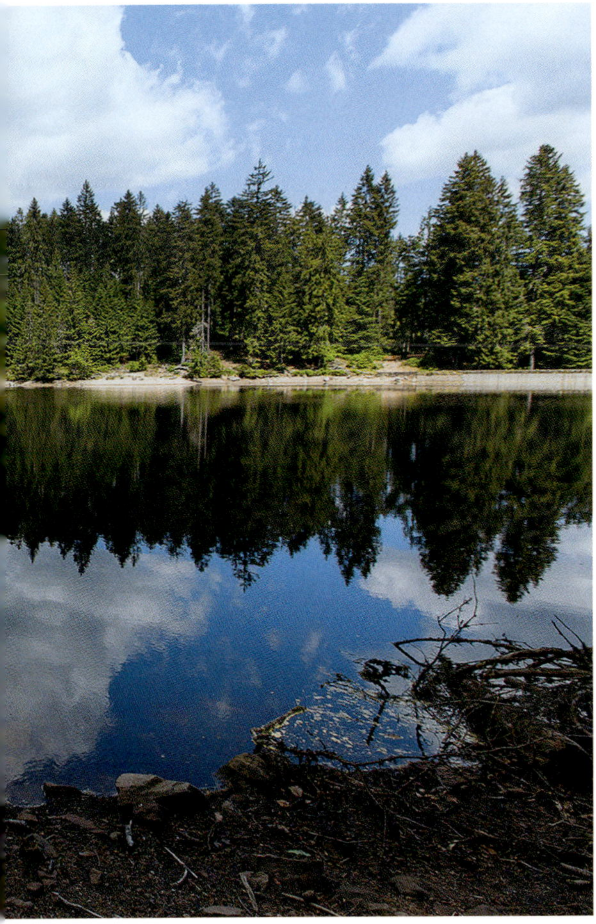

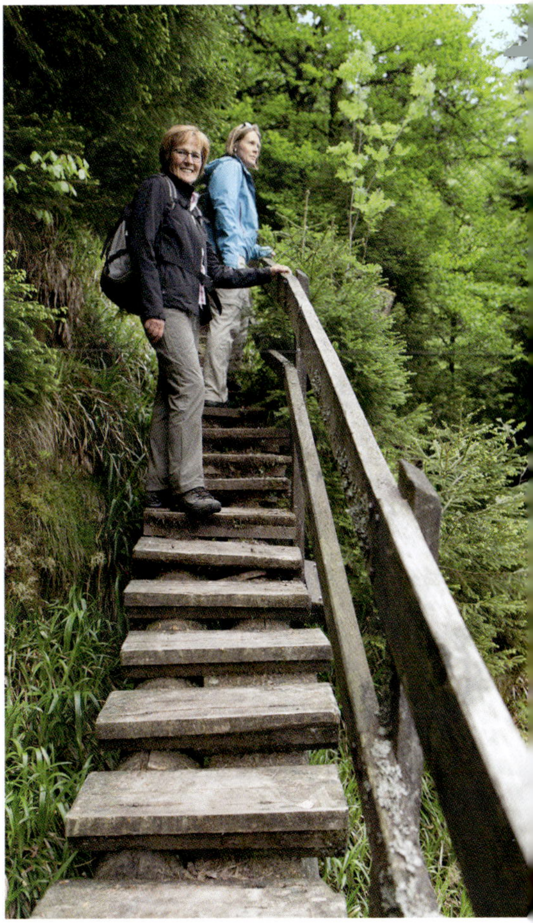

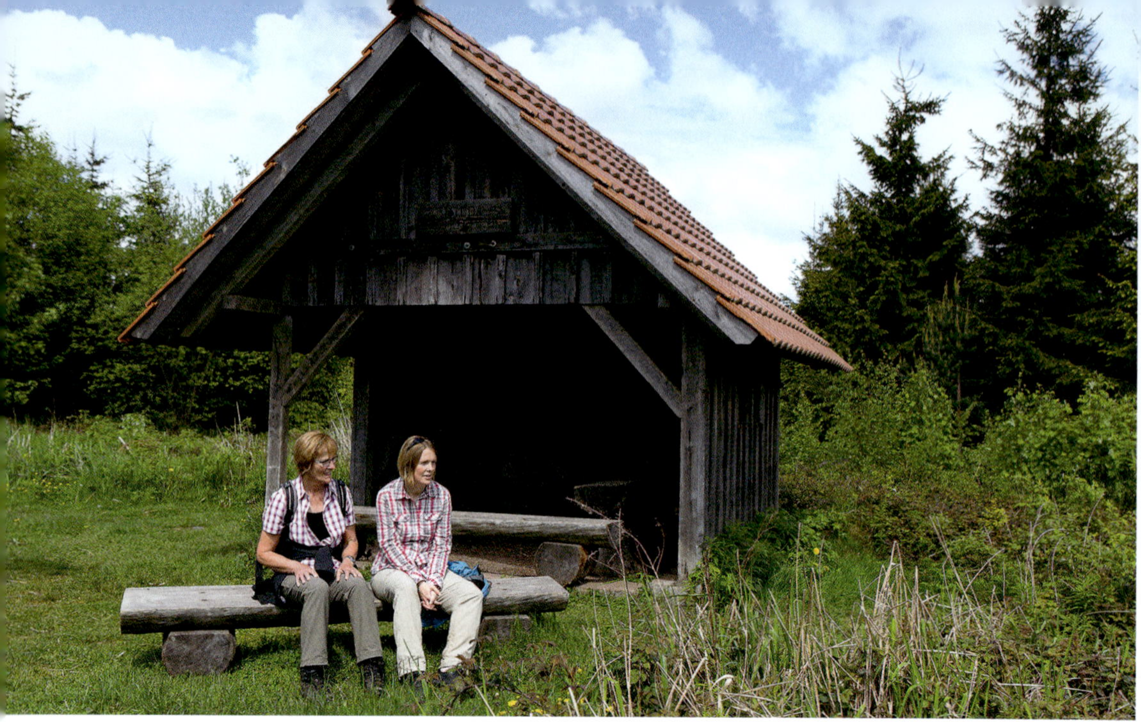

Die Hildahütte ist ideal für eine erste Pause gelegen.

Wanderung entgegen der Tourenbeschreibung einen Schlenker abgekürzt hatte. Schade eigentlich, denn der vermeintliche Umweg hätte sie über die Teufelskanzel geführt, die auch zu den Höhepunkten dieser Wanderung zählt. Im Klartext heißt das: Direkt bei der Hildahütte biegen wir erst rechts, dann 350 Meter weiter nach links zum ❷ **Graseck** ab.

Während Westweg und Renchtalsteig dort nach rechts zur Alexanderschanze abbiegen, wählen wir beim Graseck die entgegengesetzte Richtung und wandern damit über einen breiten Schotterweg zum einen Kilometer entfernten ❸ **Teufelskanzelweg**. Hier treffen wir wieder auf den Renchtalsteig, auf dem wir links hoch auf die ❹ **Teufelskanzel** steigen. Und »steigen« dürfen Sie hier ruhig wörtlich nehmen, denn der Aufstieg entlang der Felskanzel erfolgt über grob behauene Sandsteinstufen, hölzerne, nur zur Hangseite hin gesicherte Treppen und mehrere enge Wegkehren. Das erste Mal haben wir diese Passage im Winter bei Schnee begangen – dann ist der Weg natürlich besonders reizvoll, aber leider auch ganz schön glitschig!

Seeblick oder Blick über den See Oberhalb der schroffen Felsen mündet der Teufelskanzelweg unvermittelt in einen breiteren Weg. Hier biegen wir links zum ❺ **Schnepfenmoos** ab und folgen schließlich der gelben Raute über Heidenstadt und das Weiherloch zum ❻ **Seeblick**.

Alternativ kann man oberhalb der Kanzel auch rechts abbiegen und die häufiger begangene Variante über die Lettstädter Höhe nehmen.

Vom Wegweiser »Seeblick« sind es noch 20 Meter, bis sich der Wald lichtet und den Blick auf den Karsee freigibt. Beim Aussichtspunkt ist ein Rastplatz mit Bänken und Tisch eingerichtet. Wer bei der Pause lieber eine freie Sicht über den gesamten See genießt, dem empfehlen wir, bis zur ❼ **See-Ebene** zu laufen (dort links) und der blauen Raute über einen steinigen Weg hinunter an den ❽ **Glaswaldsee** zu folgen. Am Seeufer stehen an mehreren Stellen weitere Bänke, sodass man sicherlich bald ein freies Plätzle gefunden hat.

Die Nixe vom Glaswaldsee Eine Legende berichtet von einer Nixe, die einst im Glaswaldsee gelebt haben soll. Sie war dafür bekannt, dass sie den Bauern bei der Arbeit auf dem Seeebenhof zur Hand ging. Täglich kam sie aus dem Wildsee, wie der See früher genannt wurde, weckte das Gesinde, half bei täglichen Dingen und pflegte das Vieh. Abends aber kehrte sie in den See zurück. Außer Frühstück, Mittag- und Abendessen, das sie getrennt von den anderen unter einer Treppe aß, wollte sie nichts annehmen. Auch sollte ihr der Bauer keine Kleidungsstücke geben. Als der Winter nahte und die Nixe nichts außer einer zerrissenen Jacke, einem schäbigen Schlapphut und ständig feuchter Wäsche anzuziehen hatte, besorgte ihr der Bauer heimlich einen neuen Rock. Als er ihr den gab, erklärte die Nixe aber: »Wenn man mich auszahlt, muss ich gehen. Ich komme ab morgen nicht mehr zu euch.« Trotz der Beteuerungen des Bauern und seiner Frau, dass sie keinen Lohn, sondern ein Geschenk erhalten habe, kehrte die Nixe nicht mehr zurück. In einer anderen Fassung der Sage ist es ein Seemännlein, das dem Bauer half. Und weitere Sagen berichten von einem Schloss oder einem Nonnenkloster, das im Glaswaldsee untergegangen sein soll. Daher wird der See auch »Nonnensee« genannt.

Gemütliches Ausklingenlassen der Tour Nach den idyllischen Eindrücken am See wählen wir den Pfad nördlich der alten Staumauer (in Blickrichtung zum See rechts von der Hütte) und wandern durch den Wald zum ❾ **Wegweiser »Bruderhalde«**. Von dort folgen wir der blauen Raute über den Höhenweg und die »Grüne Sitzbank« (der Name ist Programm) zur ❿ **Absbachhöhe**.

Dort wechseln wir rechts auf den Weg mit der gelben Raute und gelangen nach 600 Metern zum Wegweiser »Mittelkopf«. Bad Rippoldsau ist zu zwei Seiten hin ausgeschildert. Schöner finden wir die Variante über die Annahütte und das ⓫ **Rehgeißennest** zum »Alten Kaffeegarten«. Sie führt zwar ein kurzes Stück entlang der Durchgangsstraße von Bad Rippoldsau, dafür aber auch direkt an der Vesperstube ⓬ **Alte Tränke** vorbei, wo wir in gemütlichem Ambiente stolz auf das Geleistete zurückblicken können.

Die letzten anderthalb Kilometer bis zum Ausgangspunkt beim Ⓔ **Wald-Kultur-Haus** eignen sich dann bestens als Verdauungsspaziergang.

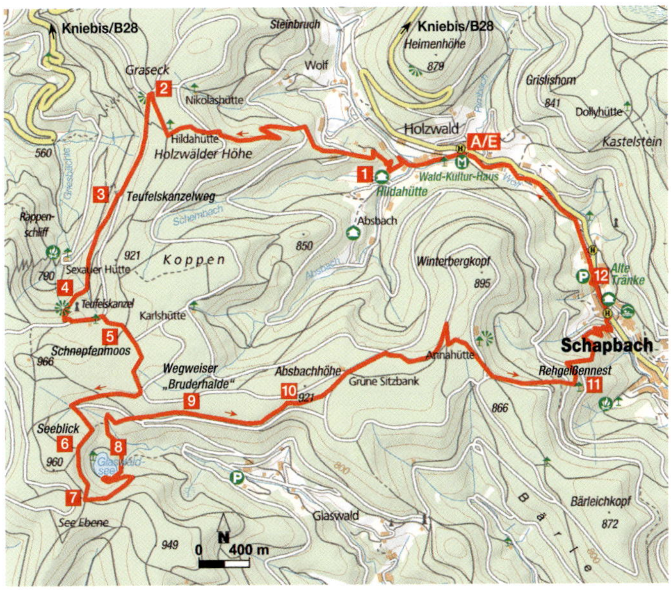

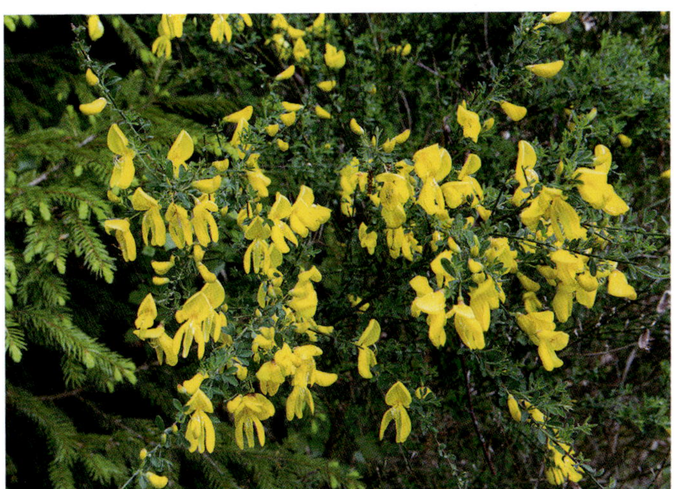

Unten: Sonnengelber Ginster am Wegrand

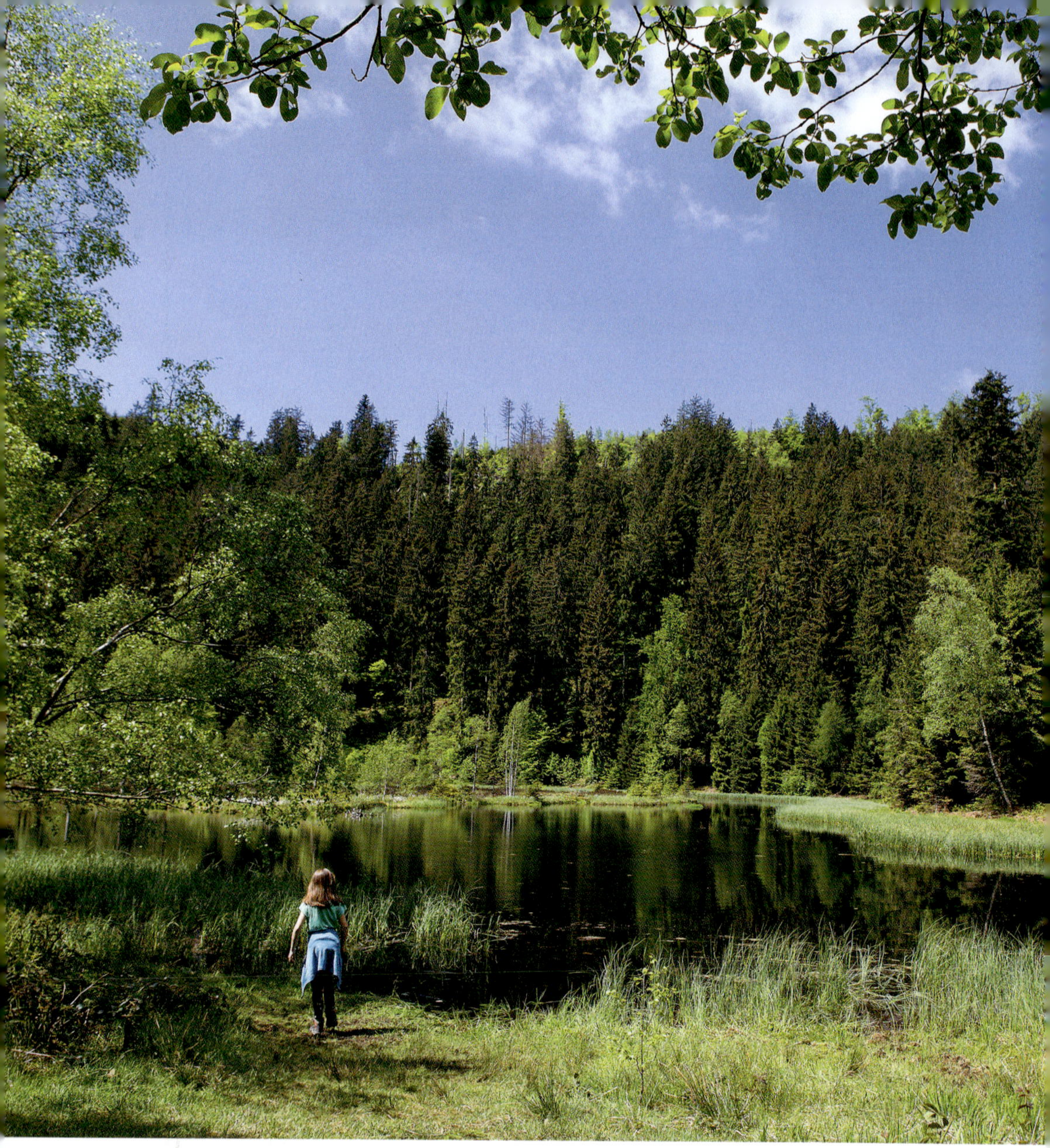

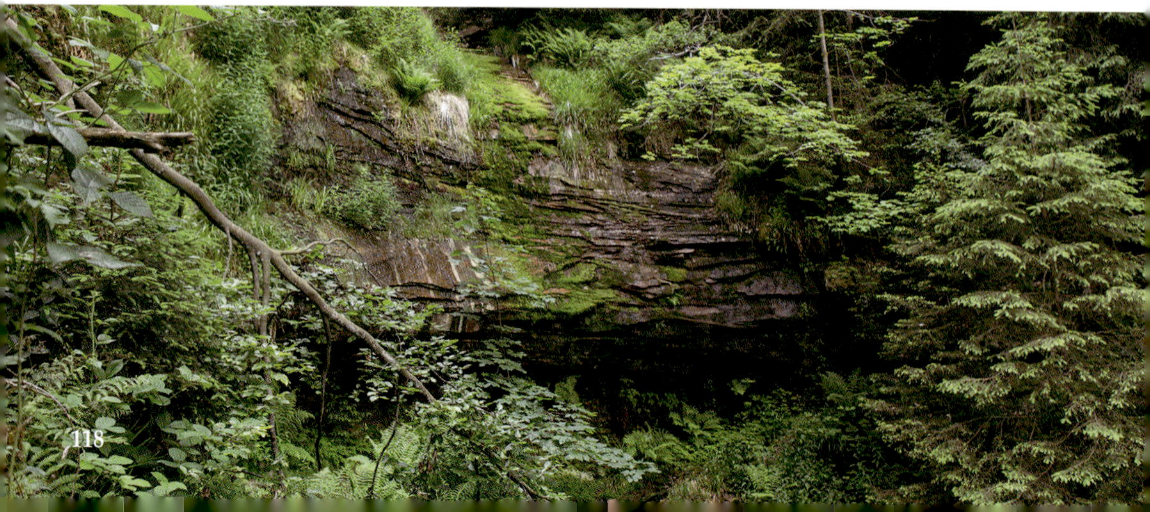

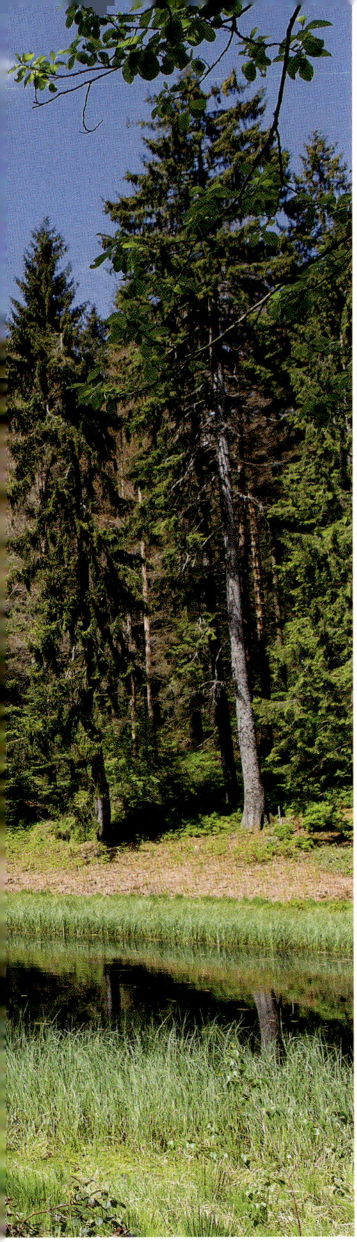

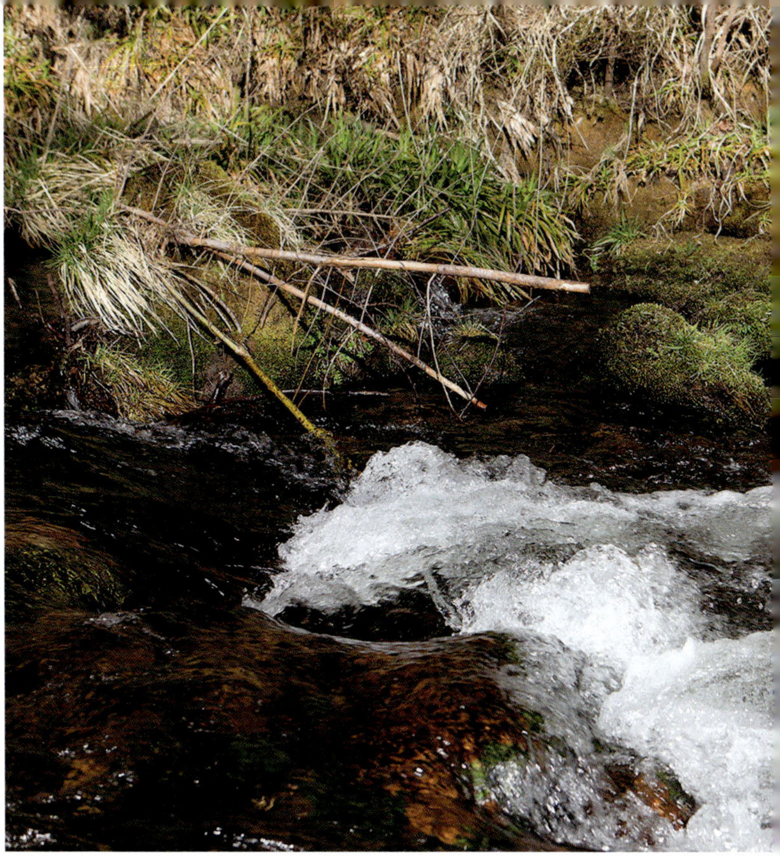

Nordschwarzwald

Der Buhlbachsee ist einer der schönsten Seen im Norden (l.o.). Trocken gefallener Wasserfall bei Huzenbach (l.u.). Die Enz ist der mächtigste Nebenfluss des Neckars (r.o.). Im Nationalpark Schwarzwald darf sich die Natur wild entwickeln (r.u.).

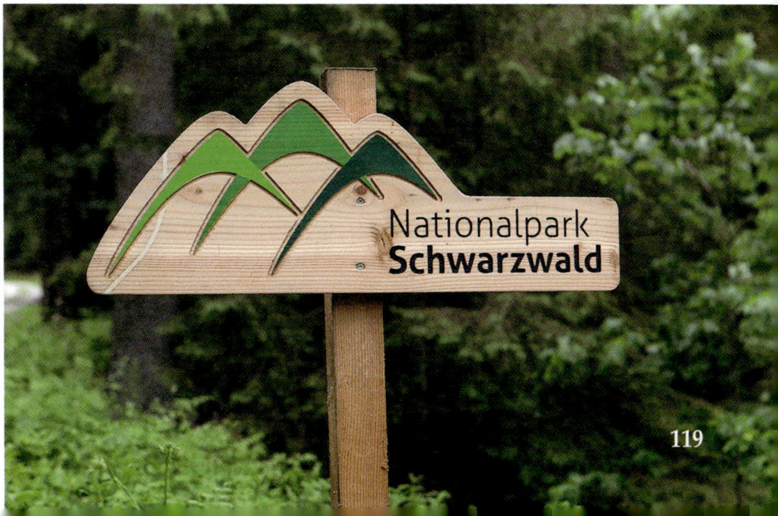

26

Der große Unbekannte im Wolftal

Zum Burgbachwasserfall

Mittel | 12,5 km | 4–4.30 Std. | 525 Hm

Tourencharakter
Fordernde Passagen hinauf zum Mittelweg und ab Zwieselberg, auf der Höhe dann bequem zu wandernder Pfad; Ausdauer auch im Abstieg von Vorteil

Ausgangs-/Endpunkt
Wanderparkplatz bei Vor Burgbach (495 m)

Höchster Punkt
Roßhardthöhe (855 m)

Anfahrt
Auto: Von der B 294 Hausach–Schiltach nahe Wolfach oder von der B 28 Freudenstadt–Oppenau kommend nach Bad Rippoldsau-Schapbach abbiegen; Vor Burgbach befindet sich direkt an der L 96 zwischen Rippoldsau und Schapbach. GPS-Daten: 48.41320, 8.32890
Bus & Bahn: Es bestehen Busverbindungen von Wolfach und Freudenstadt zur Haltestelle »Bad Rippoldsau/Letztes Gstehr«.

Gehzeiten
Vor Burgbach – Burgbachhöhe 1–1.15 Std. – Zwieselberg 50 Min. – Römerloch 40–45 Min. – Vor Burgbach 1.30–1.40 Std.; insgesamt 4–4.30 Std.

Einkehr
Auf der Strecke keine, schöne Rastmöglichkeiten beim Startpunkt und beim Pavillon

Karte
Karte des Schwarzwaldvereins 1:25 000, W235 Freudenstadt

Beste Jahreszeit
April bis Oktober

Informationen
Schwarzwald Tourismus Kinzigtal, Tel. 07834/238 00 90, www.schwarzwald-kinzigtal.info

Der Burgbachwasserfall zählt zu den Naturschauspielen im Schwarzwald, die uns lange Zeit »durch die Lappen gegangen« sind. Erst bei einer Art »Rasterfahndung« ist uns der 32 Meter hohe Wasserfall quasi ins Netz gegangen. Später wurde er außerdem durch die 2017 eröffnete Klösterle-Schleife erfasst.

Der Ⓐ **Wanderparkplatz** befindet sich direkt bei der Mündung des Burgbachs in die Wolf. Mit der Landstraße im Rücken überqueren wir die Wolf und laufen dem Burgbach entgegen. Oberhalb der wenigen Häuser im Burgbachtal wechseln wir von der Burgbachstraße scharf rechts auf einen rasch ansteigenden Pfad. Nachdem dieser auf einen breiteren Wanderweg trifft, sind es nach links nur noch ein paar Schritte bis zum ❶ **Burgbachwasserfall**.

Weil dieser nur aus einer Fallstufe besteht, zählt der Wasserfall zu den höchsten in Deutschland. Im Schwarzwald hat einzig der Todtnauer Wasserfall eine höhere Kaskade. Gebildet wird der Burgbachwasserfall von widerstandsfähigen, verkieselten Arkosesandsteinen, die über leichter verwitternden Graniten liegen. Den schönsten Blick auf das Naturschauspiel findet man am Ende des Treppenwegs.

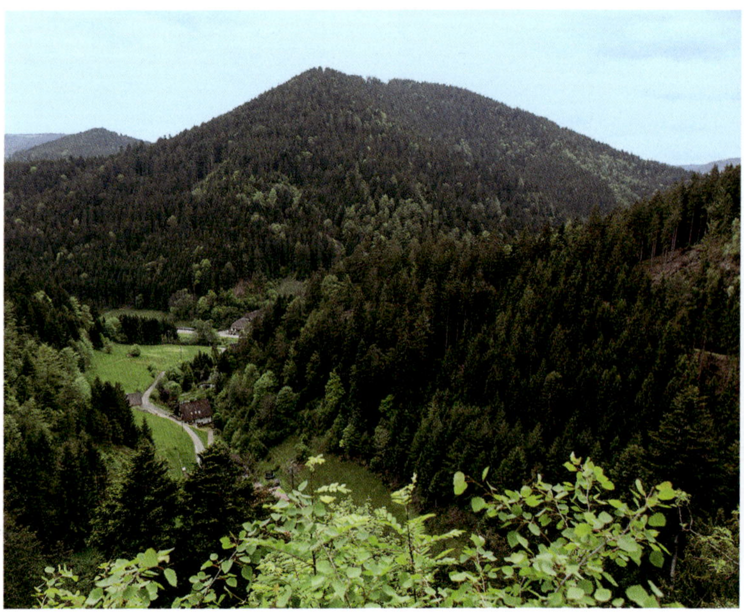

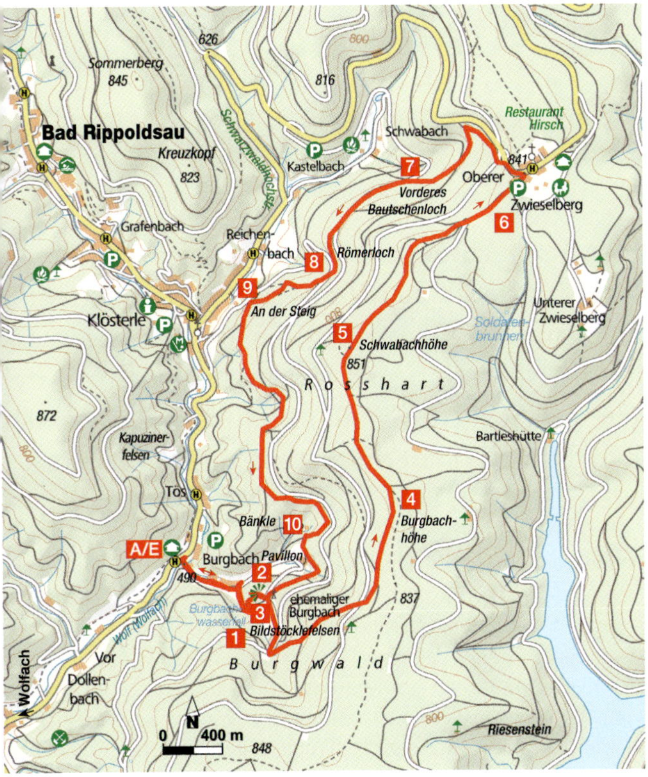

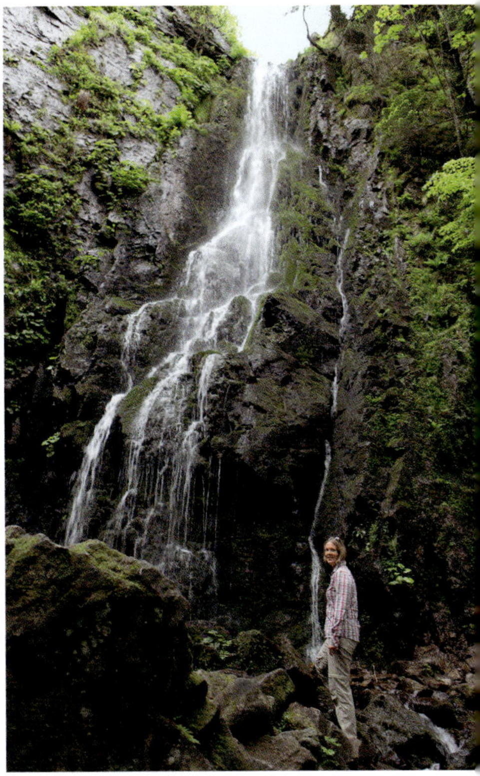

Kaum einem Wasserfall kommen Wanderer so nahe wie dem Burgbachwasserfall.

Spaziergang oder Wanderung? Nach dem Abstecher windet sich der Pfad entlang der Felsen hoch zum ❷ **Pavillon auf dem Burgbachfelsen**. Die Aussicht vom Pavillon wird vom Bärleichkopf (872 m) jenseits der Wolf bestimmt.

Die zwei Höhepunkte der Wanderung haben wir damit in der Tasche. Wem es nur um den Wasserfall und den Ausblick ging, der kann die Tour getrost beenden und in der Kategorie »Spaziergang« verbuchen. Alle anderen kehren vom Pavillon zurück auf den Wanderweg und folgen erst der gelben, dann der blauen Raute über den ❸ **Bildstöcklefelsen** (dort rechts) und »Schochs Platz« (jetzt links) bergauf zur ❹ **Burgbachhöhe**.

Oben angekommen, treffen wir auf den Mittelweg. Auf diesem angenehm zu laufenden Pfad geht es weiter über die Roßhardthöhe und die ❺ **Schwabachhöhe** nach ❻ **Zwieselberg**.

Ein Abstieg, der's in sich hat Am Ortsrand trennen sich die Wege wieder. Während der Mittelweg Kurs auf Freudenstadt nimmt, biegen wir links auf den Regionalwanderweg ab. Der Rückweg führt damit über den Parkplatz Am Zwieselberg, das ❼ **Vordere Bautschenloch** und das ❽ **Römerloch** überwiegend bergab. Leider ist dieser frei von Rastbänken. Erst nachdem wir beim Wegweiser ❾ **»An der Steig«** links abgebogen und der blauen Raute ansteigend durch den Wald zum ❸ **Bildstockfelsen** gefolgt sind, gönnt uns ein am Waldrand aufgestelltes ❿ **Bänkle** noch einmal eine ersehnte Rast.

Ab dem Wegweiser »Bildstockfelsen« können wir dann auf den bereits bekannten Wegen bzw. über den Burgbachwasserfall wieder zum Ausgangspunkt beim Ⓔ **Wanderparkplatz** an der Wolf absteigen.

Links: Blick über das untere Burgbachtal zum Bärleichkopf jenseits der Wolf

27

Kurze Runde zu einem Bilderbuchsee

Zuflucht, Röschenschanze und Buhlbachsee

Leicht | 7 km | 2.30 Std. | 230 Hm

Tourencharakter
Technisch einfache Runde auf zumeist Pfaden und (Wald-)Wegen, im Bereich Schwarze Lache auch über eine alte Straße

Ausgangspunkt/Endpunkt
Wanderparkplatz »Zuflucht« (954 m)

Höchster Punkt
Rossbühl (963 m)

Anfahrt
Auto: Von der B 500/28 Baden-Baden–Freudenstadt zwischen Kniebis und Schliffkopf nach Zuflucht abbiegen; der Parkplatz befindet sich direkt an der Landstraße. GPS-Daten: 48.49270, 8.24380
Bus & Bahn: Es bestehen Busverbindungen von Freudenstadt und Mummelsee zur Haltestelle »Zuflucht«.

Gehzeiten
Zuflucht – Buhlbacher Läger 40 Min. – Buhlbachsee 1 Std. – Zuflucht 50 Min.; insgesamt 2.30 Std.

Einkehr
Unterwegs keine; Natur- und Sporthotel Zuflucht (Di–So ab 11 Uhr; www.hotel-zuflucht.de)

Karte
Karte des Schwarzwaldvereins 1:25 000, W235 Freudenstadt

Beste Jahreszeit
April bis November

Informationen
Freudenstadt Tourismus, Tel. 07441/86 47 30, www.freudenstadt.de

Der Buhlbachsee wird gern als verträumt, abgelegen und idyllisch beschrieben. All dies trifft auch zu. So zählt der kleine Karsee zu den ruhigsten im Nordschwarzwald, und die Natur darf sich hier im Nationalpark frei entwickeln. Aus diesem Grund haben wir den schönen See auch in diesen Wanderführer mit aufgenommen.

Los geht's am A **Wanderparkplatz »Zuflucht«** bzw. bei der Bushaltestelle. Von der Anhöhe wandern wir zunächst auf dem Westweg Richtung Ruhestein und Schliffkopf und erreichen so nach gut 300 Metern die 1 **Röschenschanze**. Mit dem Bau der sternförmigen Verteidigungsanlage wurde 1794 unter Leitung des Majors Jakob Rösch begonnen. Zweck der Anlage war, die Oppenauer Steige zu sperren und die Landesgrenze von Württemberg zu sichern. Das Unterfangen scheiterte allerdings, denn noch bevor die Röschenschanze fertiggestellt war, nahmen napoleonische Truppen die Wehranlage 1796 ein. Heute bietet die Schanze seltenen Pflanzen und Insekten einen geeigneten Lebensraum. So hat sich im Innern der Anlage ein Anmoor gebildet, auf

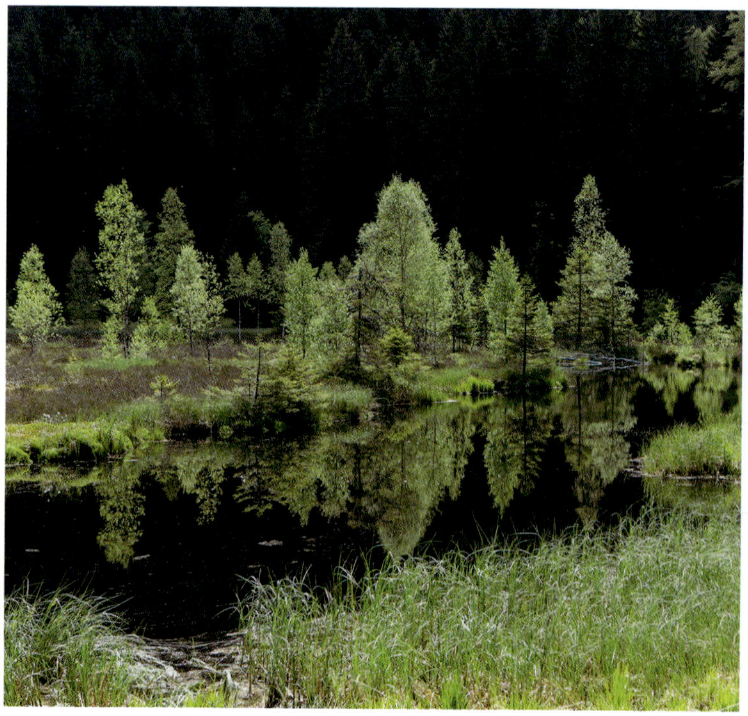

Auf dem dunklen Wasser des Karsees reflektiert das Licht wie in einem Spiegel.

dem Wollgräser und Schnabelseggen wachsen, während der alte Wassergraben von Libellen bewohnt wird.

Durchs Spaltbächletal Wo ein Pfad links zum Lift »Zuflucht I« abzweigt, halten wir uns rechts, sodass wir der roten Raute noch bis zur Schwarzen Lache folgen. Dort verlassen wir den Westweg und biegen rechts Richtung Buhlbacher Läger ab. Auf diesem Abschnitt kreuzen wir die B 500. Auf der anderen Seite der ältesten deutschen Panoramastraße steuert der Wanderweg direkt auf den Wald zu, sodass der Verkehrslärm schon bald wieder abebbt.
Ab dem Wegweiser ❷ »Buhlbacher Läger« geht es mit der gelben Raute über die Hahnenmisse und durch das enge Tal vom Spaltbächle. Bei der Orientierung hilft auch die Beschilderung des Seensteigs, dessen zweite Etappe ebenfalls durch das Spaltbächletal verläuft.

Malerischer Buhlbachsee Beim ❸ Wegweiser »Spaltbächle« biegen wir dann rechts ab und folgen dem Seensteig über den ❹ Abzweig Buhlbachsee bis zum Buhlbachsee. Lange Zeit führte ein bequem zu gehender Waldweg einmal um den gesamten See herum. Seit 2020 ist dieser mit Barrikaden versperrt. Ziel ist es, der Vogelwelt einen wichtigen Rückzugsraum zu schaffen. Für Besucher ist eine Aussichtsplattform am östlichen Ufer vorgesehen. Im Bereich des Auslaufs in den Buhlbach laden außerdem mehrere Bänke zu einer entspannten und gerne auch ausgiebigen Rast im Nationalpark ein.
Der Rückweg erfolgt anschließend ab dem Abzweig Buhlbachsee auf teils steilen Wurzelpfaden über die Seehalde zum ❺ Parkplatz Bärenteich an der Schwarzwaldhochstraße. Von dort sind es dann noch 400 Meter bis zu unserem Ausgangspunkt beim Ⓔ Wanderparkplatz »Zuflucht«.

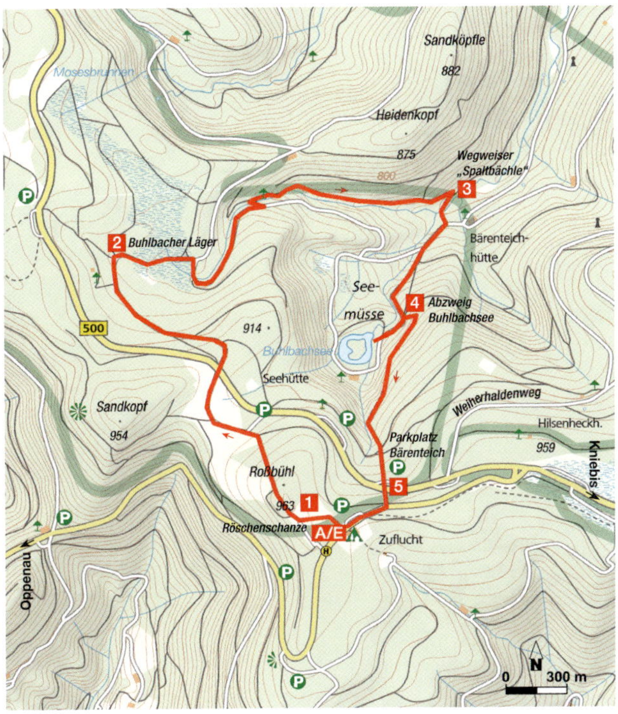

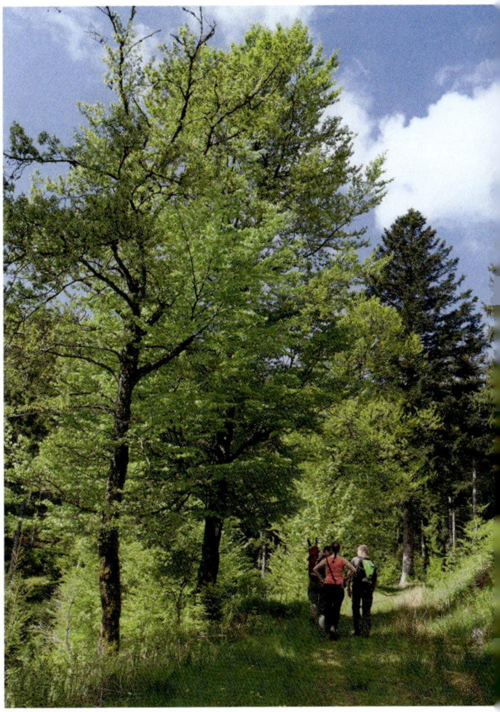

Wanderer im Nationalpark Schwarzwald

28

Durchs Felsenland rund um Ottenhöfen

Unterwegs auf dem Felsenweg

Mittel 12,5 km 4–4.30 Std. 600 Hm

Tourencharakter
Abwechslungsreiche und gut machbare Runde auf Wegen und teils felsigen Pfaden; Trittsicherheit und Kondition am Berg von Vorteil

Ausgangs-/Endpunkt
Bahnhof Ottenhöfen-West (287 m)

Höchster Punkt
Nördlich vom Buchwaldkopf (ca. 700 m)

Anfahrt
Auto: A 5 Karlsruhe–Basel bis Ausfahrt Nr. 53, Richtung Achern abfahren und weiter über Kappelrodeck nach Ottenhöfen. GPS-Daten: 48.56790, 8.14230
Bus & Bahn: Mit der Bahn von Achern zur Haltestelle »Ottenhöfen-West« oder mit dem Bus von Mummelsee bis Ottenhöfen

Gehzeiten
Bhf. Ottenhöfen-West – Sesselfelsen 45 Min. – Katzenschrofen 1.15–1.30 Std. – Stierfelsen 1–1.15 Std. – Bhf. Ottenhöfen-West 1 Std.; insgesamt 4–4.30 Std.

Einkehr
Unterwegs keine; einige schön gelegene Rastplätze

Karte
Karte des Schwarzwaldvereins 1:25 000, W234 Achern

Beste Jahreszeit
Ganzjahrestour (außer bei Schnee)

Informationen
Touristinformation Ottenhöfen, Tel. 07842/804 44, www.ottenhoefen-tourismus.de

Ottenhöfen ist bei Wanderern vor allem durch den Karlsruher Grat bekannt. Auch als Mühlendorf hat sich der Ferienort am Ende der Achertalbahn einen Namen gemacht. Weniger bekannt ist der Felsenweg – was hier aber auch heißt: mindestens genauso sehenswert!

Der offizielle Einstieg in den Rundwanderweg beginnt direkt neben dem Gasthaus Schwarzwaldstube bei einer Übersichtstafel mit dem Wegverlauf. Gleich daneben ist der Felsenweg auch ab dem Wegweiser zum Ⓐ **Bahnhof Ottenhöfen-West** ausgewiesen.

Grundsätzlich kann der Felsenweg in beide Richtungen begangen werden. Wir halten uns jedoch an die Empfehlung der Touristinfo und wandern den Weg im Uhrzeigersinn ab. Damit laufen wir in südlicher Richtung zum nahen Wegweiser »Höf«, halten uns bei der Weggabelung rechts und verlassen Ottenhöfen auf der Simmersbachstraße. Neben den Wegweisern vom »Felsenweg« helfen auch die Markierungen blaue Raute und »F« bei der Orientierung.

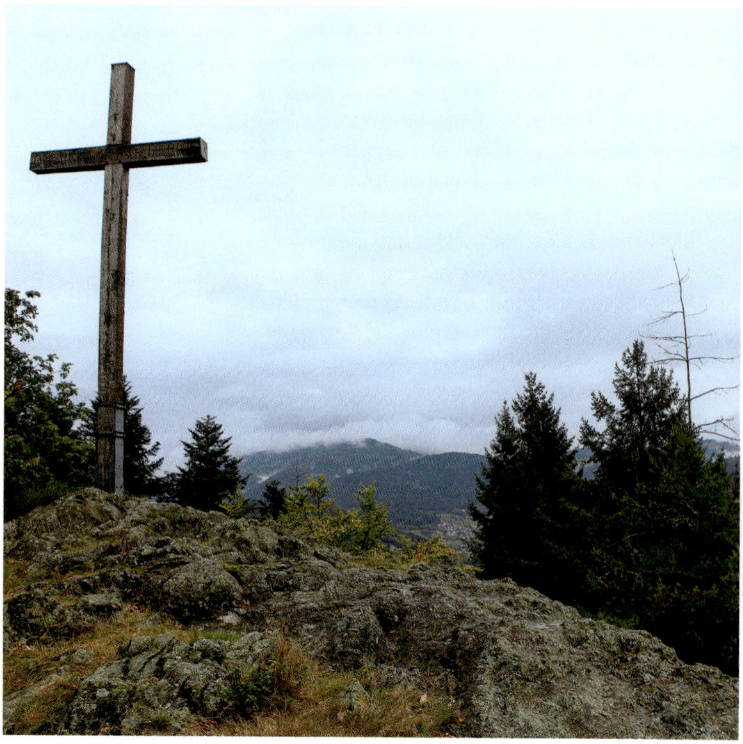

Alles andere als bequem – der Sesselfelsen bei Ottenhöfen

Zum aussichtsreichen Sesselfelsen Bis hinauf zum Wegweiser »Simmersbach« begleiten uns die Wanderer des Ottenhöfener Mühlenwegs. Während diese beim Wegweiser rechts zur Bühler Mühle abbiegen, bleiben wir allerdings auf dem Weg mit der blauen Raute und kommen so gut 300 Meter weiter zu einer lockeren Gruppe Fachwerkhäuser.

Wo sich mehrere Gebäude schräg gegenüberstehen, verlassen wir die Straße und folgen der blauen Raute erst über einen Waldweg und bald auf einem Zickzackpfad hinauf zum ❶ Sesselfelsen.

Der mit einem Kreuz versehene Felsen besteht aus Porphyr und bietet eine herrliche Aussicht über Ottenhöfen und Seebach mit den Seitentälern des oberen Achertals. Wenn das Wetter mitspielt, sind auch die nördlichen Höhenzüge des Schwarzwalds mit der Hornisgrinde und dem Schliffkopf gut zu erkennen.

Der Begriff »Sesselfelsen« sollte jedoch nicht allzu wörtlich verstanden werden. So hat unser Test ergeben: das schroffe Gestein ist alles andere als eine bequeme Sitzgelegenheit! Das erklärt dann auch, warum auf dem Felsen eine Rastbank aufgestellt wurde ...

Breitfelsen und Rappenschrofen Nach dieser ersten Pause kehren wir zurück zum Wanderweg und erreichen einen Augenblick später den Wegweiser »Beim Sesselfelsen«. Leider sind die offiziellen Karten im Bereich des Felsens verbesserungswürdig, vor Ort ist der Weg dann aber doch gut zu finden. Über einen Holzabfuhrweg gelangen wir zum ❷ Spitzfelsen.

Direkt bei dem aussichtslosen Felsen beschreibt der breite Waldweg eine Rechtskurve. Dies ist der Punkt, wo wir rechts auf einen steilen, teils leicht ausgesetzten Pfad wechseln und hoch auf den lang gezogenen ❸ Breitfelsen steigen. Auch er besteht aus Porphyr. Vor Ort informiert ein Schild, dass diese Gesteine ca. 260 Millionen Jahre alt sind. Damit sind sie zu der Zeit entstanden, als die ersten Saurier ihre Herrschaft über das Festland antraten.

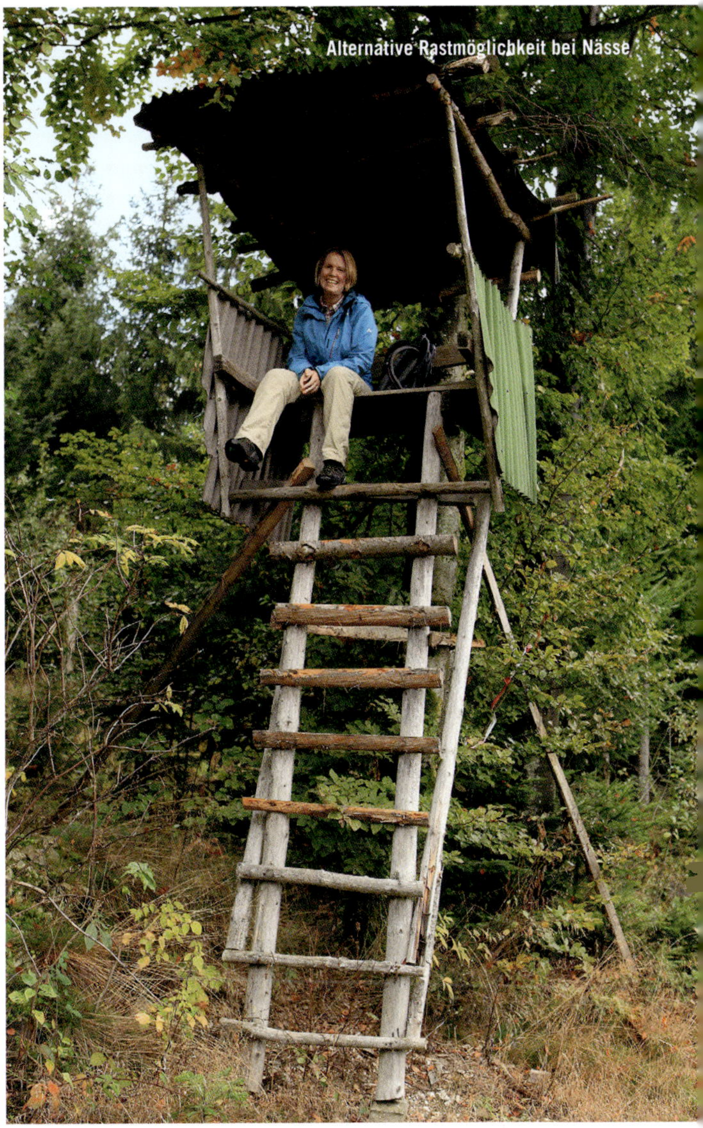

Alternative Rastmöglichkeit bei Nässe

Mühlendorf Ottenhöfen

Der Luftkurort Ottenhöfen war schon zu Kaisers Zeiten ein beliebtes Ausflugsziel. Zu den bekanntesten Gästen zählten Kaiser Wilhelm II. und der Schriftsteller Mark Twain. Erst in jüngerer Zeit hat sich die malerisch im oberen Achertal gelegene Gemeinde einen Namen als Mühlendorf gemacht. Ein gut ausgeschilderter Rundweg ist so angelegt, dass er an neun erhaltenen bzw. restaurierten Mühlen vorbeiführt. Dabei genießt man auf dem Weg schöne Ausblicke auf die umliegenden Berge des Nordschwarzwalds sowie ins Tal nach Ottenhöfen.

Auf dem Breitfelsen öffnet sich die Sicht auf mehrere Bauernhöfe im Simmersbachtal sowie zum 4 **Rappenschrofen**, den wir als Nächstes ansteuern. Auf dem Weg dorthin treffen wir auf den Renchtalsteig, der ebenfalls an dem durch Verwitterungsspuren gekennzeichneten Felsen vorbeiführt.

Pfennigfelsen und Katzenschrofen Wenige Schritte nach dem Rappenschrofen erreichen wir beim Wegweiser 5 **»Beim Rappenschrofen«** den südlichsten Punkt der Runde. Hier biegen wir rechts ab und folgen der gelben Raute nordwärts über den bewaldeten Ringelbacher Kopf und den Buchwaldkopf.

Nach rund 40 Minuten bzw. gut einem Kilometer ab dem Umkehrpunkt kreuzt der Felsenweg einen breiten Forstweg, um nach weiteren gut 200 Metern auf den nächsten Forstweg zu treffen. Hier biegen wir links ab und passieren auf den nächsten Metern den unterhalb vom Wanderweg liegenden 6 **Pfennigfelsen**.

Nochmals einen Kilometer weiter ist dann der 7 **Katzenschrofen** erreicht, der aus einer Ansammlung mächtiger Granitblöcke besteht. Von hier genießen wir trotz der umgebenden Bewaldung einen imposanten Blick über den Steinbruch oberhalb von Ottenhöfen und auf die Westseite des Eichhalden-

Unten: Der Hut des Schopftintlings zerfließt im Alter.

Mitte: Felslabyrinth am Katzenschrofen

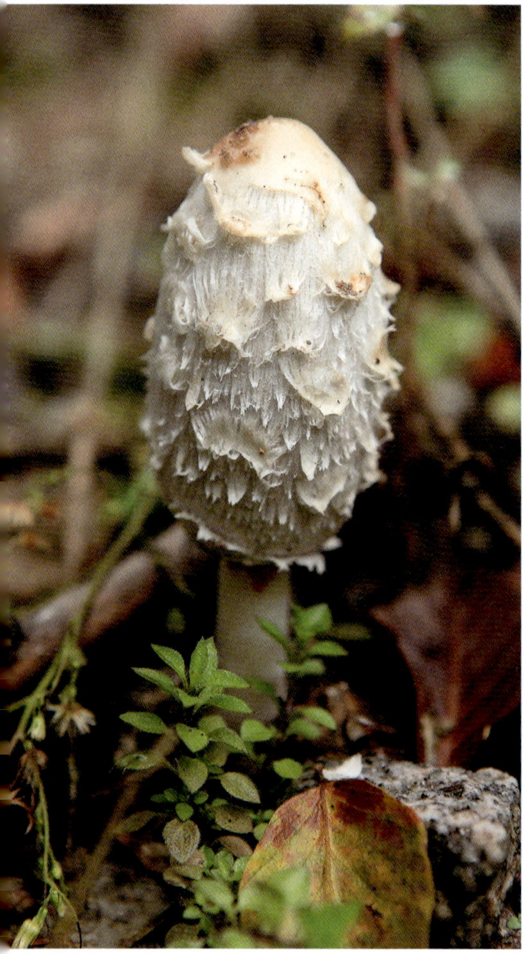

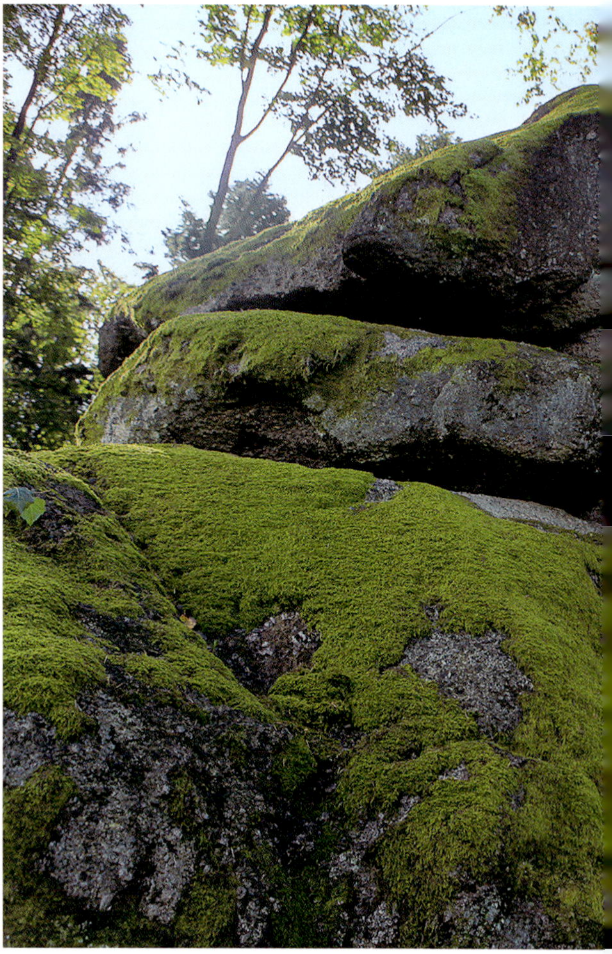

firsts. Wer bereits auf dem Karlsruher Grat unterwegs war, wird den Berg kennen. Schön finden wir, dass der Felsenweg direkt über den Katzenschrofen hinweg führt.

Palmfelsen, Stierfelsen und Bürstenstein Ein kurzes Stück oberhalb der Granitblöcke zweigt der Felsenweg beim Wegweiser »Kohlgrube« zum 8 **Palmfelsen** ab. Durch seine Ausrichtung nach Westen hin bietet sich von diesem Granitfelsen eine weite Sicht über Ringelbach und die Ortenau-Bühler-Vorberge bis zur Offenburger Rheinebene.

Mit diesen schönen Eindrücken im Kopf folgen wir dem Felsenweg weiter über Blaubronn und den 9 **Stierfelsen** zum 10 **Bürstenstein**. Von der Felskanzel des Bürstensteins reicht der Blick über die Weinberge von Waldulm und die Rheinebene bis hinüber zu den Vogesen. Bei guten Bedingungen (die wir selbst leider nicht hatten) soll sogar der Münsterturm von Straßburg zu erkennen sein! So wundert es uns nicht, dass neben dem Felsen mehrere Bänke zu einer Rast einladen.

Anschließend führt uns der Felsenweg über Bobenholz und Sommereck zurück zum Ausgangspunkt in E **Ottenhöfen-West**, wo diese interessante und abwechslungsreiche Tour endet.

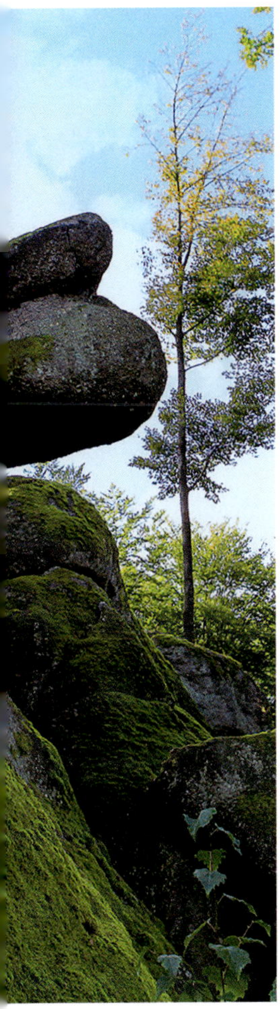

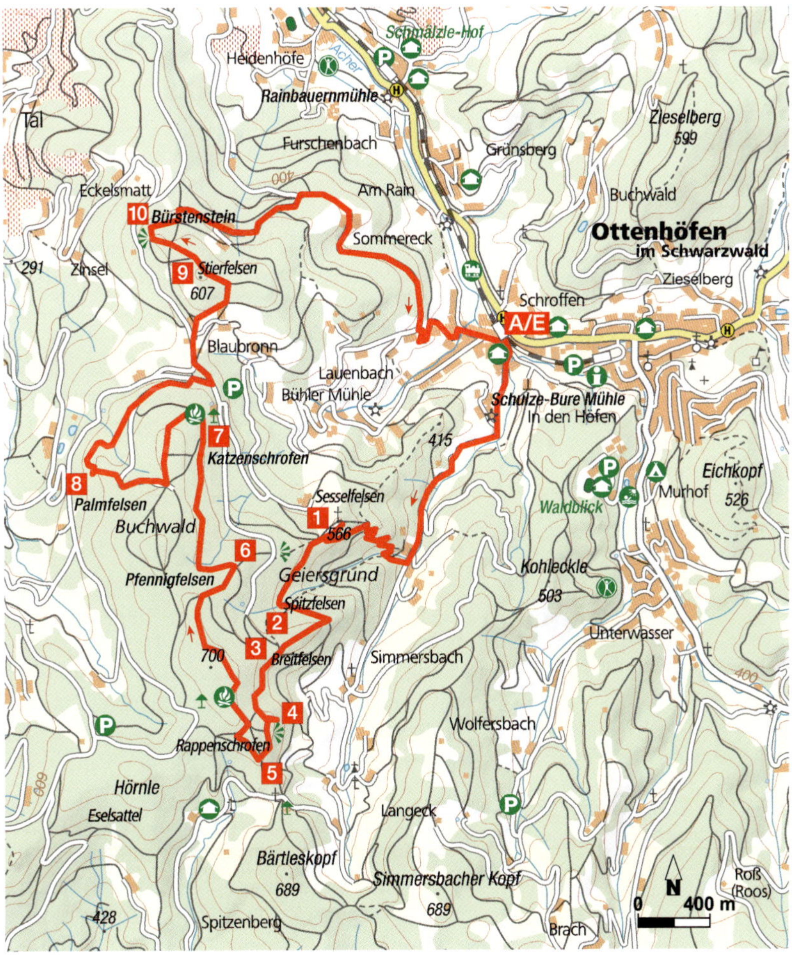

29

»Eiszeit-Tour« im Nationalpark

Zum Huzenbacher See

Schwer 12,8 km 4.30–5 Std. 600 Hm

Tourencharakter
Schweißtreibende Runde mit langem Aufstieg über breite Wege zum Huzenbacher See; danach erfordern die Pfade im Bannwald griffiges Schuhwerk und Trittsicherheit.

Ausgangs-/Endpunkt
Wanderparkplatz am Fuhrmannsbrunnen (479 m) bei Huzenbach

Höchster Punkt
Seeblick (913 m)

Anfahrt
Auto: Der Wanderparkplatz befindet sich zwischen dem Ort und dem Sportplatz Huzenbach, wenige Meter von der B 462 Rastatt–Freudenstadt entfernt. GPS-Daten: 48.58360, 8.38990
Bus & Bahn: Es bestehen S-Bahn-Verbindungen von Karlsruhe und Freudenstadt zur Haltestelle »Huzenbach-Bahnhof«.

Gehzeiten
Fuhrmannsbrunnen – Große Tanne 1.40 Std. – Huzenbacher See/Seerundweg 15 Min. – Seeblick 35–45 Min. – Wasserfallwegle 30 Min. – Fuhrmannsbrunnen 1.30–1.50 Std.; insgesamt 4.30–5 Std.

Einkehr
Unterwegs keine; einige sehr schön gelegene Rastplätze

Karte
Karte des Schwarzwaldvereins 1:25 000, W235 Freudenstadt

Beste Jahreszeit
April bis Oktober

Informationen
Baiersbronn Touristik,
Tel. 07442/841 40,
www.baiersbronn.de

Von der Touristinfo in Baiersbronn wird die »Eiszeit-Tour« als kontrastreiche Wanderung durch zwei Täler beschrieben. Beide Täler erhielten ihre heutige Form während der letzten Eiszeit – wenn nicht durch das Eis selbst, so doch zumindest durch rasant herabstürzende Wassermassen.

Der Einstieg zu dieser Wanderung liegt beim Ⓐ **Fuhrmannsbrunnen** oberhalb der Murg, rund 50 Meter von der S-Bahn-Haltestelle »Huzenbach-Bahnhof« entfernt. Von dort führt ein Treppenweg durch einen Waldstreifen zum ❶ **Wegweiser »Roter Rain«**.
Dem mühsamen Aufstieg folgt die Überraschung: Von der Siedlung am Roten Rain führen die Schilder der »Eiszeit-Tour« über die Holdersbachstraße wieder hinunter nach Huzenbach und damit zurück auf Starthöhe. Was dieser Umweg soll? Ganz einfach: Auf dieser Seite der Murg gibt es keinen Wanderweg, und man müsste sonst an der Bundesstraße entlanglaufen.
So also folgen wir ab der ❷ **Seebachstraße** der Markierung der Eiszeit-Tour (eine einzelne Schneeflocke) flussaufwärts ins Seebachtal. Sobald wir den Ort hinter uns gelassen haben, kommen wir an einer Kneipp-Anlage vorbei.

Zitronengelbe Trameten im Nationalpark Weiter geht es auf dem breiten Schotterweg ins Seebachtal und in den ❸ **Silberwald**. Ohne sie zu sehen, laufen wir das nächste Stück in etwa parallel zur Murgleiter. Nachdem wir den ❹ **Gitschenbrunnen** passiert haben, überqueren wir die Grenze zum Nationalpark Schwarzwald.
Getreu dem Motto »Ja zum Wald« haben Kettensägen hier ausgedient, und seit dem 1. Januar 2014 kann sich die Natur auf einem 10 000 Hektar großen Gebiet frei und wild entwickeln. Die Bedeutung des Schutzgebiets lässt sich an den Bannwäldern ablesen, die zahlreichen seltenen Tieren, Pflanzen und Pilzen einen geeigneten Lebensraum bieten. Zu unerwarteter Berühmtheit hat es dabei die Zitronengelbe Tramete geschafft, die direkt vor der Abstimmung über die Gründung zum Nationalpark im Landtag vorgestellt wurde. Bevor ein Forscher den Pilz in einem Bannwald entdeckt hatte, waren nur im Bayerischen Wald Vorkommen bekannt. Die Tramete gilt als Anzeichen für eine hohe Ursprünglichkeit der Natur.

Freie Sicht aufs Paradies Nach fünf Kilometern (ab dem Start) öffnet sich beim ❺ **Wegweiser »Große Tanne«** die Sicht auf den ❻ **Huzenbacher See**. Das war nicht immer so. Noch im Juni 2012 versperrten Fichten den Blick auf das Gewässer. Am 30. Juni 2012 tobte dann ein Gewittersturm über Baiersbronn, der die Bäume am Huzenbacher See umlegte.

Rechts: Aufstieg zum Huzenbacher Seeblick

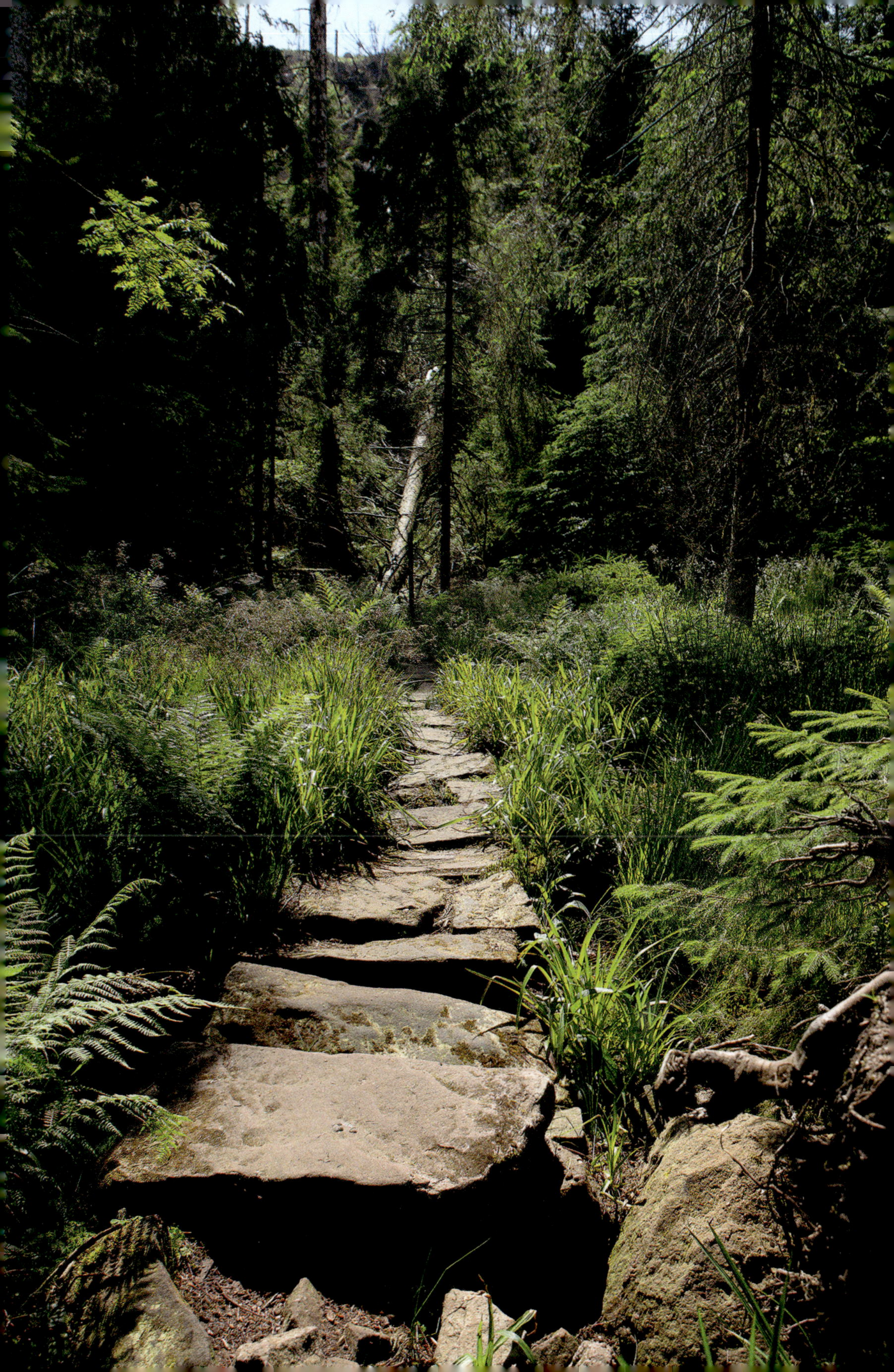

Huzenbacher See

Der Huzenbacher See entstand in der Würmeiszeit vor etwa 25 000 Jahren. In dem damals sehr engen Tal vereisten mehrere Quellen zu kleinen Gletschern. Weil diese im Schatten lagen, konnten sich darauf große Schneemassen ansammeln. Es bildete sich ein gut 60 m dicker Eisblock, der das Tal über die Jahrtausende hinweg aushobelte. Beim Abschmelzen des Gletschers bzw. beim Rückzugstadium entstand vor rund 10 000 Jahren ein Damm aus Gesteinen. An dieser Endmoräne staute sich schließlich das Schmelzwasser, wobei der ursprüngliche See um einiges größer und tiefer war als heute.

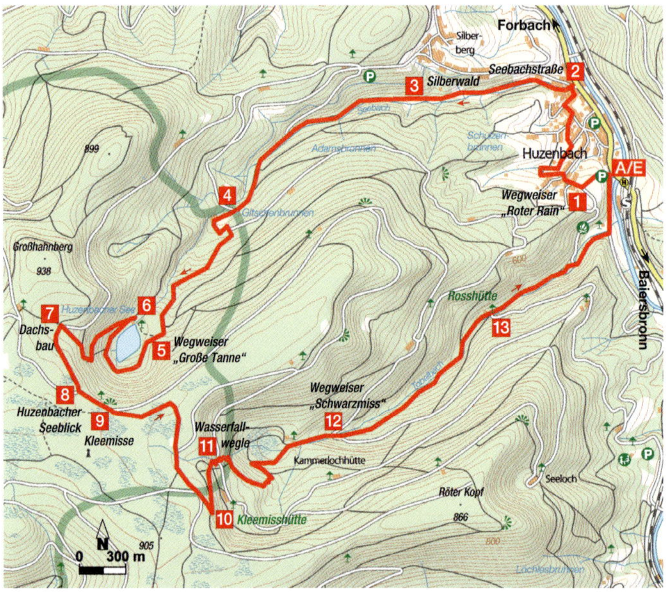

Wer mag, kann von dem Wegweiser aus direkt zur Schutzhütte am See abkürzen. Ansonsten führt die »Eiszeit-Tour« um den See herum bis zum Rastplatz oberhalb des Auslaufs in den Seebach.

Besonders schön ist der See, wenn im Juli die Teichrosen blühen und dabei einen etwa 15 Meter breiten Gürtel am Ufer bilden. Eine weitere Besonderheit ist die schwimmende Insel aus Torfmoosen und Schwingrasen. Diese hatten sich vor Jahrhunderten bei der Aufstauung des Sees für die Holzdrift vom Untergrund gelöst. Je nach Jahreszeit und Windrichtung ändert die Insel ihre Position.

Seemännlein und Seeweiblein Um den Karsee ranken sich mehrere Sagen. So soll sich in der Mitte ein stiller Wirbel befinden, der alle Fahrzeuge in die Tiefe zieht.

Eine andere Legende berichtet von einem Seemännlein und einem Seeweiblein, an die sich die Bürger von Huzenbach gewöhnt hatten. Als ihre beiden Töchter jedoch zu einer Hochzeitsfeier in den Ort gingen, nahm das Unglück seinen Lauf: Zwei Burschen verliebten sich in die beiden und hielten sie bis nach Mitternacht auf. Als sie die Schwestern endlich zum See begleiteten, hörte die Ältere, wie die Eltern stritten. Die Burschen konnten dies nicht hören und verabschiedeten die Mädchen mit dem Wunsch, sie bald wieder zu treffen. Diese baten die Burschen jedoch, am Ufer zu warten und das Wasser zu beobachten: »Bleibt es ruhig, ist alles gut und wir kommen wieder. Doch wenn es sich mit Blut färbt, ist es uns schlimm ergangen.« Einer der Burschen blieb und sah mit Schrecken, wie der See nach einiger Zeit unruhig wurde und sich das Wasser rot färbte.

Eine dritte Sage erzählt von einem Kloster, das im Huzenbacher See untergegangen sein soll. Die Glocken und selbst Gesang sollen ab und an noch zu hören sein. So verwundert es nicht, dass der Huzenbacher See auch als »Nonnensee« bekannt ist.

Seeblick und Wasserfall Nach der Pause am See kehren wir zum nächsten Wegweiser zurück und wechseln auf den steil ansteigenden Waldpfad. Verlief die Wanderung bisher auf breiten und gut zu laufenden Wegen, ist auf den nächsten 600 Metern hinauf zum 7 **Dachsbau** Trittsicherheit erforderlich. Zudem sind auf diesem kurzen Stück 150 Höhenmeter zu bewältigen, ehe der Pfad in einen Waldweg mündet und wir dort nach links auf dem blau markierten Seensteig zum 8 **Huzenbacher Seeblick** laufen können. Der Rastplatz oberhalb der Karwand kommt nach der Anstrengung wie gerufen für eine weitere Pause.

Anschließend spazieren wir auf der Anhöhe bzw. dem Seensteig zur 9 **Kleemisse**. Dort biegen wir erst rechts, dann – nach wenigen Schritten – links ab, sodass wir beim zweiten Wegweiser auf einen mit gelber Raute beschilderten Wanderweg wechseln. Dieser führt uns über das Kleemisswegle zur 10 **Kleemisshütte** – wo sich dabei der Weg gabelt, halten wir uns jeweils links.

Wasser marsch ...? Direkt vor der Hütte geht es abermals links ab zum 11 **Wasserfallwegle** und weiter über einen Zickzackweg durch den Wald. Der Abstieg führt tatsächlich an einem Wasserfall vorbei. Das Einzige, was bei unserer Tour in einem trockenen Sommer fehlte, war allerdings das Wasser – anstelle eines in die Tiefe stürzenden Bachs erwartete uns ein Rinnsal, das lautlos über die Sandsteinfelsen tropfte.

Am unteren Ende des Zickzackwegs müssen wir rechts abbiegen, um auf der markierten »Eiszeit-Tour« zu bleiben. Damit folgen wir weiterhin der Markierung Schneeflocke bis zum 12 **Wegweiser »Schwarzmiss«.** Von dort geht es dann auf breiten Waldwegen über die 13 **Rosshütte** durchs Tobelbachtal hinunter ins Murgtal, wo wir links abbiegen und die letzten Meter dieser anstrengenden, aber lohnenden Runde zurück zum Ausgangspunkt beim E **Fuhrmannsbrunnen** laufen.

Links: Der Gitschenbrunnen wächst im Sommer gerne zu.

Unten: Ob das Schild schon vor dem großen Gewittersturm hier hing?

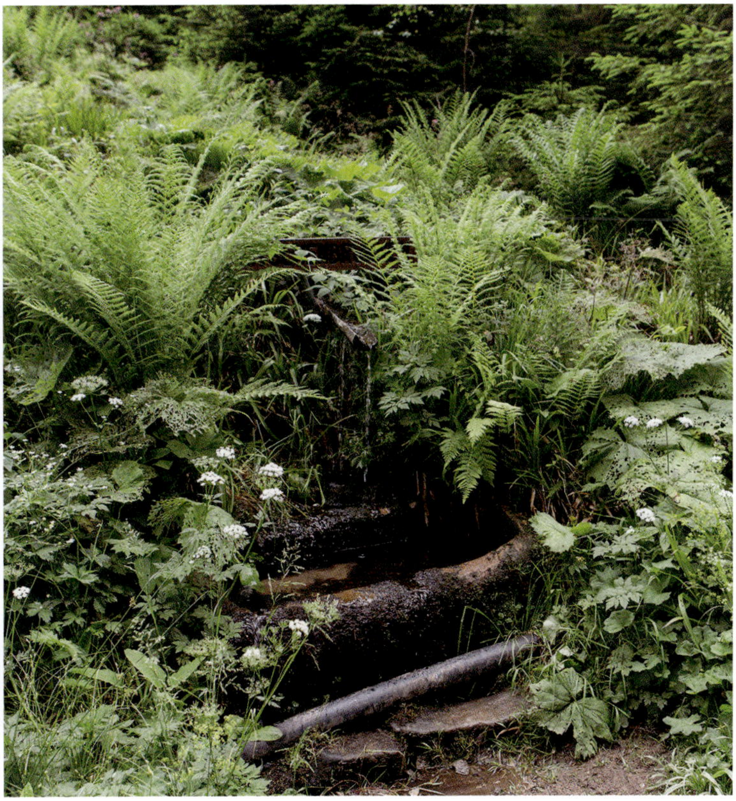

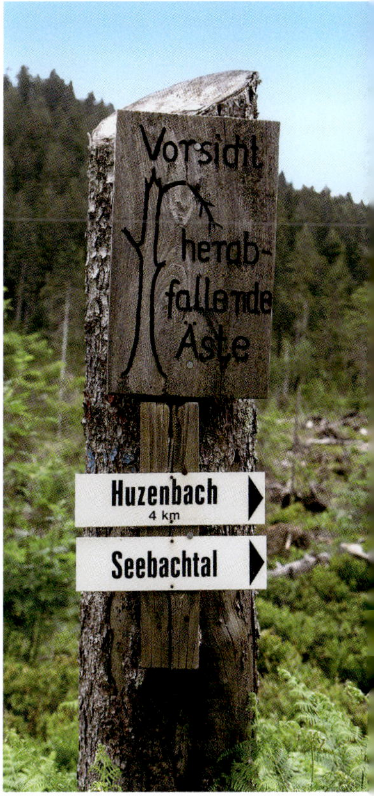

30

Vier Burgen ward ihr stolz

Ruinen bei Pfalzgrafenweiler

Mittel | 14 km | 4.30 Std. | 350 Hm

Tourencharakter
Die Abstiege von der Nördlinger Hütte und der Ruine Mantelberg erfordern Trittsicherheit; sonst bequem zu gehende Runde auf überwiegend breiten Wegen

Ausgangs-/Endpunkt
Parkplatz beim Busbahnhof in Pfalzgrafenweiler (626 m)

Höchster Punkt
Bei den Alemannengräbern (657 m)

Anfahrt
Auto: Von der B 28 Freudenstadt–Altensteig bei Pfalzgrafenweiler Richtung Ortsmitte abfahren und weiter über die Kreis- bzw. die Hauptstraße in die Burgstraße und zum Parkplatz beim Busbahnhof. GPS-Daten: 48.58360, 8.56230
Bus & Bahn: Es bestehen Busverbindungen u. a. von Altensteig, Tumlingen und Kälberbronn zur Haltestelle »Pfalzgrafenweiler/Burgstr./ZOB«.

Gehzeiten
Pfalzgrafenweiler – Mantelberg 1.15 Std. – Alemannengräber 1.15 Min. – Rüdenberg 1 Std. – Pfalzgrafenweiler 1 Std.; insgesamt 4.30 Std.

Einkehr
Gasthaus Adler (Do–Sa ab 15, So ab 10 Uhr), in Pfalzgrafenweiler

Karte
Karte des Schwarzwaldvereins 1:25 000, W236 Horb

Beste Jahreszeit
Ganzjahrestour

Informationen
Gästeinformation Pfalzgrafenweiler, Tel. 07445/85 18 27, www.pfalzgrafenweiler.de

Historisch gesehen zählt die Umgebung von Pfalzgrafenweiler zu den bedeutendsten Gegenden im Kreis Freudenstadt. Zwischen dem Ortskern und der Waldach lassen sich vier mittelalterliche Burgen nachweisen. Warum sie errichtet wurden und zu welchem Zweck, ist hingegen ungewiss.

Vom Busbahnhof bzw. dem dahinter gelegenen Ⓐ **Parkplatz** gelangen wir über die Burgstraße (rechts) zum ❶ **Rathaus von Pfalzgrafenweiler**. Dort biegen wir erst rechts, dann links auf die Kronenstraße ab und laufen die 200 Meter mit der Markierung blaue Raute bis zum Wegweiser beim Abzweig in den Killweg. Die Orientierung fällt nun kinderleicht: Es geht immer der Beschilderung des Vier-Burgen-Wegs nach.

Zur Ruine Vörbach Wir verlassen den Ort auf dem Killweg, halten uns bei der katholischen Kirche aber links und erreichen damit auf dem Gehweg zwischen der Straße Am Schlosswald und einer Pferdekoppel sowie über die Siedlung Vörbach den Waldrand. 400 Meter weiter kommen wir zum Wegweiser »Schlosswald«. Zur ersten Burg, der ❷ **Ruine Vörbach**, sind es nun noch 200 Meter durch den Wald.

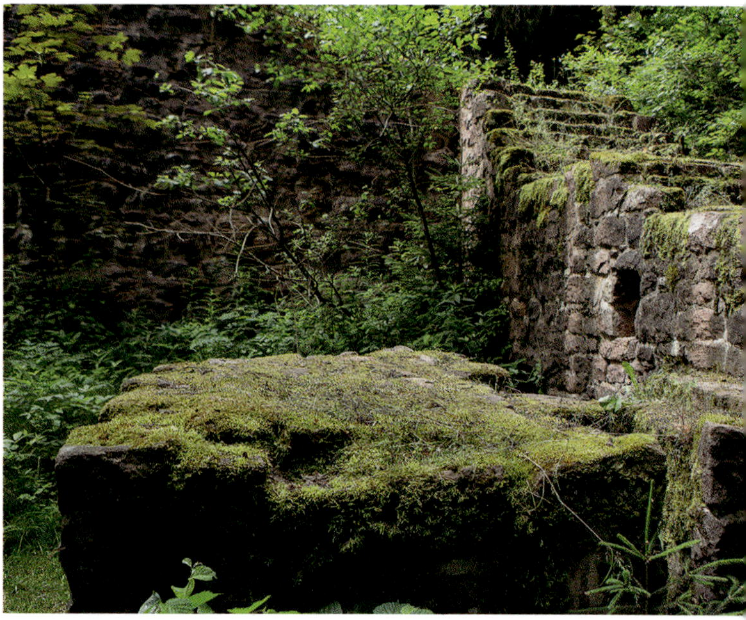

Die als Kammburg errichtete Verteidigungsanlage gehörte zuerst den Pfalzgrafen von Tübingen, wechselte im Lauf der Geschichte aber mehrfach den Besitzer. 1625 ging die Burg in den Besitz der Gemeinde Pfalzgrafenweiler über. Die Bürger von Pfalzgrafenweiler waren es dann auch, welche die Burg auseinandernahmen, um mit den Steinen ihre beim Großbrand vom 24. April 1798 in Schutt und Asche gelegte Stadt wieder aufzubauen.
1906 errichtete der Schwarzwaldverein die Nördlinger Hütte auf einem Turmstumpf der Umfassungsmauer. Die im Fachwerkstil erbaute Hütte dient der Ortsgruppe des Schwarzwaldvereins heute als Vereinsheim.

Mein Tipp

Ein zweiter, sehr schöner Wanderweg bei Pfalzgrafenweiler ist der 15 km lange Jubiläumsweg (ca. 4–5 Std./200 Hm). Er führt durch den Weiler Wald zum Aussichtspunkt Russenbusch, der einen eindrucksvollen Blick zur Schwäbischen Alb eröffnet, zu alten Buchen bei Durrweiler, zur Nördlinger Hütte und zum Naturdenkmal Hohlenstein, einem gewaltigen Findling aus heimischem Bundsandstein am Hang des Waldachtals. Der Rundweg ist – im Gegensatz zum Vier-Burgen-Weg – entgegen dem Uhrzeigersinn markiert; als Motiv für die Schilder wurde die Nördlinger Hütte gewählt.

Über die Schlosswiese zu Ruine Mantelberg Auf der Rückseite der Nördlinger Hütte wechselt der Vier-Burgen-Weg links auf einen steil abfallenden Pfad, der uns über mehrere Serpentinen bergab auf den breiteren Vörbachweg bringt. Diesem folgen wir links einen guten Steinwurf (in diesem Fall ca. 70 m) weit, ehe wir rechts auf den nächsten Pfad hinunter zur ❸ **Schlosswiese** abzweigen.
Am oberen Rand der Wiese überqueren wir das Vorbächle und folgen dem Vier-Burgen-Weg zur zweiten Burg, der ❹ **Ruine Mantelberg** (auch: Mandelberg). Ihr hoch aufragender Bergfried ist das Motiv, das uns auf den Wegweisern der Runde begleitet.
Die älteste urkundliche Erwähnung stammt aus dem Jahr 1287. 1975 ergaben archäologische Untersuchungen allerdings, dass an der Stelle der heutigen Burgruine schon im späten 11. Jahrhundert eine Festung gestanden hatte. Nachdem diese etwa Mitte des 13. Jahrhunderts ausgedient hatte, wurde die zweite, nun deutlich größere Anlage errichtet. Diese

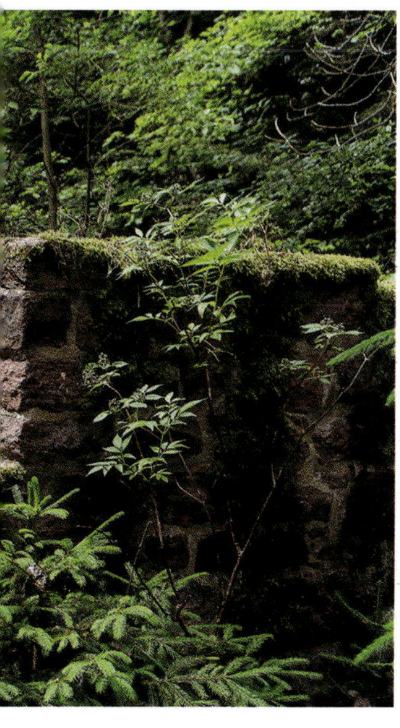

Nur spärliche Reste zeugen noch von der Burg Rüdenberg.

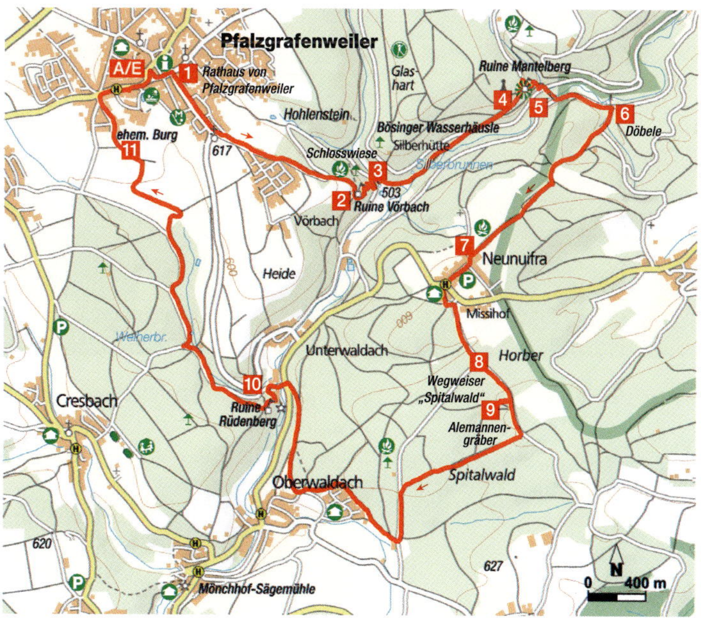

wurde Mitte des 15. Jahrhunderts weiter ausgebaut. Während der Bauernaufstände brannte die Festung 1525 vollständig aus und wurde danach aufgegeben.
Der über 30 Meter hohe Turm wurde in den 1970er-Jahren mit Wendeltreppen versehen und als Aussichtsturm geöffnet. Über eine sehr enge Außen- und drei innere Wendeltreppen sind bis oben insgesamt 166 Stufen zu bewältigen. Von der oberen Plattform des Turms genießt man dann einen schönen Blick auf die noch erhaltenen Festungsmauern sowie auf die waldreiche Umgebung.

Bösinger Wasserhäusle und Alemannengräber Auf der Nordseite der Ruine Mantelberg zweigt der Vier-Burgen-Weg rechts auf einen engen Pfad ab. Achtung: Dieser ist bei Nässe sehr rutschig und unbequem zu gehen! Alternativ kann man die Burg auch auf einem breiteren Weg südlich der Festungsmauer passieren.
Unterhalb der Ruine treffen dann Pfad und Weg wieder zusammen, und wir folgen der Beschilderung hin zum 1893 errichteten 5 **Bösinger Was-**

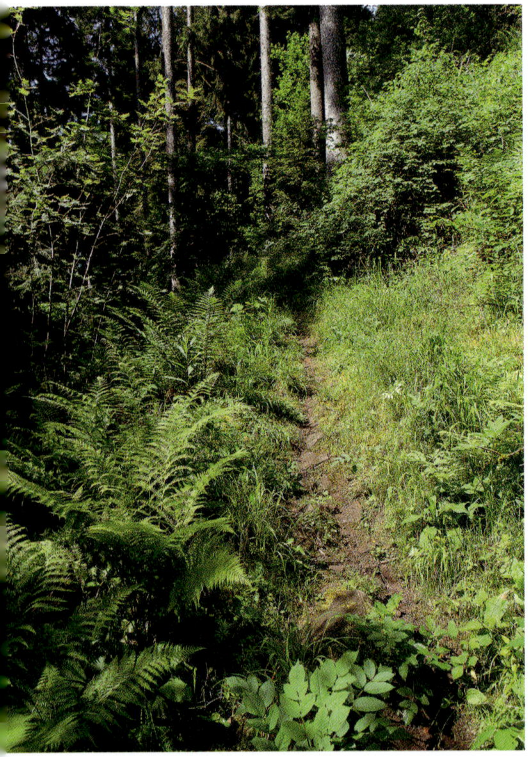

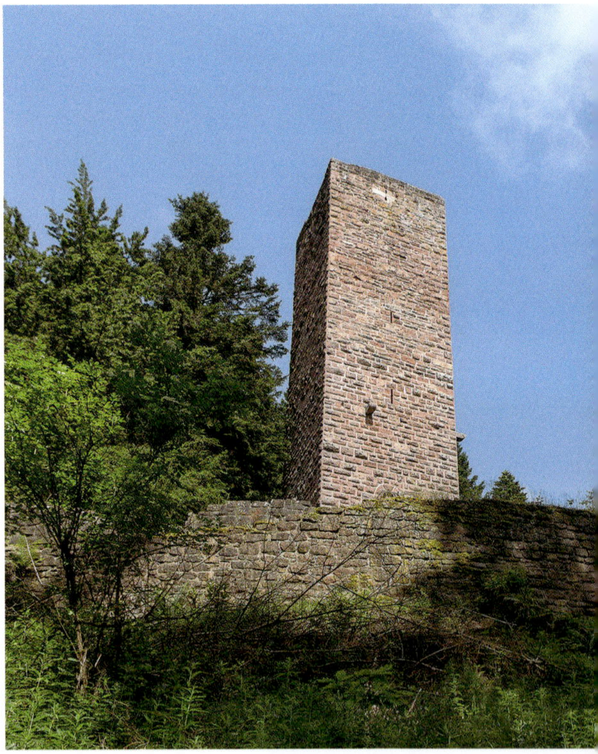

Oben: Schmale Pfade führen von der Ruine Mantelberg hinunter an die Waldach.
Mitte: Die Ruine Mantelberg ist auch auf dem Symbol des Vier-Burgen-Wegs zu sehen.

serhäusle. Als Besonderheit besitzt das Häusle ein doppelt wirkendes Plunger-Pumpwerk mit 5–7 PS, welches im weiten Umfeld als das Einzige dieser Bauart gilt. Seit 1999 wird das Wasserhäusle als Industriedenkmal erhalten.
Nachdem wir beim Wasserhäusle zuerst die Waldach, dann den Triebwerkskanal überquert haben, führt uns der Vier-Burgen-Weg über 6 **Döbele**, »Kohläcker« und den Ortsteil 7 **Neunuifra** zum 8 **Wegweiser »Spitalwald«**. 350 Meter weiter zweigt ein unscheinbarer Pfad in den Wald ab. Die-

ser endet nach 80 Metern bei zwei noch unscheinbareren, flachen Hügeln. Bei diesen soll es sich um zwei 9 **Alemannengräber** handeln, die möglicherweise aus der Merowingerzeit (460–751) stammen. Nun gut, solange wir es nicht besser wissen, glauben wir das mal. Allzu viel zu erkennen gibt es vor Ort allerdings nicht.

Zur Ruine Rüdenberg Nach dem Abstecher kehren wir zum breiten Forstweg zurück. Bei der nächsten Möglichkeit geht es rechts ab auf einen schnurgeraden Forstweg und mit den bekannten Markierungen des Vier-Burgen-Wegs über das Familiendorf Waldachtal zur 10 **Ruine Rüdenberg**. Auf dem Weg dorthin überqueren wir erst die Kreisstraße, dann die Waldach.
Die Reste der Festung sind im Wald zu finden. Allzu hoch sollte man seine Erwartungen aber nicht schrauben, denn bis auf einen quadratischen, mit Moosen bewachsenen Turmstumpf ist nichts übrig geblieben. Viel mehr war es wohl aber auch nie. So wird vermutet, dass die Burg Rüdenberg nur aus einem Turm bestand, der von einem Graben und einem Wall umgeben war.

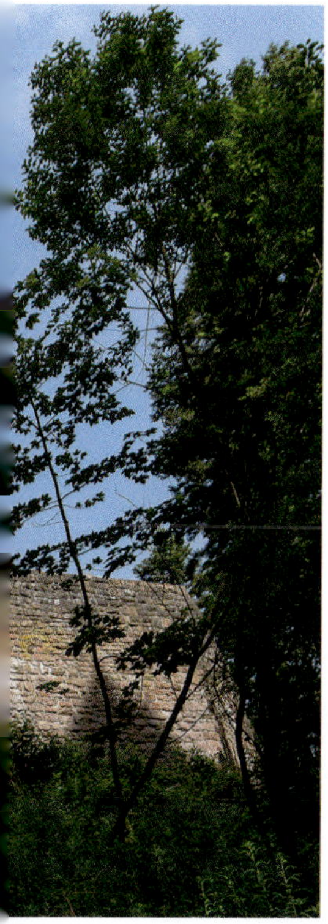

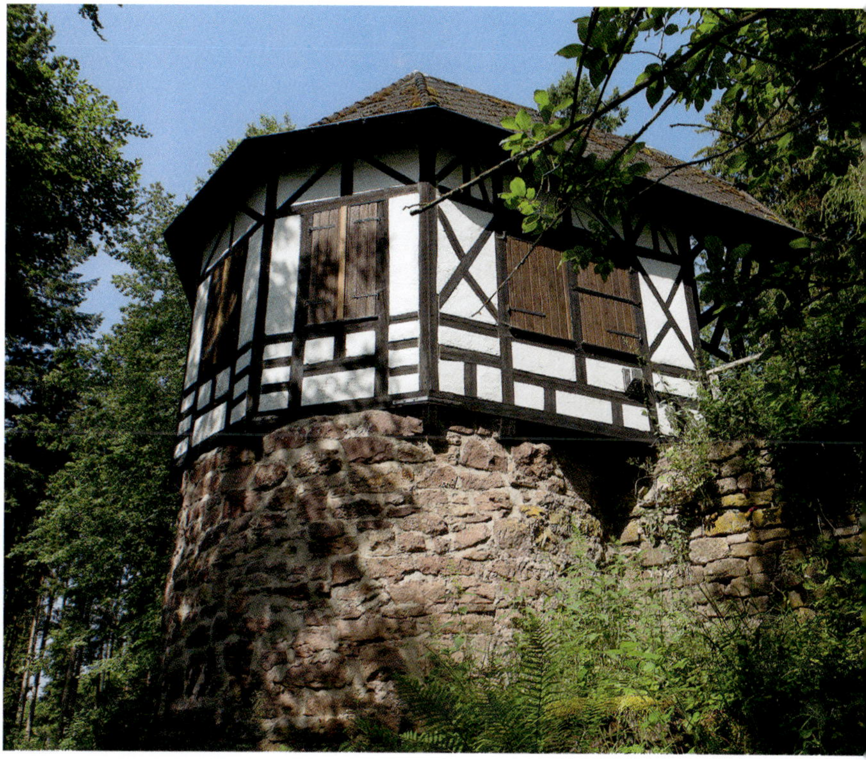

Ohne lange zu verweilen, können wir damit dem Themenweg über die Sandebene, die Wegweiser »Blöcherweg« und »Weiherbach« (bei beiden Wegweisern rechts halten) zurück nach Pfalzgrafenweiler folgen.
Kurz bevor wir wieder am Ausgangspunkt beim E **Parkplatz** sind, passieren wir die letzte der vier Burgen – das heißt: den ehemaligen Standort derselben. Von der 1165 eroberten und zerstörten 11 **Burg von Pfalzgrafenweiler** zeugt nur ein Graben mit Wiesenhügel. Und stünde nicht ein Schild mit einer Krone darauf da, man könnte sie glatt übersehen ...

Die Nördlinger Hütte wurde direkt auf einem mittelalterlichen Turmstumpf errichtet.

31

Im Urwald von morgen

Von Enzklösterle zur Enzquelle

Leicht 12 km 3.30–4 Std. 230 Hm

Tourencharakter
Bequem zu wandernde Runde auf (Forst-)Wegen und Pfaden mit sanften Anstiegen ohne besondere Ansprüche

Ausgangs-/Endpunkt
Kurverwaltung von Enzklösterle (600 m)

Höchster Punkt
Beim Bärloch (770 m)

Anfahrt
Auto: Von der B 294 Freudenstadt–Pforzheim bei Calmbach oder Simmersfeld Richtung Enzklösterle abbiegen und über die L 351 bis Enzklösterle. GPS-Daten: 48.66720, 8.47080
Bus & Bahn: Es bestehen Busverbindungen ab Freudenstadt und Bad Wildbad zur Haltestelle »Enzklösterle/Schule/Halle«.

Gehzeiten
Enzklösterle – Enzquelle 1.40–1.50 Std. – Bärlochkar 0.50–1 Std. – Enzklösterle 1–1.10 Std.; insgesamt 3.30–4 Std.

Einkehr
Auf der Strecke keine, in Enzklösterle

Karte
Karte des Schwarzwaldvereins 1:25 000, W235 Freudenstadt

Beste Jahreszeit
Ganzjahrestour

Informationen
Touristinformation Enzklösterle, Tel. 07085/75 16, www.enzkloesterle.de

Zum Ende der letzten Eiszeit sind an den Hängen im Nordschwarzwald zahlreiche Karseen entstanden. Die meisten von ihnen verschwanden im Lauf der Zeit wieder oder schrumpften zu einem unscheinbaren Tümpel zusammen. So auch der Bärlochkarsee – dabei war schon seine Entstehung nahezu einzigartig.

Der staatlich anerkannte Luftkurort Enzklösterle ist einer der beliebtesten Ferienorte im Nordschwarzwald. Im oberen Enztal gelegen, werden die Gäste hier mit frischer, besonders reiner Luft, mit grünen Wiesenauen und mächtigen Tannenwäldern verwöhnt. Zugleich verspricht der Ort durch seine Lage in einem Hochtal Urlaubstage mit garantierter Nebelfreiheit. Das gilt insbesondere für den Herbst. Wenn die tiefer gelegenen Täler oft den ganzen Tag lang unter einer dichten Hochnebeldecke verborgen bleiben, erfreuen sich Spaziergänger und Wanderer an der sonnenverwöhnten Landschaft rund um Enzklösterle.

Historischer Hetschelhof Als Ausgangspunkt haben wir die Ⓐ **Kurverwaltung in Enzklösterle** gewählt. Vom Parkplatz ist es ein Steinwurf bis zum ersten Wegweiser an der Friedenstraße. Hier biegen wir rechts ab und folgen der Straße – bei der Weggabelung rechts haltend – zum Kirchweg. Jetzt geht es dreimal kurz nacheinander links: erst in den Kirchweg bis zum Wegweiser »Enzklösterle«, dann in den Bergweg und bei der nächsten Weggabe-

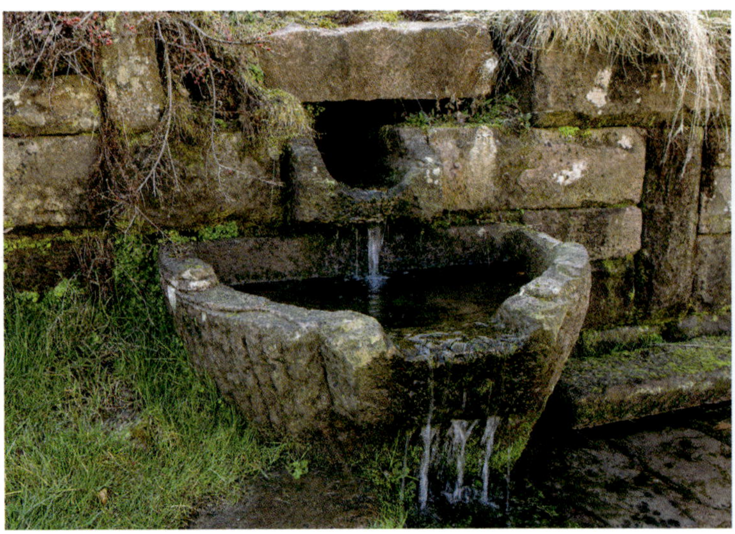

Symbolische Quellfassung der Enz

Rechte Seite: Blick über den nahezu verlandeten See des Bärlochkars

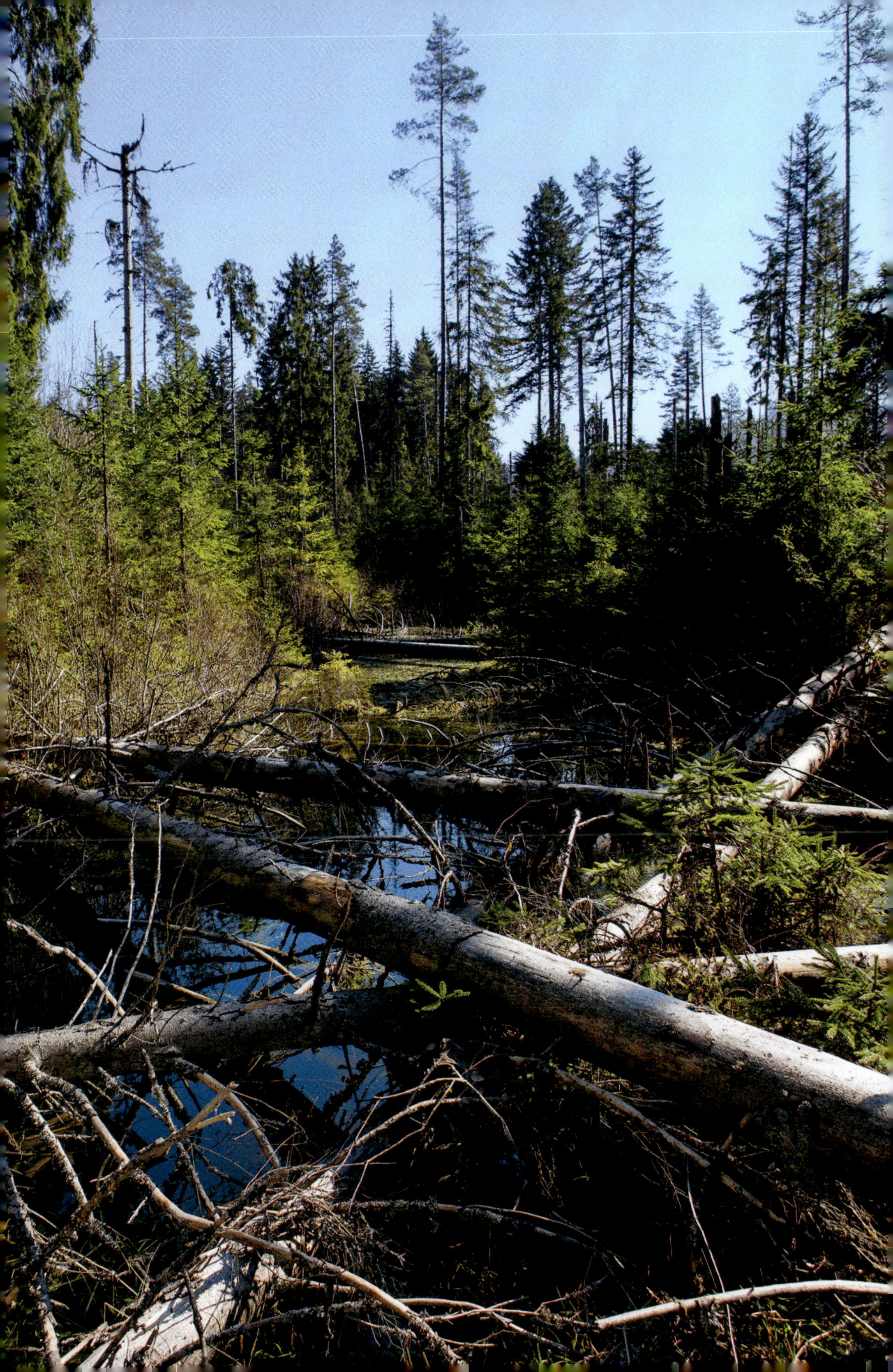

lung hinunter zum Campingplatz Müllerwiese. Alternativ kann man auch über die Zufahrtsstraße zum Campingplatz abkürzen. In beiden Fällen geht es noch vor der Müllerwiese über die Große Enz zum **1** **Hetschelhof**.
Der 1511 erstmals erwähnte Hof hat die Ortschronik mehrmals mit Schlagzeilen bereichert: 1753 wurde der Hetschelhof wegen Steuerschulden an zwölf Simmersfelder Bürger versteigert. Später diente er als Parkhotel, das Ende 1995 allerdings geschlossen werden musste. Zuletzt brach in dem leer stehenden und sanierungsbedürftigen Gebäude am 17. Juni 2013 ein Feuer aus, das im Bereich der Rezeption Schäden verursachte. Ob der Hof wieder bessere Zeiten erleben oder ob die Brandruine abgerissen wird, war bis zur Drucklegung der fünften Auflage dieses Buchs ungewiss.

Flussaufwärts zur Enzquelle Beim Wegweiser »Hetschelhof« biegen wir rechts Richtung Gompelscheuer ab und wandern der Großen Enz auf dem Uferweg entgegen. Gut 700 Meter weiter kreuzt der Weg den Kohlerweg. Während der offiziell beschilderte Wanderweg den Fluss überquert, bleiben wir auf der linken Seite (in Laufrichtung) der Enz. Auf dem nächsten Abschnitt laden mehrere Bänke zu einer kurzen Rast ein.
Nachdem wir auch die Rohnbachstraße gekreuzt haben, nutzen wir eine kleinere Brücke und folgen dem mit blauen Wegweisern beschilderten Pfad durch die Sportanlage hinauf zum asphaltierten Petersmühlenweg, sodass wir ein kurzes Stück weiter die Forellenzucht Klaiber passieren.
Auf dem nächsten Abschnitt können wir uns wieder an den bekannten Wegmarkierungen vom Schwarzwaldverein orientieren, die uns über die Petersmühle und die Gompelscheuer zur **2** **Enzquelle** führen. Die seit 1936 gefasste Quelle befindet sich oberhalb des Zusammenflusses von Poppelbach und Kaltenbach, womit es sich um eine symbolische Quelle handelt. Bis ins 19. Jahrhundert hinein nutzten die Flößer die Vereinigung der beiden Bäche für die Holzdrift. Heute laden Bänke bei der Quellfassung zum Verweilen ein. Bei der Enzquelle beginnt auch der 115 Kilometer lange Enztal-Radweg.

Der Urwald im Bärlochkar Gut erholt geht es nach der Pause auf dem Kaltenbachweg 200 Meter bergan zum **3** **Wegweiser »Flößerhaus«** und ab dort mit der gelben Raute über idyllische Waldpfade hinauf zum **4** **Bärlochkar**.
Der Weg führt durch den Bannwald Bärlochkar. Auf einer 104 Hektar großen Fläche ruht seit 1993 die Forstwirtschaft – d. h., Bäume werden in dem Totalreservat weder gepflanzt noch gefällt, und das Totholz wird nicht beseitigt. Mit quer über den Wanderweg liegenden Stämmen ist also immer zu rechnen. Andererseits gibt uns der Bannwald auch die Sicherheit, dass wir nicht plötzlich vor einer Absperrung aufgrund von Forstarbeiten stehen. Statt der Kettensägen sind es damit die Jahrhundertstürme, welche die Entwicklung im Bannwald maßgeblich prägen. So erinnert ein Gedenkstein an die Stürme »Vivien« und »Wiebke« von 1990 und den Orkan »Lothar« von 1999.

Kulturdenkmal Rußhütte

Die Rußhütte von Enzklösterle stammt aus dem Jahr 1829. In ihr wurde bis Ende des 19. Jh. Kienruß gewonnen, das für die Herstellung schwarzer Färbemittel benötigt wurde. Wie viele andere Handwerke diente das Kienrußbrennen den einfachen Menschen als zusätzliche Einkommensquelle bzw. auch als alleiniger Lebensunterhalt. Nachdem die Rußhütte zeitweise in Vergessenheit geraten war, wurde sie 1982 wieder entdeckt und zwischen 1992 und 1994 restauriert. Sie gilt heute als die besterhaltene Rußhütte Deutschlands und ist als Kulturdenkmal und Denkmal der deutschen Chemiegeschichte geschützt. Die Hütte ist von März bis November täglich von 9–17 Uhr geöffnet (weitere Infos unter www.enzkloesterle.de).

Das Große Bärlochkar ist durch seine besondere Ausformung mit einer gestuften Karwand sowie einem inneren und einem äußeren Karwall nicht leicht zu erkennen. Lediglich die mit Wasser gefüllte Karmulde zeigt deutlich an, dass der Boden in früheren Zeiten durch den Eisdruck ausgehobelt wurde. Über diese Vorgänge informieren mehrere Infotafeln. An den von Amphibien und Libellen bevölkerten Restkarsee führt ein stellenweise vernässter Pfad, in und über dem Wasser liegen einige umgestürzte Bäume. Als wir dort waren, boten sie noch genug Halt, um bis zur Tümpelmitte zu gelangen. (Wir sind dafür anschließend in eine Pfütze getappt …)

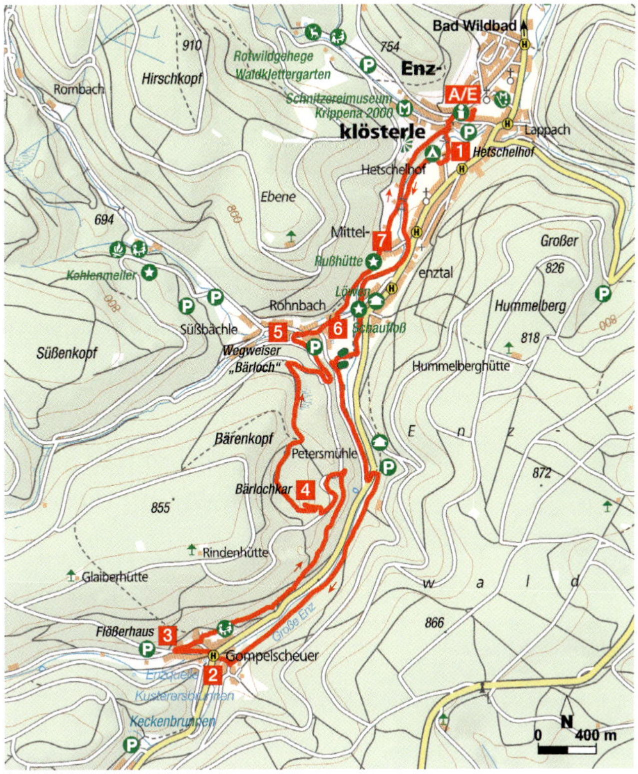

Rückweg nach Enzklösterle Nach dem Abstecher ans Wasser kehren wir zurück zu den Infotafeln und folgen nun dem »Bärlochkar-Urwalderlebnispfad« über weitere umgestürzte Bäume und einen Holzsteg erst um das Große, dann um das Kleine Bärloch.

Wo der Pfad nach gut 1,2 Kilometern in einen breiten Forstweg mündet, biegen wir erst nach rechts und 300 Meter weiter dann nach links ab. Nach ein paar Minuten sollten wir so zum 5 **Wegweiser »Bärloch«** kommen.

Auf den letzten beiden Kilometern können wir dann einfach der Beschilderung folgen und über Rohnbach und das 6 **Rohnbachbrückle** sowie über den Bergweg und die 7 **Rußhütte** (s. Kasten) zurück nach E **Enzklösterle** wandern.

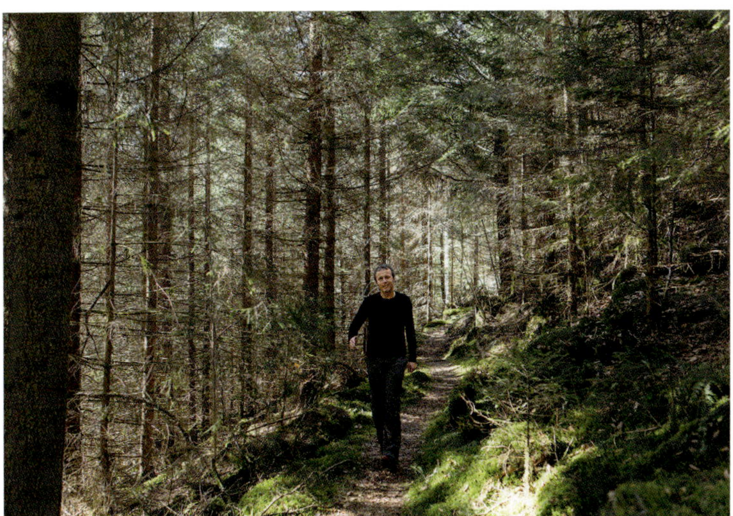

Auf dem Weg in den Bannwald Bärlochkar

32

Aufatmen im Tal der Teinach

Bad Teinach und Neubulach

Mittel | 15,2 km | 4.45 Std. | 440 Hm

Tourencharakter
Mit kurzen, steilen Anstiegen versehene Tour über Wege und wenig befahrene Straßen; guter Orientierungssinn von Vorteil

Ausgangs-/Endpunkt
Freibad-Parkplatz in Bad Teinach (390 m)

Höchster Punkt
Beim Wasserturm (630 m) auf dem Liebelsberg

Anfahrt
Auto: Von der B 463 Pforzheim–Horb am Neckar zwischen Calw und Wildberg nach Bad Teinach abbiegen und über die L 347 bis zum Parkplatz an der Badstraße. GPS-Daten: 48.68900, 8.69240
Bus & Bahn: Es bestehen Busverbindungen ab Calw und dem Bahnhof Bad Teinach/Neubulach zur Haltestelle »Bad Teinach/Edeka«.

Gehzeiten
Bad Teinach – Ruine Waldeck 1.30 Std. – Neubulach 1.30 Std. – Wasserturm 1 Std. – Bad Teinach 45 Min.; insgesamt 4.45 Std.

Einkehr
In Neubulach und Bad Teinach

Karte
Karte des Schwarzwaldvereins 1:25 000, W226 Pforzheim

Beste Jahreszeit
Ganzjahrestour

Informationen
Teinachtal Touristik,
Tel. 07053/920 50 40,
www.teinachtal.de

Das Teinachtal ist auch als »Ferienglück hoch drei« bekannt. Gemeint sind damit das Heilbad und der Luftkurort Bad Teinach-Zavelstein, der heilklimatische Kurort Neubulach und der Ferienort Neuweiler. Sie alle profitieren von einer Landschaft mit tiefen Taleinschnitten und sonnigen Hochflächen. Zwei der Orte lernen wir auf dieser Runde kennen.

Los geht's am **A** **Freibad-Parkplatz in Teinach**. Hier wechseln wir auf die rechte Seite der Teinach und wandern auf dem Teinachtalweg durch den Wald über das **1** **Langsche Brückle** zum Bahnhof von Bad Teinach.
Sobald der Wanderweg in die Neubulacher Straße mündet, biegen wir erst links, dann gleich wieder rechts ab, sodass wir das **2** **E-Werk** wenige Schritte oberhalb der Mündung der Teinach in die Nagold umrunden. Nachdem wir eine Eisenbahnbrücke unterquert haben, zweigen wir zur **3** **Ruine Waldeck** ab. Die mächtigen Außenmauern und der Stumpf des Bergfrieds vermitteln eine gute Vorstellung von der Größe der einst gefürchteten Burg. Wo früher geraubte Schätze gehortet wurden, befindet sich heute ein Grillplatz.

Nach Neubulach Auf der anderen Seite der Burg führt uns ein Waldpfad zum **4** **Rastplatz Geigerle**. Von dort folgen wir der Beschilderung

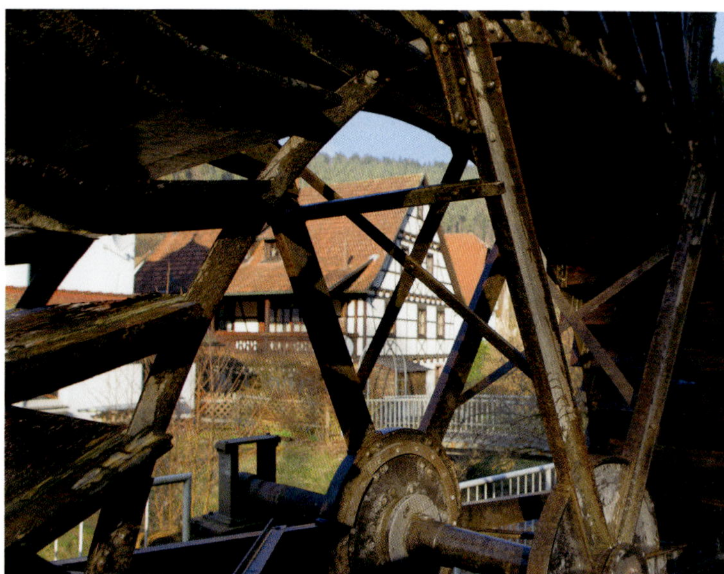

Blick durch ein altes Mühlrad im Kurpark von Bad Teinach

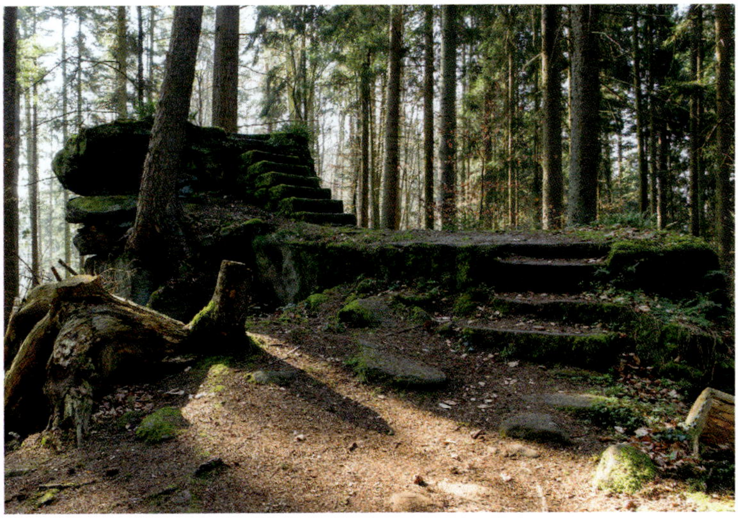

Achtung: Diese alten Stufen führen in eine Sackgasse.

über den **5** Rastplatz Wasen und die **6** Minigolfanlage nach Neubulach. Als wir die Tour begingen, war der Weg leider nicht durchgängig ausgewiesen. Im Zweifelsfall folgt man den Pfaden am Waldrand in einem weiten Bogen um Altbulach bis ans südliche Ende von Neubulach. Ab dem Minigolfplatz ist dann ein Abstecher zum Besucherbergwerk Hella Glück ausgewiesen. Wir indes laufen über die Mühlsteige und (links ab) die Oberhaugstetter Straße bzw. die K 4304 bis zum **7** Wegweiser »Neubulach«. Bis die Beschilderung ergänzt ist, verlassen wir also das offizielle Wanderwegenetz, überqueren die Kreisstraße und spazieren durch die kleine, aber sehenswerte Altstadt hinauf zum **8** Marktplatz.

Kurzes Glück am Ostweg Ab dort geht es über die Obere Torstraße und die Calwer Straße bis zur Landstraße. Um wieder auf einen vernünftigen Wanderweg zu kommen, müssen wir diese überqueren. Auf der anderen Seite biegen wir links in die Friedrich-Duss-Straße. Nachdem wir Fußball- und Tennisplätze sowie eine Pferdeklinik passiert haben, laufen wir geradeaus weiter auf einen Grasweg. Wo dieser in einen asphaltierten Weg endet, biegen wir rechts ab.

Sobald wir eine schwarz-rote Raute am Wegrand entdecken, können wir uns glücklich schätzen, denn damit befinden wir uns nun auf dem **9** Ostweg, dem wir ohne weitere knifflige Stellen über den **10** Wasserturm auf dem Liebelsberg bis zurück zum Ausgangspunkt am **E** Freibad-Parkplatz im tief eingeschnittenen Teinachtal folgen können.

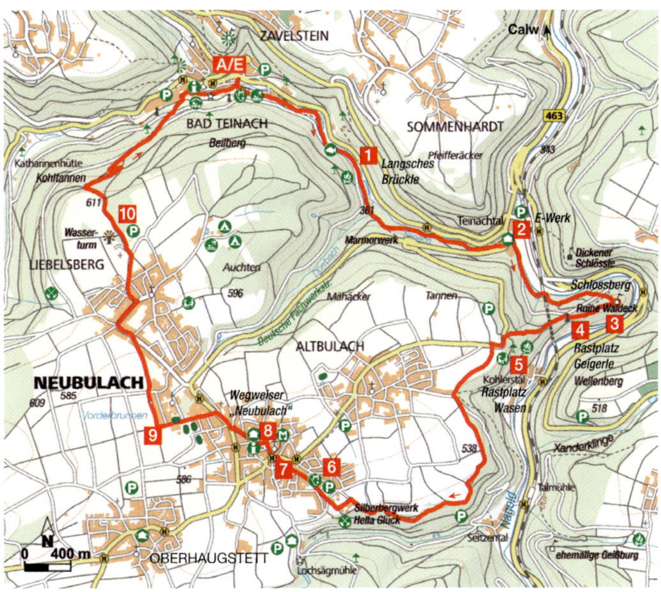

33

Über den Latschigfelsen zur Hohen Schaar

Von Forbach nach Langenbrand

Mittel | 14 km | 4.30–5 Std. | 570/620 Hm

Tourencharakter
Abwechslungs- und aussichtsreiche Wanderung über Pfade und Waldwege; Trittsicherheit von Vorteil

Ausgangspunkt
Forbach (305 m)

Endpunkt
Langenbrand (255 m)

Höchster Punkt
Latschigfelsen (724 m)

Anfahrt
Auto: Parkmöglichkeiten befinden sich bei der S-Bahn-Haltestelle »Forbach« an der B 462 Freudenstadt–Rastatt oder am Endpunkt bei der S-Bahn-Haltestelle in Langenbrand. Fahrt zwischen Langenbrand und Forbach mit der S-Bahn. GPS-Daten: 48.68070, 8.36080 (Forbach) und 48.70260, 8.35560 (Langenbrand)
Bus & Bahn: Es bestehen S-Bahn-Verbindungen ab Freudenstadt und Karlsruhe zu den S-Bahn-Haltestellen in Forbach und Langenbrand.

Gehzeiten
Forbach – Latschigfelsen 1.30–1.45 Std. – Hohe Schaar 1.30 Std. – Langenbrand 1.30–1.45 Std.; insgesamt 4.30–5 Std.

Einkehr
Unterwegs keine, dafür aber tolle Rastplätze

Karte
Karte des Schwarzwaldvereins 1:25 000, W225 Baden-Baden

Beste Jahreszeit
April bis Dezember

Informationen
Touristinfo Forbach,
Tel. 07228/390, www.forbach.de

Der Latschigfelsen zählt zu den Aussichtspunkten, die zwar von mehreren großen Wanderwegen angesteuert werden, den wir aber bis dato dennoch geflissentlich übersehen hatten. Mit tollen Ausblicken über das Murgtal geht es von dort auf die Hohe Schaar – die dann erstaunlicherweise auch von den Fernwanderwegen links liegen gelassen wird.

Als Streckenwanderung ist diese Tour über den Latschigfelsen und die Hohe Schaar in beide Richtungen möglich. Wer mit dem Auto anreist, kann den Startpunkt von der Ankunftszeit und dem Fahrplan der S-Bahn abhängig machen. Wer wie wir in Langenbrand parkt und mit der Bahn nach Forbach fährt, kann sich die Suche nach einem Fahrkartenautomaten (und den Spaziergang rund um das alte Bahnhofsgebäude) sparen – es gibt keinen. Das Ticket wird in der S-Bahn gelöst.
In Ⓐ **Forbach** ist der Latschigfelsen bereits beim Wegweiser am Bahnhof angeschrieben. Als Wanderer haben wir anscheinend die Wahl: Entweder folgen wir dem Westweg oder der Murgleiter. Was die Schilder am Bahnhof verschweigen: Beide Fernwanderwege teilen sich den Auf-

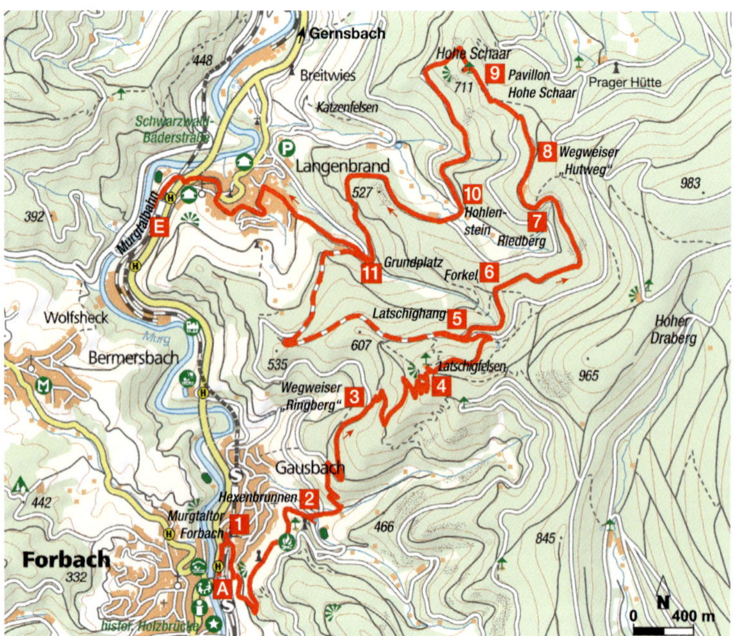

stieg; einzig die angegebene Distanz variiert um 700 Meter. Das liegt daran, dass die Streckenführung des Westwegs geändert wurde. Aber vielleicht wurde dies ja inzwischen aktualisiert. In diesem Fall müsste die Entfernung dann auf beiden Schildern mit »4,5 km« angegeben sein.

Mein Tipp

Die Murgleiter wurde am 8. Juni 2008 offiziell eröffnet; auf ihr geht es in fünf Etappen und auf einer Strecke von 110 km vom Unimog-Museum in Gaggenau bis zur Quelle der Murg auf den Schliffkopf. Charakterisiert wird der Fernwanderweg durch die tief in die Landschaft eingegrabene Murg, durch eindrucksvolle Felsengen im Wechsel mit lieblichen Auen, durch steile Waldhänge und mittelalterliche Burgruinen. Alle fünf Etappen sind mit dem Deutschen Wandersiegel als Premiumwanderwege ausgezeichnet. Die Murgleiter wird ausführlich im Bruckmann-Wanderführer »Schwarzwald-Steige« beschrieben.

Gebührender Auftakt Vom Bahnhof laufen wir ein Stück Richtung Langenbrand und biegen im Bereich des Eisenbahntunnels rechts in die Schulstraße. Einen Katzensprung weiter erreichen wir das 1 Murgtaltor Forbach. Es ist eines von mehreren Steinportalen im Schwarzwald, die den Westwegverlauf deutlich markieren. Vor Ort informieren Tafeln über die Besonderheiten des Westwegs – dieser ist auch auf den Steinplatten auf dem Boden dargestellt – und über die einzelnen Etappen der Murgleiter.

Auf der anderen Seite vom Murgtaltor biegen wir scharf rechts ab. Damit kommen wir auf dem nächsten Stück auf einen mit Gras bewachsenen Pfad zwischen Hecken und einer Hangwiese. Wo der Pfad auf einen Wendehammer trifft, biegen wir erneut rechts ab und folgen der Murgleiter über die Brückwaldanlage und mit einem scharfen Linksabzweig durch Waldstreifen und locker bestandene Obstwiesen bis zum 2 Hexenbrunnen.

Von Halunken und Hexen Auf dem Weg dorthin eröffnen sich uns einige herrliche Ausblicke über Forbach und das Murgtal. Zudem lernen wir die

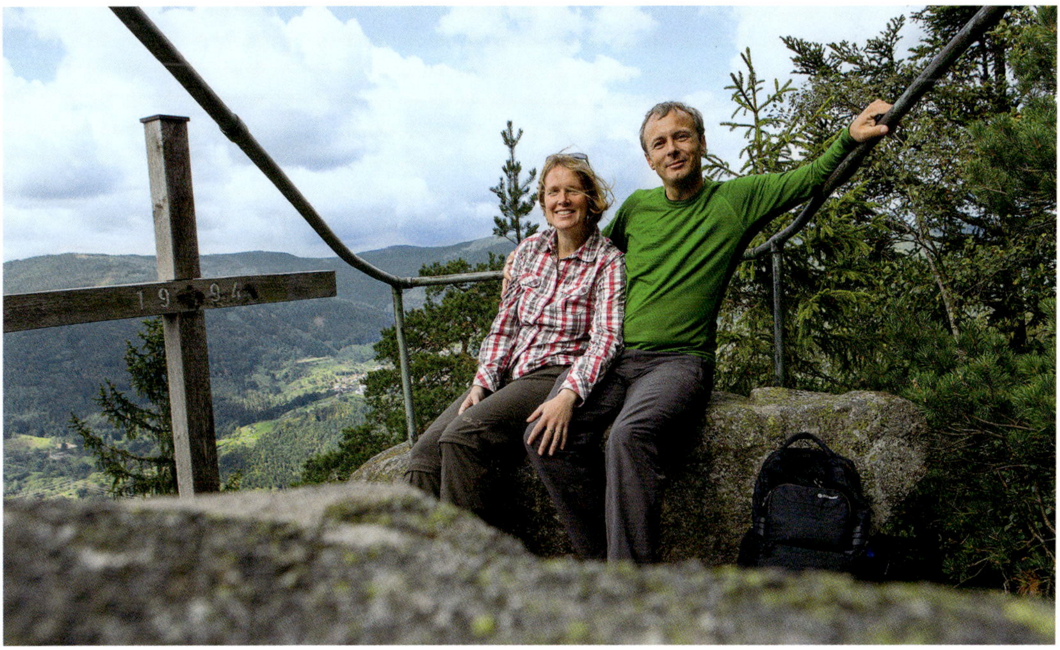

Zu zweit macht Wandern einfach mehr Spaß: Pause auf dem Latschigfelsen

Geschichte eines Übeltäters kennen, der die Zielsteine auf den Äckern zwischen Gausbach und Forbach versetzt hatte, um seine eigene Anbaufläche zu erweitern. Die Strafe folgte nach seinem Tod: Nach dem Läuten der Betglocke war er dazu verdammt, mit den Grenzsteinen auf dem Acker auf- und abzugehen, stets flehend rufend: »Sag mir, wohin ich ihn setzen soll!«

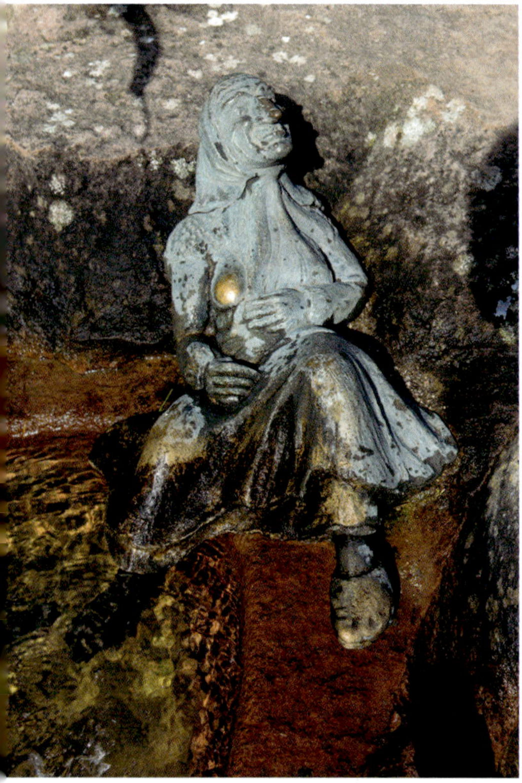

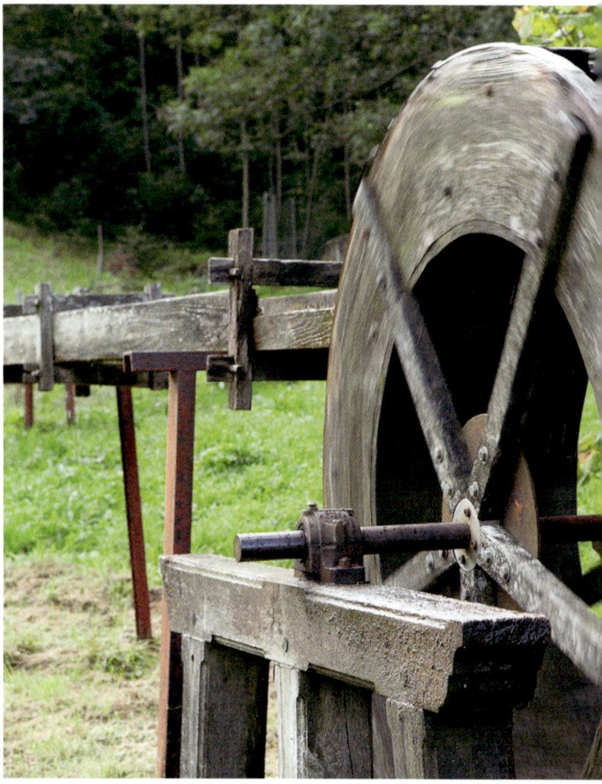

Oben: Beim Hexenbrunnen ist der Name Programm.

Mitte: Ausrangiertes, aber funktionstüchtiges Mühlrad nahe dem Hexenbrunnen

Erst der volltrunkene Hans Mayer traute sich nach einem Wirtshausbesuch, ihm zu antworten, er solle ihn einfach dahin setzen, wo er den Stein hergenommen habe. Damit erlöste er den Geist, der fortan nicht mehr gesehen noch gehört ward.

Beim Hexenbrunnen treffen die historische und die neue Westwegvariante aufeinander. Zudem informiert am Brunnen eine Tafel über den Sagenweg, auf dem wir schon eine Weile unterwegs sind. Die am Brunnenrand sitzende Hexe steht indes für die Geschichten von Hexen und Geistern, die sich die Menschen seit Generationen erzählen.

Zum Latschigfelsen In Sichtweite eines alten Mühlrads überqueren wir erst den Gausbach, passieren dann den Schulmeisterfelsen und folgen schließlich der roten Westweg-Raute über idyllische Waldpfade und den **3 Wegweiser »Ringberg«** hinauf zum **4 Latschigfelsen**.

Oben angekommen, öffnet sich der Blick über das Murgtal bis hinab nach Forbach und Gausbach sowie zu den gegenüberliegenden Kuppen. Da wir hier auf dem Felsen schon einen Großteil der Höhenmeter dieser Tour bewältigt haben, ist dies für uns der perfekte Platz für eine längere Pause. Es sei denn, es weht ein ungemütlich kalter Wind – in so einem Fall empfehlen wir, einen Steinwurf weiter bis zum Pavillon am Latschigfelsen zu wandern.

Zur Hohen Schaar Beim Wegweiser oberhalb des Felsens nimmt der Westweg Kurs auf die Hochmoore rund um Kaltenbronn. Damit bleibt uns noch

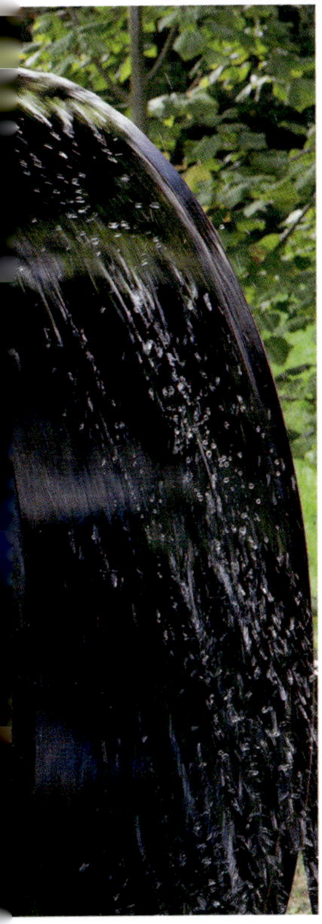

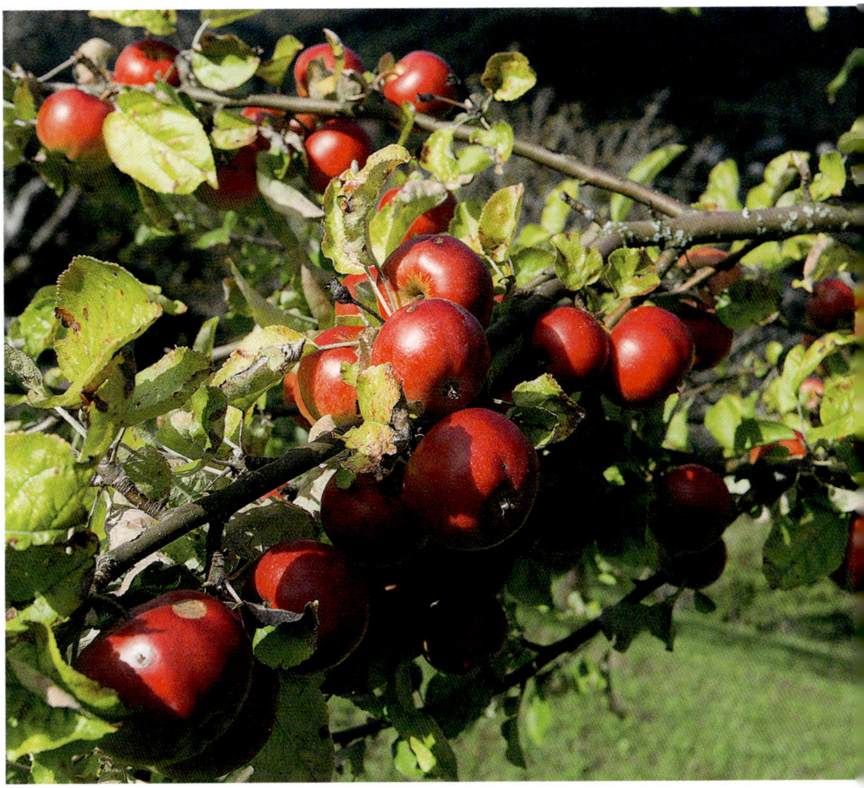

Zum Reinbeißen lecker: Alte Obstsorten verführen zum Mundraub.

die Murgleiter, der wir bergab und über einen scharfen Abzweig nach links zum 5 **Latschighang** folgen.

Wer die Tour abkürzen möchte, kann ab dem Wegweiser »Latschighang« mit der gelben Raute über den Grundplatz nach Langenbrand absteigen.

Alle anderen biegen beim Latschighang scharf rechts ab und wandern damit auf der Murgleiter über 6 **Forkel** und 7 **Riedberg** bis zum 8 **Wegweiser »Hutweg«**. Dort angekommen, verlassen wir nun auch die Murgleiter. Das heißt: wir zweigen halb links ab und wandern bis zur Linkskurve über einen breiten Forstweg. In der Kurve scheren wir aus, sodass wir in etwa geradeaus über felsige Waldwege und Pfade weiter zur Hohen Schaar laufen.

Vom Wegweiser unterhalb des flachen Gipfels schlängelt sich ein schmaler Pfad durch eine Steinhalde zum 9 **Pavillon Hohe Schaar**. Es ist der zweite richtig toll gelegene Rast- und Aussichtspunkt dieser Wanderung. Die Granitfelsen wecken Urlaubsgefühle: Ganz ähnliche Formationen gibt es auf Sri Lanka und den Seychellen.

Mit diesen schönen Eindrücken im Kopf geht es anschließend vom Pavillon zurück zum Wegweiser und ab dort mit der gelben Raute über 10 **Hohlenstein** und 11 **Grundplatz** zum Endpunkt in E **Langenbrand**.

34

Aussichtstour zum Lautenfelsen

Romantische Tälerwanderung bei Gernsbach

Mittel | 12,5 km | 4–4.30 Std. | 540 Hm

Tourencharakter
Technisch einfache Runde über meist breite Wege; der Abschnitt oberhalb der Illertkapelle bzw. zwischen Steintal und Im Haselbrunnen erfordert etwas Kondition am Berg.

Ausgangs-/Endpunkt
Parkplatz am Kurpark von Gernsbach (171 m)

Höchster Punkt
Unterhalb vom Vogelhartskopf (650 m)

Anfahrt
Auto: Von der B 462 Freudenstadt–Rastatt bei Gernsbach auf die L 78 bzw. die Hördener Straße abfahren und weiter über die Igelbachstraße bis zum Kurpark. GPS-Daten: 48.76050, 8.34060
Bus & Bahn: Es bestehen Bahn- und Busverbindungen ab Freudenstadt, Karlsruhe und Baden-Baden zur Haltestelle »Gernsbach-Mitte«.

Gehzeiten
Gernsbach – Illertkapelle 1.20–1.30 Std. – Lautenfelsen 1–1.10 Std. – Gernsbach 1.40–1.50 Std.; insgesamt 4–4.30 Std.

Einkehr
Unterwegs keine, schöne Rastmöglichkeit

Karte
Karte des Schwarzwaldvereins 1:25 000, W225 Baden-Baden

Beste Jahreszeit
Ganzjahrestour

Informationen
Touristinfo Gernsbach,
Tel. 07224/644 44,
www.gernsbach.de

Die Runde ab Gernsbach führt durch das idyllische Igelbachtal und das steil ansteigende Lautenbachtal ins Naturschutzgebiet Lautenfelsen. Es gilt als landschaftlich besonders reizvoller Bereich des Murgtals und als bedeutender Lebensraum für spezialisierte Tiere und Pflanzen. Für Wanderer ist es einfach nur schön.

Der Ausgangspunkt am Ⓐ **Parkplatz** am unteren Ende des Kurparks liegt 300 Meter von der S-Bahn-Haltestelle »Gernsbach-Mitte« entfernt. Vom Parkplatz geht es über die Hildastraße und auf den Wegen durch den Kurpark bis zum ❶ **Igelbachbad** und weiter über die wenig befahrene Straße und mit dem Wegweiser »Galgenbergweg« durchs Igelbachtal.

Zur Illertkapelle Beim ❷ **Wegweiser »Igelbachtal«** biegen wir rechts ab und folgen den wenigen gelben Wegmarkierungen über die Käferplatte zur ❸ **Hardtberghütte**.

Vor der Schutzhütte biegen wir links ab. Nachdem wir den Hardtberg passiert haben, geht der Schotterweg in eine landwirtschaftliche Straße über. Links und rechts des Wegs erfreuen uns nun offene Wiesen und Streuobstbestände.

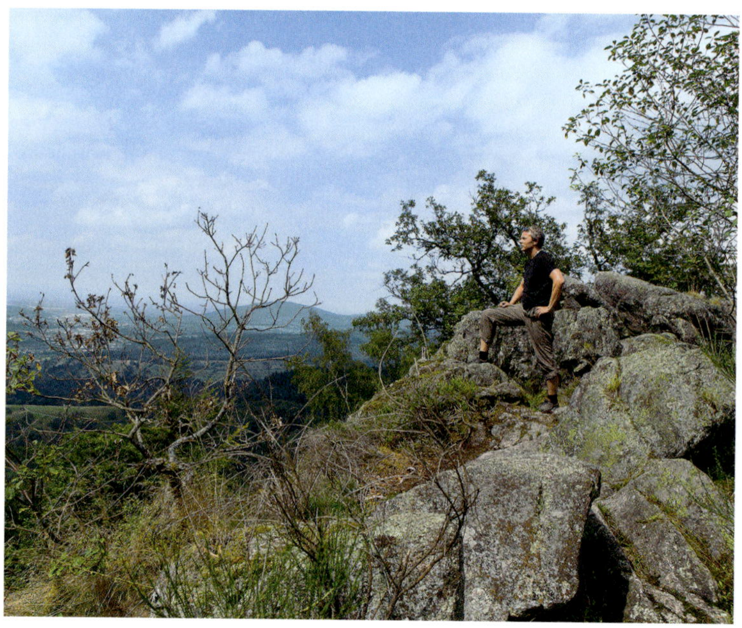

Der Lochfelsen gibt einen Vorgeschmack auf die Aussicht beim Lautenfelsen.

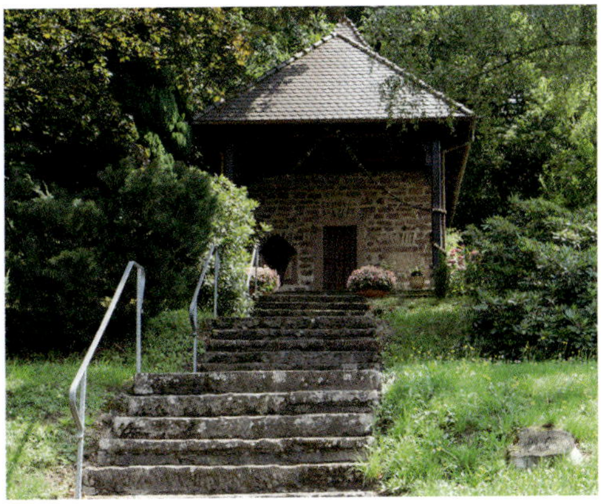

Illertkapelle

Die Illertkapelle geht auf Ereignisse im Winter 1834 zurück. Damals wurde Lautenbach von einer mysteriösen Krankheit heimgesucht, die insbesondere junge Männer dahinraffte. Nachdem die Mediziner mit ihrem Latein am Ende waren, wandten sich die Bürger an den Priester und beschlossen, jedes Jahr zu Maria Heimsuchung (2. Juli) eine Madonnenfigur von der Kirche auf den Hügel zu tragen. Im Jahr nach der ersten feierlichen Prozession war die Krankheit besiegt.

Der Zugang zur Illertkapelle wurde liebevoll gestaltet.

Beim Wegkreuz Heiderain sind es dann noch 500 Meter bis zur **4 Illertkapelle**. Doch Obacht: Ehe wir die Kapelle erreichen, kommen wir an einem Modellflugzeug-Gelände vorbei – zur eigenen Sicherheit sollte man die Einflugschneise bitte zügig passieren! Die Gelübdekapelle selbst besticht durch einen unüblich großzügigen Außenbereich.

Zum Lautenfelsen Bei der Kapelle treffen sich sechs Wanderwege. Der für uns richtige ist ein leicht zu übersehender Pfad, der uns rechts der Kapelle an den Waldrand zum Wegweiser »Über der Illertkapelle« bringt. Zur Orientierung hilft hier das Rosensymbol der »Gernsbacher Runde«, der wir nun durch den Wald über **5 Steintal** und durch das wildromantische Lautenbachtal (beim Abzweig zum Wasserhochbehälter den rechten Weg wählen) bis zum höchsten Punkt der Wanderung **6 unterhalb des Vogelhartskopfs** folgen.

Sobald wir auf der Anhöhe auf einen breiteren Weg stoßen, biegen wir rechts ab, sodass wir 200 Meter weiter zum **7 Wegweiser »Im Haselbrunnen«** kommen und nach einem weiteren Kilometer den **8 Lautenfelsen** erreichen. Dieser wird von einem 300 Millionen Jahre alten Granitbuckel gebildet. Sein prägnantes Aussehen hat der Felsen der Wollsackverwitterung zu verdanken, bei der durch ein Wechselspiel von chemischen und physikalischen Prozessen an den Kanten gerundete Gesteinsblöcke entstehen. Der Aufstieg auf den Großen Lautenfelsen wird mit einem herrlichen Panorama über das untere Murgtal belohnt.

Nach dem Abstecher auf den Felsen geht es mit der gelben Raute über **9 Heiderück**, den Birketsgrund, Rehackerbrunnen und das Brandeck zurück zum **E Kurpark-Parkplatz** in Gernsbach.

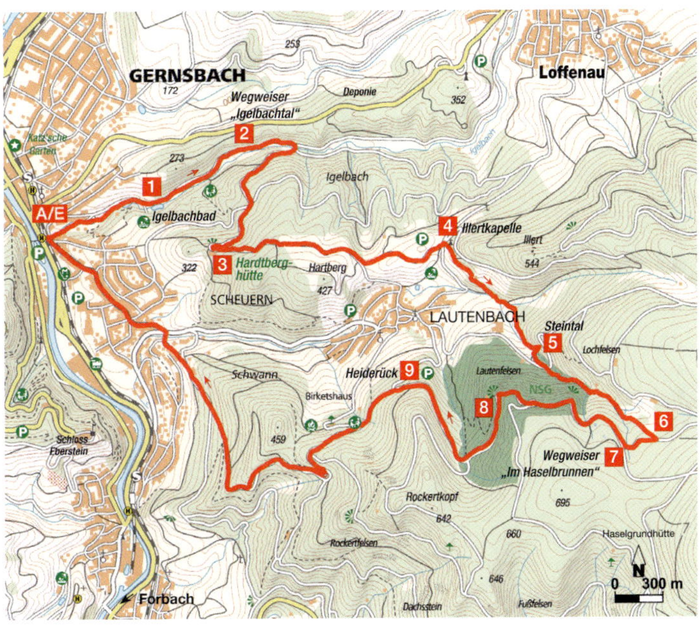

35

Grenzerfahrungen im Norden

Der Bernstein bei Bad Herrenalb

Leicht | 13 km | 4–4.30 Std. | 370 Hm

Tourencharakter
Technisch einfache Runde über breite Wege und auf alten Forststraßen; Aufstieg auf den Bernsteinfelsen über Treppen

Ausgangs-/Endpunkt
Bahnhof Bad Herrenalb (351 m)

Höchster Punkt
Bernstein (694 m)

Anfahrt
Auto: A 5 Freiburg–Karlsruhe bis Ausfahrt Nr. 49 Rastatt-Nord, weiter über die B 462 bis Gernsbach und dort auf die L 564 nach Bad Herrenalb abbiegen. GPS-Daten: 48.80340, 8.44000 oder 48.80000, 8.4340 (Waldparkplatz)
Bus & Bahn: Es bestehen Bahn- und Busverbindungen ab Baden-Baden, Gaggenau und Pforzheim zum Bahnhof von Bad Herrenalb bzw. zur Haltestelle »Rathausplatz«.

Gehzeiten
Bad Herrenalb – Bernstein 2–2.30 Std. – Falkenstein 1.30 Std. – Bad Herrenalb 30 Min.; insgesamt 4–4.30 Std.

Einkehr
Unterwegs keine, dafür sehr schöne Rastplätze

Karte
Karte des Schwarzwaldvereins 1:25 000, W225 Baden-Baden

Beste Jahreszeit
Ganzjahrestour

Informationen
Tourismusbüro Bad Herrenalb, Tel. 07083/50 05 55, www.badherrenalb.de

Bad Herrenalb markiert den Übergang vom oberen zum unteren Albtal. Von hier steuern wir erst den Bernstein und dann den Falkenstein an. Auch wenn die Tour fast ohne Pfade auskommt, bescheren uns die Ausblicke doch schöne Momente. Gegen Ende wird alles noch von einer malerischen Aussicht auf die »Siebentälerstadt« gekrönt.

Los geht es beim Ⓐ **Bahnhof von Bad Herrenalb**, von wo wir der gelben Raute um die Fachklinik Falkenburg und mehrere Hotelgebäude zum Rehteich folgen. Dabei passieren wir die Falkenburgbahn: Der Schrägaufzug verbindet den Bahnhof über die Mittelstation beim Thermehotel Falkenburg mit der Bergstation bei der Klinik Falkenburg. Auf einer Länge von 145 Metern überwindet die Bahn 46 Höhenmeter. Oder besser gesagt: überwand. Denn seit dem 1. Januar 2013 ruht der defizitäre Betrieb.
Beim Wegweiser »Rehteich« biegen wir rechts ab und passieren einen speziell für Wanderer ausgewiesenen Waldparkplatz. Rund 500 Meter weiter erreichen wir den ❶ **Rennbergfels**. Bis zum Falkenstein wäre es von hier nur noch ein kurzes Stück zu Fuß. Wir aber wollen ja wandern – also biegen wir links ab und umrunden auf der stetig ansteigenden Forststraße erst den

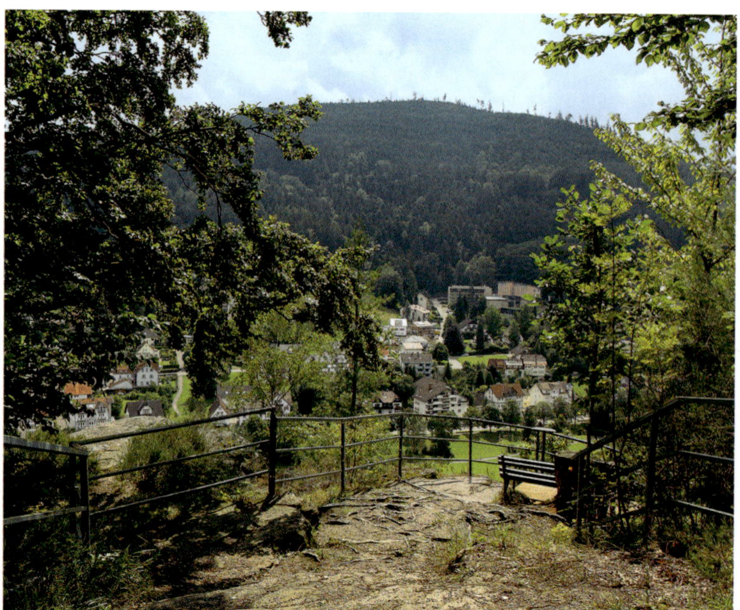

Auf dem Weg zum Falkenstein öffnet sich die Sicht auf Bad Herrenalb.

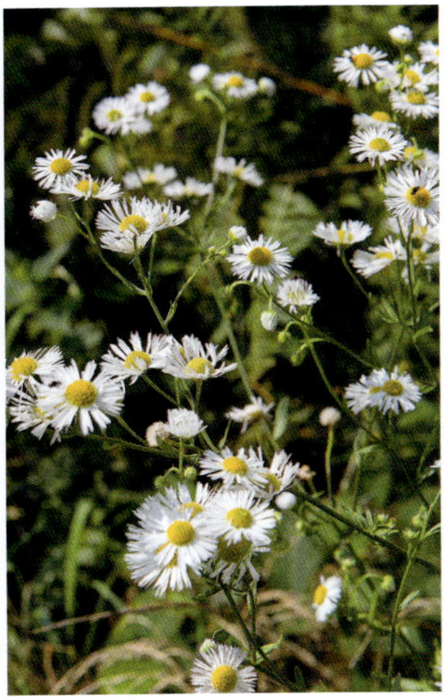

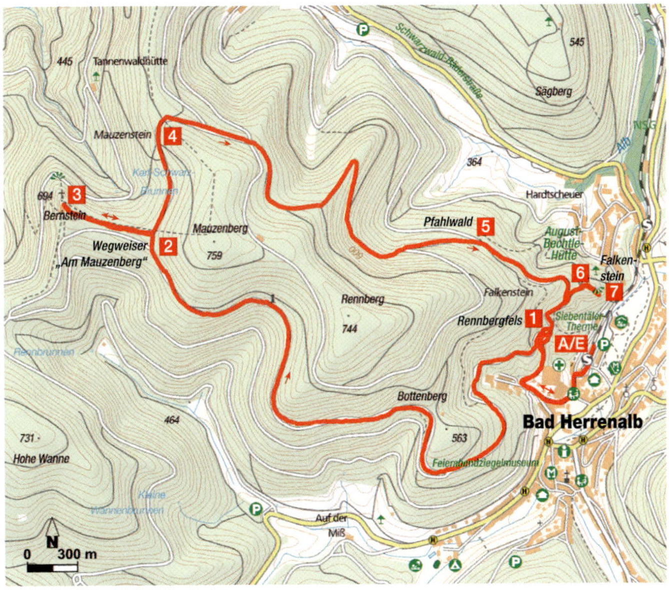

Der Gemeine Feinstrahl verwandelt die Wegränder in ein Blütenmeer.

Bottenberg (563 m), dann den Rennberg (744 m) und anschließend auch noch den Mauzenberg (759 m). Beim ❷ Wegweiser »Am Mauzenberg« ist diese lange Passage durch den Wald endlich geschafft.

Auch ohne Schmuck ein Juwel Auf dem Höhenrücken treffen wir auf einen historischen Grenzweg, der einst das Hoheitsgebiet des Großherzogtums Baden vom Königreich Württemberg trennte. Für uns ist der unebene und sandige Weg der Zugang zum ❸ Bernstein.

Dessen Name erinnert zwar an die im Nord- und Ostseeraum verbreiteten Schmucksteine aus fossilem Harz, hat damit aber nichts zu tun. Stattdessen wird davon ausgegangen, dass sich der Name vom althochdeutschen »bero« ableitet, was »Bär« bedeutet. Tatsächlich lebten noch bis ins 18. Jahrhundert hinein Braunbären im Schwarzwald (ehe der letzte 1740 im Murgtal erlegt wurde), und in den Felsen des Bernsteins befinden sich Aushöhlungen, die groß genug sind, um einem Braunbär einen geeigneten Unterschlupf zu bieten.

Welche Bedeutung der Bernstein für die Menschen seit jeher hat, zeigt die in den Fels geschlagene Jahreszahl von 1848, dem Beginn der Badischen Revolution. 16 Jahre später wurde eine Felsentreppe angelegt; seitdem ist der sechs Meter hohe, oben abgeflachte Buntsandsteinfelsen auch ohne Kletterei zu erreichen. Als dritte Besonderheit erhielt der Bernstein im Jahr 1877 ein drei Meter hohes Steinkreuz. Wer das rund eine Tonne schwere Kreuz hierher geschafft hat und warum, ist nicht überliefert – als Initiatoren werden aber die Karlsruher Wanderfreunde vermutet, die in der Nähe auch einen Brunnen gefasst haben.

Auge, was willst du mehr? Von den umliegenden Gemeinden wird der seit 2007 als Naturdenkmal geschützte Felsblock gern als »Hausberg« bezeichnet. Wer die groben Stufen hinaufsteigt, weiß, warum. Denn obwohl der Bernstein mit nur 694 Metern Höhe deutlich niedriger ist als die bekannten Aussichtsberge im Nordschwarzwald, eröffnet sich dem Wanderer vom

Der Bernstein war schon im 19. Jahrhundert das Ziel von Wanderern.

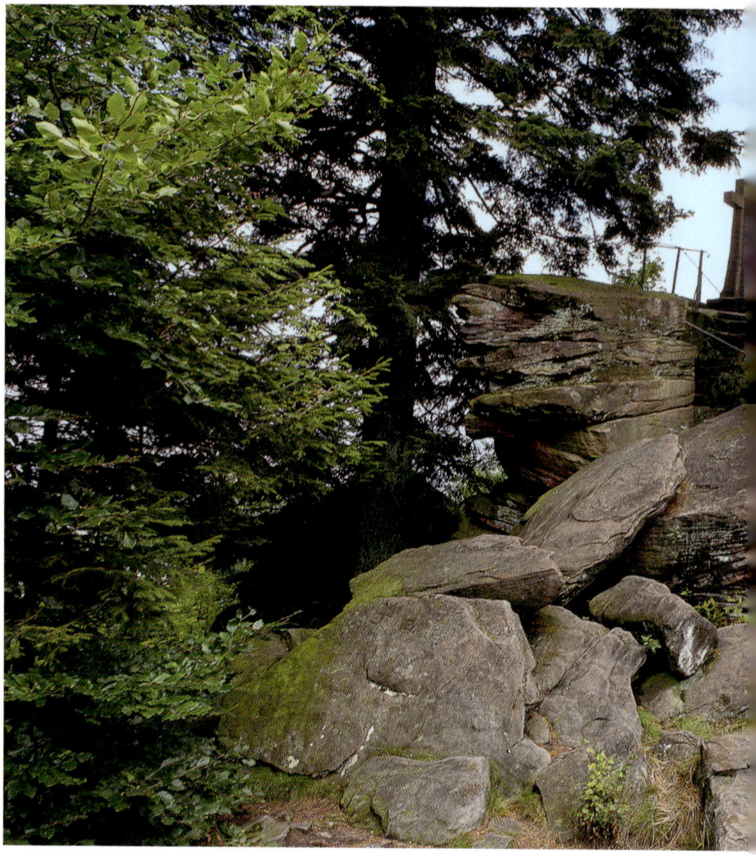

Felsplateau eine traumhafte Aussicht. Bei optimalen Bedingungen reicht diese im Norden von den Bergen im Pfälzer Wald über die Oberrheinebene, Straßburg und die Mittelvogesen bis hin zu den Hochvogesen im Süden. Das Panorama erstreckt sich dann über eine Länge von 180 Kilometern! Am hinteren Eck des Plateaus hilft die »Bernsteinplatte«, die Orte und Berge bis zu einer Entfernung von 18 Kilometern zu bestimmen.

Während auf dem Bernstein eine Bank zum Verweilen einlädt, bietet die Bernsteinhütte am Wanderweg Schutz vor Wind und Regen. Die nach vorne offene Blockhütte ist die dritte Schutzhütte, die hier errichtet wurde. Nachdem eine erste Hütte im 19. Jahrhundert noch am Nordhang auf Rotenfelser Gemarkung – auf badischer Seite – Wanderern, Sammlern und Forstleuten Schutz bot, wurde in den 1930er-Jahren eine neue Hütte auf der Gemarkung von Bernbach – und damit auf württembergischer Seite – errichtet. Nachdem diese baufällig geworden war, wurde am selben Standort die heutige Bernsteinhütte errichtet und 2002 feierlich eingeweiht.

Mauzenstein und Falkenstein Nach dem Abstecher geht es auf dem Grenzweg zurück

Kiefer auf der Mauer

Wenige Schritte vom Rathausplatz entfernt, direkt an den Wanderwegen Richtung Teufelsmühle und nach Kaltenbronn, ist es einer Kiefer gelungen, auf einem Torbogen der alten Klosterkirche zu wachsen. Weil dahinter weitere Bäume stehen, ist dies vom Weg aus nicht eindeutig zu erkennen. Sobald man aber den ersten Torbogen der Ruine durchschritten hat, besteht kein Zweifel mehr: Die Kiefer wächst wirklich oben auf dem alten Gemäuer. Damit dies auch so bleibt, ist der mächtige Nadelbaum mit Drahtseilen gesichert.

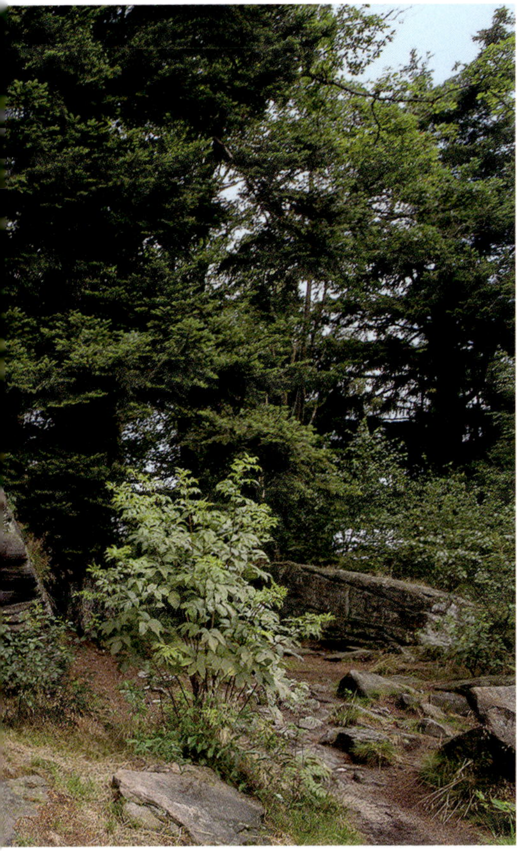

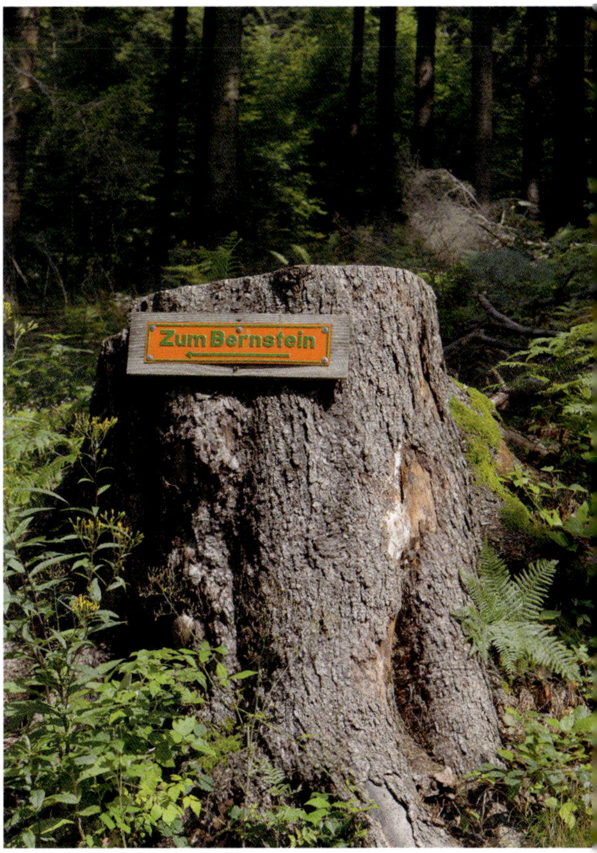

Hier geht's lang!

zum Wegweiser »Am Mauzenberg«. Dort biegen wir links ab und folgen der gelben Raute über den wenig spektakulären 4 **Mauzenstein** (beim Wegweiser rechts) und 5 **Pfahlwald** zur 6 **August-Bechtle-Hütte**. Die Hütte stand früher beim Aussichtspunkt am 7 **Falkenstein**. Um die Natur zu schützen, wurde sie jedoch 2009 abgebaut und am heutigen Standort wieder errichtet.

Um zu den Felsen zu gelangen, müssen wir bei der Hütte links auf den Falkensteinweg abbiegen. Nach etwa 300 Metern öffnet sich dann die Sicht über Bad Herrenalb und das Albtal hin zum Marienberg (720 m) und zum Wurstberg (691 m). Wer bis vor an das Geländer tritt, bekommt außerdem einen spektakulären Tiefblick über die steil abfallenden Falkenfelsen geboten. Als höchste dieser Felssäulen ragt der Falkenstein 40 Meter in die Höhe – eine Rarität im Nordschwarzwald. Das ist dann auch einer der Gründe, warum die Felsen seit 1949 als Naturdenkmal geschützt sind. Um Schäden am Gestein und den hochangepassten Pflanzen und Tieren zu vermeiden, ist der Zutritt zu den Felsköpfen gesperrt. So soll das Überleben einiger seltener Flechten, aber auch von Heidekraut und Moosen gesichert werden. Wer nichts falsch machen will, setzt sich am besten auf die Bank und genießt von dort den tollen Ausblick.

Anschließend kehren wir auf demselben Weg zurück zur 6 **August-Bechtle-Hütte** und folgen von dort dann wieder der gelben Raute über den 1 **Rennbergfels** bis hinunter nach E **Bad Herrenalb**.

PS:

Die Arbeiten zu diesem Buch begannen in einem Winter, der keiner war. Damit konnten wir uns schon Anfang März in die Hochlagen des Hotzenwalds begeben. Dort, wo die Lichtungen sonst tief verschneit waren, kündigten Sumpfdotterblumen und Zitronenfalter den Frühling an. Ein toller Start in die Wandersaison.

Unverhofft kommt oft

Dann beschrieb der »7-Moore-Weg« eine Kurve und wir standen vor einer 80 Zentimeter mächtigen Schneedecke. Wann der Schnee gefallen sein sollte, war uns schleierhaft. Und doch mussten wir da irgendwie durch. Statt Trübsal zu blasen, entwickelte sich der gut 200 Meter lange Winterabschnitt zu einer Gauditour. Die meiste Zeit konnten wir auf der oben vereisten Schneedecke spazieren, ehe wir dann doch mehrfach einbrachen und teils bis an die Hüfte einsackten.

Wer liest, hat mehr vom Tag

Neben den Wanderbeschreibungen finden Sie in diesem Buch eine Fülle an Informationen. Zum einen nimmt man die Landschaft und ihre Besonderheiten dadurch viel intensiver auf. Zum anderen spinnen die Geschichten – sei es am Blindensee bei Schonach oder den Burgen bei Pfalzgrafenweiler – ein Netz über den Schwarzwald, das ihn greifbar für den Verstand und vertraut für den bewussten Wanderer macht.

Das Gelesene auch umsetzen

Wer unsere Tipps zur Ausrüstung liest, findet dort Sachen, die logisch klingen. So gehört eine leichte Regenjacke obligatorisch in den Rucksack. So weit, so gut. Doch prasselt ein unerwarteter Gewitterschauer zu Boden, steht man allzu oft ohne da. Wenn es auch Ihnen so ergeht, können wir Sie trösten: Wir selbst stehen regelmäßig ohne da – selbst wenn es mitten im August hagelt.

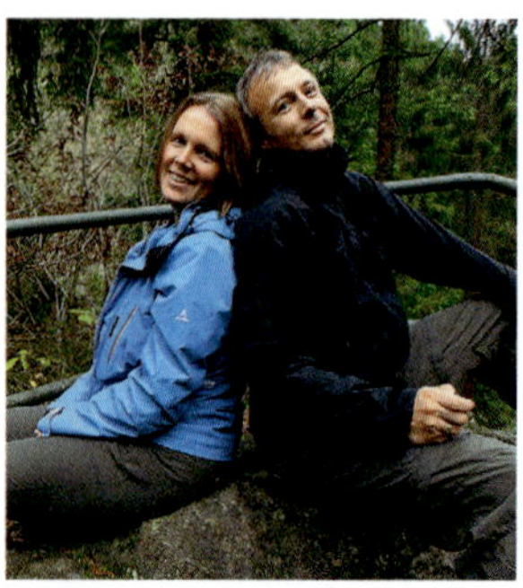

Annette und Lars Freudenthal

Heidelbeeren säumen den Pfad zum Bildsteinfelsen bei Wittenschwand.

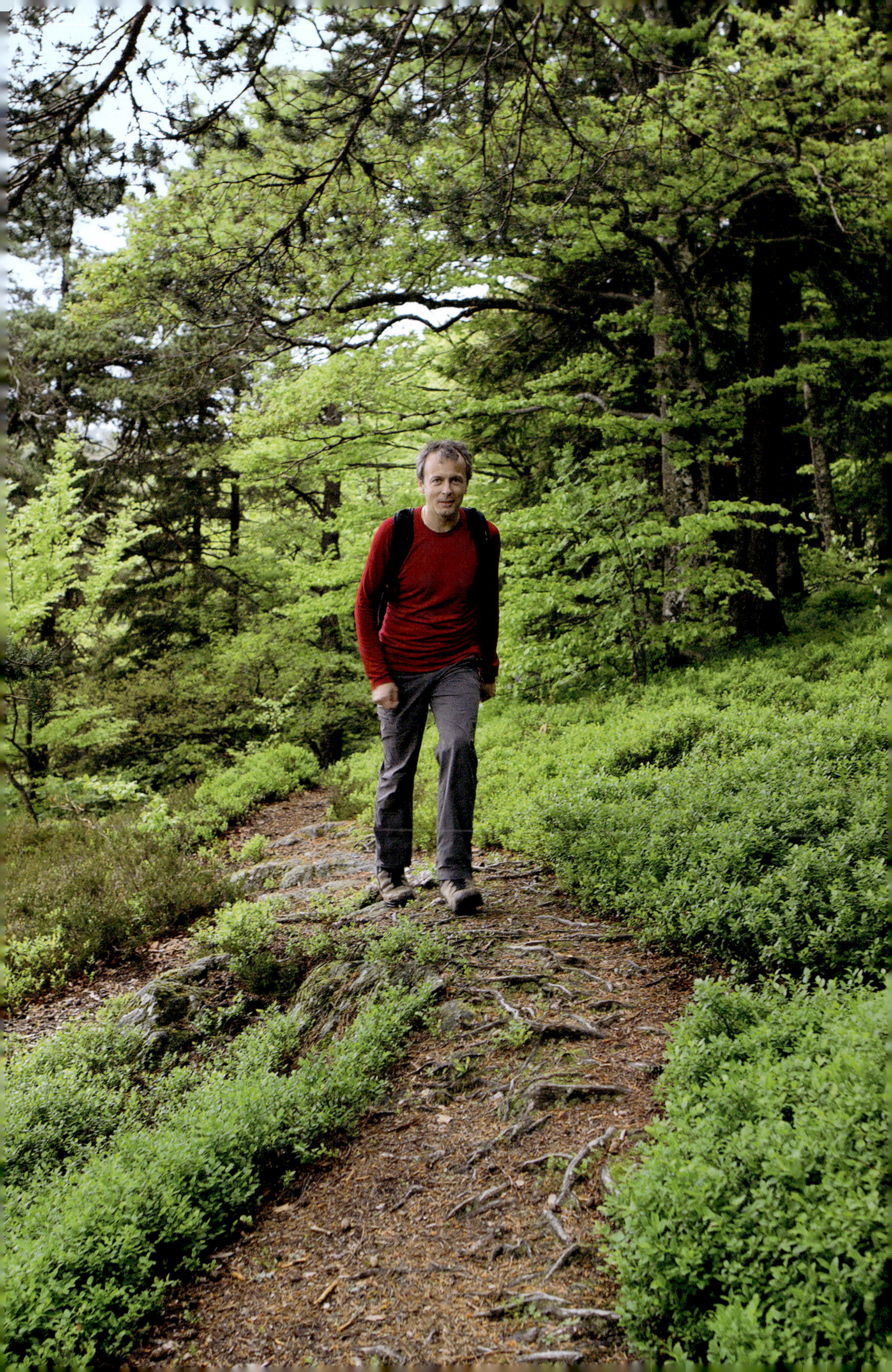

Für jeden Tag die richtige Tour

Nr.		Tour												
1	●	Schloss Bürgeln und die Sausenburg	4.15 h	15,5 km	590 Hm	●	●	●	●	●		●		
2	●	Am Ittenschwander Horn	3.45 h	12,5 km	400 Hm	●	●	●			●			
3	●	Zum Präger Gletscherkessel	4.45 h	14 km	650 Hm	●	●	●		●		●		
4	●	Auf dem »7-Moore-Weg« zum Krai-Woog-Gumpen	3 h	9,5 km	200 Hm		●		●	●		●		
5	●	Zum Wittenschwander Klosterweiher	3 h	9 km	400 Hm	●	●	●		●	●	●		
6	●	Durchs wildromantische Schwarzatal	5.15 h	18 km	480 Hm	●	●	●		●		●		
7	●	Mettmatal und Schwedenfelsen	6 h	20 km	160/ 670 Hm			●	●	●		●		
8	●	Von Bernau auf den Blößling	4.15 h	13,5 km	580 Hm	●	●	●		●		●		
9	●	Wo bitte ist die Rödelsburg?	5 h	15 km	680 Hm	●	●	●	●		●	●	●	
10	●	Von Oberried auf den Toten Mann	6.30 h	19 km	850 Hm	●				●	●	●		
11	●	Menzenschwander Geißenpfad	3 h	10,5 km	300 Hm	●	●	●		●		●		
12	●	In die Rötenbachschlucht	4.30 h	14,5 km	300 Hm		●	●			●	●	●	
13	●	Ungewohnter Einstieg in die Wutachschlucht	5 h	14,6 km	600 Hm		●	●			●	●	●	
14	●	Rund um Schollach	3.30 h	11,5 km	310 Hm	●	●	●	●	●	●	●		●
15	●	Linachtalsperre bei Hammereisenbach	3.30 h	11 km	350 Hm		●	●	●		●	●		●
16	●	Malerische Runde bei Simonswald	3 h	9,2 km	270 Hm	●	●	●	●	●		●		
17	●	Durch das Moor am Blindensee	3.45 h	12 km	320 Hm	●	●	●	●	●		●		
18	●	Ursprung von Elz und Donau	4.45 h	13,6 km	400 Hm	●	●	●		●	●	●		●

Nr.		Tour	Gehzeit	Länge	Höhenunterschied	Einkehr	kindergeeignet	Sehenswürdigkeit	wintergeeignet	viel Sonne	schattiger Weg	Busverbindung	Bahnverbindung	mit Rad möglich
19	●	Der Hünersedel bei Freiamt	3 h	10,7 km	360 Hm	●	●	●	●	●		●		●
20	●	Elztalweg, Gschasikopf und Kapf	5 h	13,6 km	400 Hm	(●)					●	●		
21	●	Käther und die Hornberger Schlossfelsen	4.30 h	13,3 km	400 Hm		●	●		●		●		
22	●	Bilderbuchrunde bei Mühlenbach	5.15 h	16 km	600 Hm	●		●		●		●		●
23	●	Panoramasicht am Mooswaldkopf	4.30 h	14,8 km	400 Hm	●	●	●	●	●		●		
24	●	Aufstieg auf den Brandenkopf	4.45 h	16 km	670 Hm	●	●	●	●		●	●	●	●
25	●	Sagenumwobener Glaswaldsee	5.15 h	17,2 km	600 Hm	●		●	●	●		●		
26	●	Zum Burgbachwasserfall	4.15 h	12,5 km	525 Hm		●	●			●	●		
27	●	Zuflucht, Röschenschanze und Buhlbachsee	2.30 h	7 km	230 Hm		●	●		●		●		
28	●	Durchs Felsenland rund um Ottenhöfen	4.15 h	12,5 km	600 Hm		●	●	●	●		●	●	
29	●	»Eiszeit-Tour« zum Huzenbacher See	4.45 h	12,8 km	600 Hm			●		●			●	
30	●	Ruinen bei Pfalzgrafenweiler	4.30 h	14 km	350 Hm	●	●	●	●	●		●		
31	●	Von Enzklösterle zur Enzquelle	3.45 h	12 km	230 Hm	●	●	●	●	●	●	●		●
32	●	Aufatmen im Tal der Teinach	4.45 h	15,2 km	440 Hm	●	●	●	●	●		●		
33	●	Über den Latschigfelsen zur Hohen Schaar	4.45 h	14 km	570/ 620 Hm		●	●		●			●	
34	●	Aussichtstour zum Lautenfelsen	4.15 h	12,5 km	540 Hm		●	●	●	●	●	●	●	
35	●	Der Bernstein bei Bad Herrenalb	4.15 h	13 km	370 Hm		●	●	●		●	●	●	●

Piktogramme erleichtern den Überblick

Gehzeit	Einkehr	viel Sonne	Busverbindung
Länge	kindergeeignet	schattiger Weg	Bahnverbindung
Höhenunterschied	Sehenswürdigkeit	wintergeeignet	mit Rad möglich

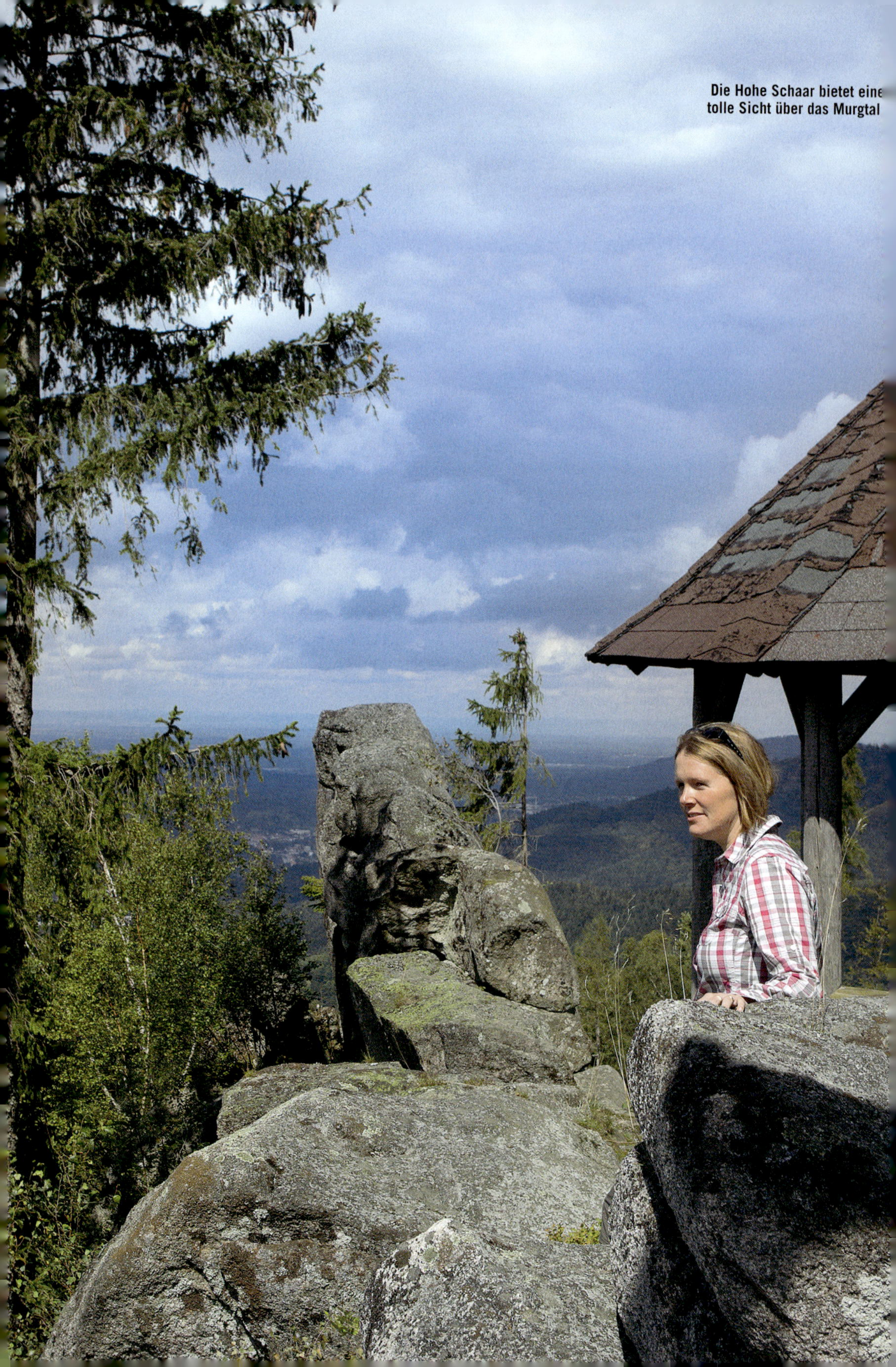

Die Hohe Schaar bietet eine tolle Sicht über das Murgtal

Register

In gleicher Reihe erschienen ...

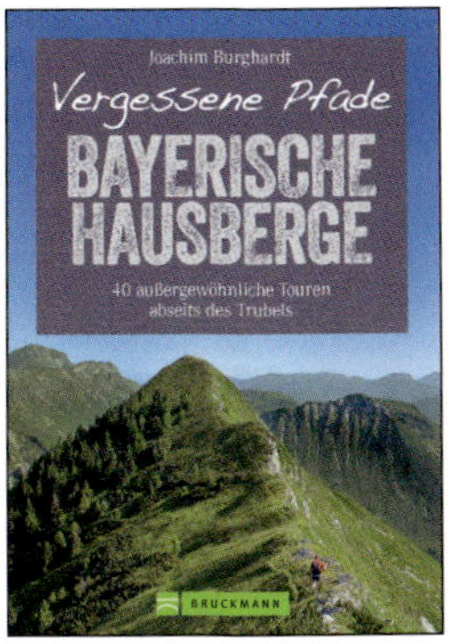

ISBN 978-3-7343-1210-6

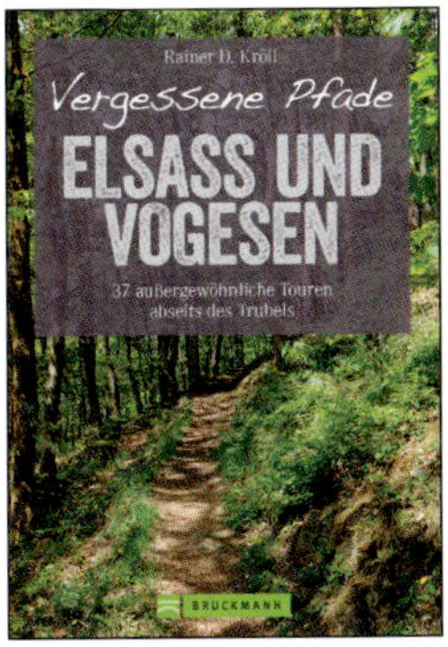

ISBN 978-3-7654-6024-1

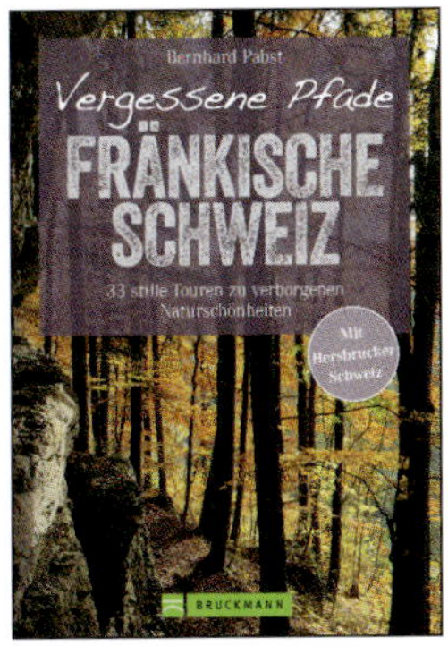

ISBN 978-3-7654-5205-5

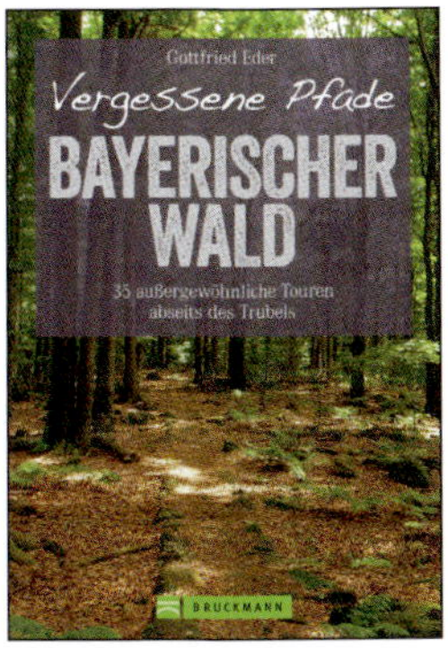

ISBN 978-3-7654-8391-2

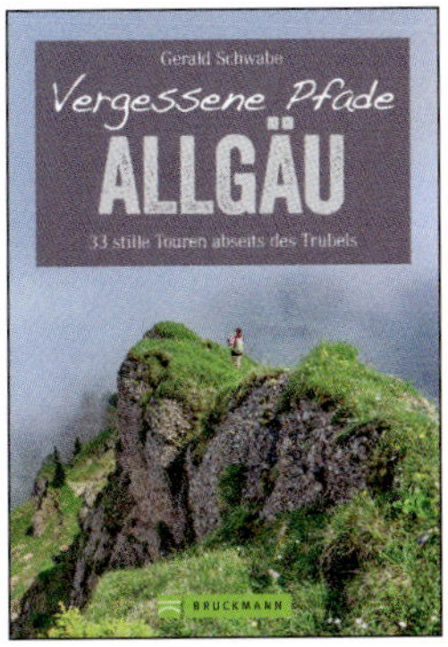

ISBN 978-3-7654-5275-8

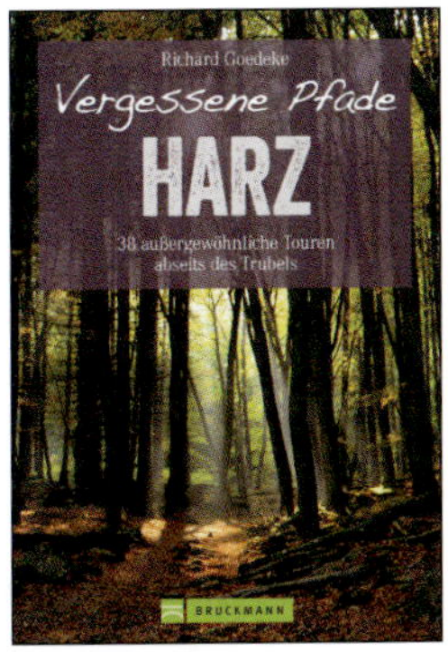

ISBN 978-3-7654-6819-3

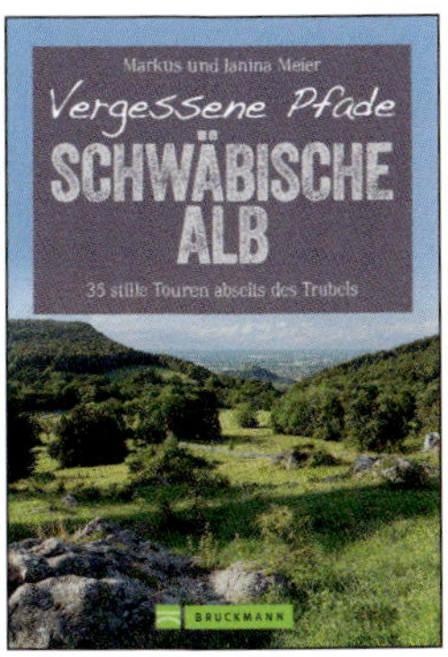

ISBN 978-3-7654-6070-8

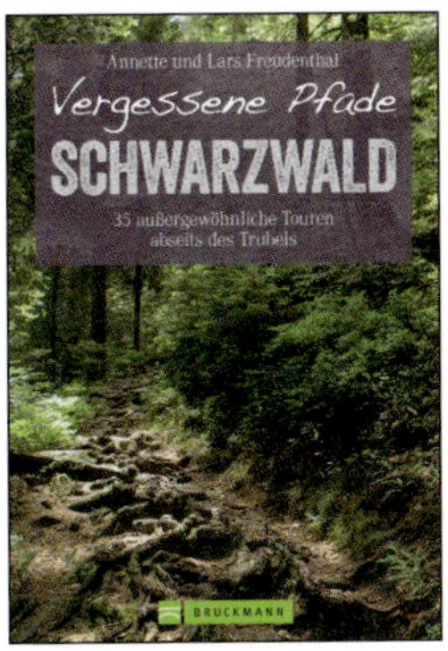

ISBN 978-3-7654-6803-2

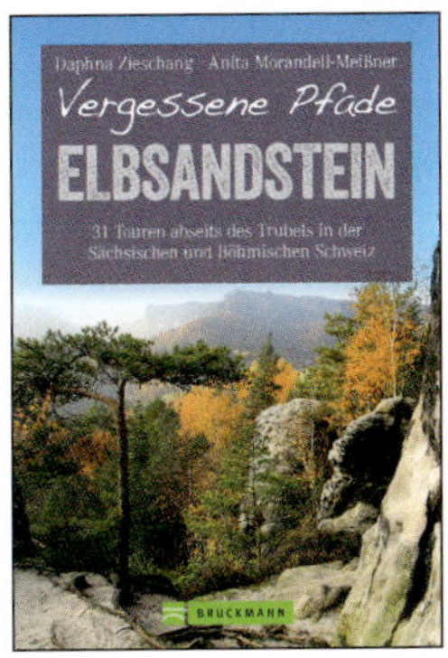

ISBN 978-3-7343-1063-8

BRUCKMANN

www.bruckmann.de

Impressum

Verantwortlich: Stefanie Krüger
Redaktion: Anette Späth
Layout: BUCHFLINK Rüdiger Wagner
Repro: Cromika/LUDWIG:media
Kartografie: Bruckmann Verlag GmbH, Heidi Schmalfuß
Herstellung: Alexander Knoll
Printed in Slovenia by Florjancic

★★★★★

Sind Sie mit diesem Titel zufrieden? Dann würden wir uns über Ihre Weiterempfehlung freuen. Erzählen Sie es im Freundeskreis, berichten Sie Ihrem Buchhändler, oder bewerten Sie beim Onlinekauf. Und wenn Sie Kritik, Korrekturen, Aktualisierungen haben, freuen wir uns über Ihre Nachricht an Bruckmann Verlag, Postfach 40 02 09, D-80702 München oder per E-Mail an lektorat@verlagshaus.de.

Unser komplettes Programm finden Sie unter www.bruckmann.de

Sie sind auf der Suche nach weiterführender Literatur? Dann empfehlen wir Ihnen den Titel »Mystische Pfade Schwarzwald«. Oder Sie werfen einen Blick in die Zeitschrift »Bergsteiger«. Hier werden Sie bestimmt fündig.
Ihre Annette und Lars Freudenthal

Bildnachweis: Alle Bilder in diesem Buch stammen von Annette und Lars Freudenthal.
Umschlagvorderseite: Pfad oberhalb vom Huzenbacher See durch den Nationalpark Schwarzwald (Tour 29)
Umschlagrückseite: Aussichtsbank beim Roten Felsen (Tour 8)

Die Deutsche Nationalbibliothek verzeichnet diese Publikation in der Deutschen Nationalbibliografie; detaillierte bibliografische Daten sind im Internet über https://portal.dnb.de abrufbar.

5. aktualisierte Auflage

ISBN 978-3-7654-6803-2